미국 주식 스타터팩

미국 주식 초심자를 위한 토탈 솔루션

미국 주식 스타터팩

정두현 지음

BJPUBLIC

추천사

얼마 전 옛 제자 한 명이 학교에 찾아와서 반갑게 이야기를 나누었습니다. 그는 대학교를 졸업한 뒤 현재 미국 주식 투자에 대한 강의를 전문적으로 하고 있었고, 조만간 관련 서적을 출판하려고 하니 한번 살펴봐달라고 했습니다. 그는 다름 아닌 제가 20여 년 동안 강의해오던 '해외 투자 이론과 실제' 과목을 수강했던 졸업생 정두현이었습니다.

다시 만나서 반갑기도 하였지만, 저에게 꼭 추천사를 부탁한다고 하길래 처음에는 솔직히 망설여졌습니다. 비록 제가 증권 회사에서 근무한 경험이 있고 20년 넘게 학생들에게 미국 주식 투자 실전 강의를 하고 있으나, 투자의 세계가 얼마나 험난한지를 오랜 동안 직·간접적으로 경험한 후 제가 가르친 학생이 험지에서 새로운 길을 개척하고 있다는 것에 안쓰러운 마음이 들었기 때문이었습니다.

하지만 그런 마음도 잠시, 그가 건네준 원고를 읽으면서 자신의 경험과 성실한 노력을 담담하게 책 속에 녹여내고 있구나 하는 마음에 안심이 되었습니다. 특히 미국 주식 투자에서 간과하기 쉬운 중요한 부분들을 세밀하고 재미있게 다루면서 실전에 활용할 수 있는 내용들까지 담고 있어, 실제 투자자들에게 큰 도움이 될 것으로 판단되기에 진심으로 추천하고자 합니다.

더 나은 투자의 길을 찾고자 지금도 항상 고민하고 있는 그가 보여준 진지함이 '착한 남자주식'처럼 안전하고 착한 미국 주식 투자 길잡이가 될 것을 확신하여 추천사를 써봅니다.

동국대학교 국제통상학과 교수, CFA, CAMS **김석태**

글로벌 투자의 원칙,
미국 주식 투자가 답이다!

주식 시장이란 게 참 이상하다. 투자자가 어떻게 쓰느냐에 따라 전혀 다른 물건으로 변한다. 도박판으로 쓰면 도박판이 되고, 과수원으로 쓰면 그대로 또 과수원이 된다. 주식을 이해하지 못한 채 투자를 하는 것은 도박판에 뛰어든 것과 다를 바 없다. 이런 투자자들에 대한 시장의 심판은 냉혹하다. 그럼에도 불구하고 급등락을 반복하는 테마주에 꽂혀 패가망신하는 사람들은 늘 많다. 주식에 뛰어들게 되는 계기가 주로 단기간에 큰돈을 번 사람들의 이야기를 들은 것이기 때문이다. 주변에 주식에 잘 올라타 200~300%씩 벌었다는 사람들의 소식이 들리기 시작하면 누구나 유혹을 느끼게 마련이다. 10년 동안 연 10%만 수익을 내도 총수익률 285%나 되는데, 이상하게도 주식으로 천천히 돈을 번 사람의 이야기는 그다지 관심을 갖지 않는다. 별로 드라마틱하지 않아서일까?

요즘 미국 주식에 대한 관심이 높아지고 있는 것도 이와 무관하지 않다고 생각한다. 슬프게도 현재 한국 주식 시장은 도박판을 방불케 한다. 우량 기업에 장기 투자를 하라는 투자의 절대 원칙은 공허한 외침으로 들릴 정도다. 최근 5년간 코스피의 상승률은 3.75%, 예금보다 못한 장기 수익률 앞에 투자자들이 장기 투자를 꺼리는 것은 당연하다. 반면 미국의 대표 주가지수인 S&P 500은 같은 기간 35.69% 상승했다. 이 정도의 차이라면 미국 주식을 하지 않는 이유를 찾는 게 더 어렵다.

미국 주식 시장이 투자하기에 매우 좋은 시장임은 분명하지만, 공부가 전혀 필요치 않은 것은 아니다. 필자가 처음 미국 주식을 시작한 건 5년 전이었고, 그땐 미국 주식을 하는 사람이 드물었다. 제대로 알지 못하고 투자했기에 지금 생각하면 바보 같은 짓을 많이 저질렀다. 2018년 미국 주식 강의를 처음 시작할 때도 미국 주식을 처음 시작하는 사람들을 위한 콘텐츠가 없었다. 그래서 '나라도 만들자'라는 생각으로 강의를 열었다. 미국 주식을 새로 시작하는 사람들이 나처럼 시행착오를 겪지 않게 하는 것이 강의 목표였다. 운이 좋게도 많은 분들이 들어주셔서 아직까지 미국 주식 강의를 해오고 있다.

주식 투자 지침서는 피터 린치Peter Lynch와 켄 피셔Ken Fisher처럼 위대한 투자자만 쓸 수 있는 것으로 생각했기에, 집필 제의를 받고서 고민했다. 아직 한국인을 위한 제대로 된 미국 주식 지침서가 없기에, 아무것도 모르고 미국 주식에 뛰어들어 손해 보는 사람들을 막자는 생각에 집필을 결정했다. 제목인《미국 주식 스타터팩》대로 이 책은 미국 주식을 시작하는 사람들을 위한 길잡이 역할을 해줄 책이다.

책을 집필하면서 가장 신경 썼던 부분은 '두고두고 볼 수 있는 책'을 만드는 일이었다. 책이란 한번 출간되고 나면 개정판을 쓸 때까지 내용을 바꿀 수 없다. 그렇기에 쉽게 변하지 않는 내용을 담아야 한다. 또한, 초심자 상태를 벗어난 후에도 도움이 될 만한 내용을 담아야 오랫동안 볼 가치가 있을 것이다. 이 책은 가능한 두 가지를 모두 만족하기 위해 노력했다.

이번 책을 출간하며 가장 고마운 사람은 역시 필자의 미국 주식 강의를 여태껏 수강해 주신 분들이다. 강의 중 받았던 질문들이 초심자들을 위한 책을 쓰는 데 많은 도움이 되었다. 다시 한번 감사를 표하고 싶다.

우량 주식에 장기 투자하는 것은 과수원을 가꾸는 것과 비슷하다. 때로는 지루하고 비바람을 견뎌야 할 때가 있지만, 반드시 '탐스러운 열매'로 보답해줄 것이다. 그 긴 여정에 이 책이 조금이라도 도움이 된다면 더 바랄 게 없겠다.

저자 소개

정 두 현

동국대학교 국제통상학과를 졸업했다. 대학에서 해외 투자 강의를 듣다가 미국 주식 투자를 알게 되었다. 용돈을 털어 산 '시만텍Symantec' 주식을 시작으로 미국 주식의 매력에 빠졌다. 한국에 미국 주식 책 한 권 없던 시절, 해외 사이트를 샅샅이 뒤져가며 미국 주식을 독학했다. 투자를 하면서 주식을 처음 하는 사람일수록 한국 주식보다 오히려 미국 주식이 더 낫다는 확신을 가졌다. 현재 재능 공유 플랫폼 탈잉(https://taling.me)에서 미국 주식 강의 '미국 주식 1학년 1반', '미국 주식 원데이 ETF'를 진행하고 있다.

차 례

PART 01   왜 미국 주식 안 하세요?

PART 02   미국 주식 시장 첫걸음 떼기

STOCK EXCHA

PART 01

왜 미국 주식
안 하세요?

01

좋은 투자처가 사라지고 있다

그런 시절이 있었다. 대졸자들이 대학에서 추천서만 받아오면 유명 대기업에 입사했던 시절, 공무원이나 교사는 박봉이라며 꺼렸던 시절, 은행 이자율은 기본 10%가 당연했던 시절, 우리에게도 그런 시절이 있었다. 지금은 꿈같은 얘기지만 실제로 그랬다. 고성장 사회를 경험했던 IMF 이전의 대한민국 얘기다. 고성장 시대에는 돈 벌 기회도 많았다. 대표적인 재테크 수단인 부동산이 가장 빛났던 시절이 바로 이때다. 전국 평균 제곱미터(㎡) 당 땅값은 1985년 3,594원에서 1995년 16,805원으로 10년간 454.6%, 연평균 18.7%씩 상승했다.[1] 그야말로 땅만 사놓으면 돈이 굴러들어오는 시절이었다.

1997년 외환 위기에 이어 2007년 서브프라임 모기지 사태로 인한 금융 위기를 겪으며 한국 경제도 더 이상 고성장 사회의 달콤함을 누릴 수 없게 되었다. 저성장 사회는 우리 삶의 많은 것을 바꿔 놓았다. 좋은 투자처가 사라진 것도 그중의 하나다. 은행 예금 이자는 2%대 초반으로 떨어져 말 그대로 금전 보관 이상의 의미는 없어졌다. 한국인의 부동의 1순위 투자 자산, 부동산을 보면 어떤가? 저성장 사회로 접어들며 땅값 상승을 통한 시세 차익보다는 안정적인 임대 소득에 대한 수요가 늘었다. 그에 따라 상가, 오피스 등의 수익형 부동산이 각광받고 있다. 한 금융지주사가 발표한 조사에 따르면 수도권 PB센터에서 가장 많은 고객이 선호하는 부동산은 상가였다. 이제는 초등학생들까지 장래 희망을 건물주라 대답할 정도다. 달마다 받는 불로소득에 대한 열망이 어느 때보다도 뜨겁다.

그렇다면 수익형 부동산은 정말로 우리에게 만족할 만한 수익을 가져다주고 있을까? 대한민국에서 수익형 부동산 투자자들의 기대 수익률은 연 5~7%다. 부동산 대출을 받아서 투자할 때 부담하는 이자를 생각하면 수익률이 이 정도는 돼야 최소한 적자를 면할 수 있다. 국토교통부가 매 분기 발표하는 전국 평균 상가/오피스 수익률 조사에 따르면 상가와 오피스의 평균 임대 수익률은 연 4% 수준이다. 그러나 이 수익률은 명동이나 강남과 같은 금싸라기 상권의 수익률을 모두 합산한 평균임을 잊지 말아야 한다. 지역별로 보면 연 3%를 겨우 넘는 상권도 꽤 많다. 특히 지방 도시의 임대 수익률은 기복이 심하다. 이 수익률이라면 대출 이자를 내는 것도 버겁다.

투자자에게 더욱 위험한 것은 바로 빈 상가, 공실이다. 임대 수익은 세입자가 나간 순간부터 다음 세입자를 구할 때까지 제로가 된다. 공실이 길어지면 수익률에 치명적이다. 매월 관리비가 나가는 상가라면 수익률은 제로가 아니라 마이너스가 된다. 투자자는 '수익률 제로 + 관리비 + 재산세'라는 삼중고를 겪어야 한다. 이쯤 되면 부동산은 효자가 아니라 노후를 갉아먹는 재앙이라 해야 할 것이다. 전국의 상가 공실률은 2018년 3분기 기준 10.6%이다. 전년 동기(2017년 3분기)보다 0.8% 상승했다. 분기마다 상승하고 있는 것이 눈에 띌 정도다. 공실률 역시 수도권을 벗어나면 크게 치솟는다. 문제는 이러한 상황이 해결될 여지가 보이지 않는다는 점이다.

최근 장기화된 경기 침체와 비용 상승의 여파로 문을 닫는 자영업자들이 늘고 있다. 빈 상가가 늘어나는 이유다. 이제는 서울에서도 공실이 심심찮게 눈에 띈다. 역세권목 좋은 곳 자리에 몇 달째 임대 문의 전화번호가 붙어 있는 것을 쉽게 볼 수 있다.

부동산만큼 사랑받진 못했지만, 한국 주식 시장 역시 수십 년간 꽤 견실하게 상승해 왔다. 1980년 1월 100으로 시작한 코스피KOSPI 지수가 2018년 2,041로 마감했으니 38년간 20배, 연 8%씩은 성장한 셈이다. 그런데 최근 한국 주식 시장이 심상치 않다. 증시를 주도할 대장주가 마땅치 않기 때문이다. 2000년대는 차화정(자동차, 화학, 정유)과 철강, 조선 등 중화학 공업이 증시를 견인했고, 2010년대 초반의 흐름은 스마트폰 혁명의 중심 삼성전자와 중국의 한류 열풍에 힘입은 한류 수혜주들이 주도했다. 2010년대 후반에 접어들며 여러 가지 이유로 삼성전자를 제외한 주도주들의 기세가 한풀 꺾였다.

그 결과는 주식 시장에서 바로 나타났다. 2014년에서 2018년까지 5년간 코스피 수익률은 3.75%, 연 1%도 안 되는 최악의 수익률로 말이다. 세계 경기 탓을 할 수도 없다. 같은 기간 동안 미국 S&P 500 지수는 35.69%, 일본의 닛케이 지수는 25.81% 상승했다. 세계 증시가 오르는 동안 한국 증시만 제자리걸음 했던 것이다.

'우량주에 장기 투자하라'라는 원칙을 지켰던 한국 투자자들의 믿음은 배신당했다. 그 바람에 더욱 활개를 치게 된 것이 바로 테마주다. 철마다 떠오르는 테마에 편승해서 급등하는 주식에 올라타는 것만이 한국 주식 시장에서 유일하게 돈 벌 기회가 되었기 때문이다. 선거, 북한 등 특정 이슈가 부각될 때마다 이슈 관련 테마주들이 주목받는다. 이들 테마주의 공통점은 실적과 관계없이 급등락을 반복한다는 것이다. 대부분 기업의 실적보다 엄청나게 주가가 뻥튀기되어 있으며, 개중에는 과연 정상적인 기업인지 의심스러운 것들도 있다. 피 같은 돈을 주식 시장에 덧없이 흘려보내고 싶은 사람이 아니라면 거들떠보지도 말아야 할 주식들이다.

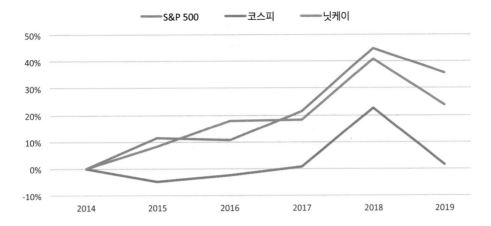

그림 1 - 1 2014~2018 S&P 500 vs 코스피 vs 닛케이 수익률 비교

고성장의 마법은 풀렸고, 좋은 시절도 갔다. 상황이 호전될 기미가 보이지 않는다는 것이 더욱더 우려스럽다. 그러나 한탄만 하고 있을 수는 없다. 우리는 새로운 투자처를 찾아야 한다.

02

'선진국 투자는 재미없다'라는
편견 뛰어넘기

체감 경기가 워낙 나빠서 와 닿지는 않지만 2010년대 중반의 세계 경제는 호황기였다. 2007년 금융 위기의 충격을 극복하고 다시 성장 동력을 되찾았다. 특히 눈에 띄는 것이 미국이다. 미국 경제는 사실상 완전 고용을 달성할 정도로 회복했다.

미국 경제가 이처럼 예전의 영광을 되찾은 것은 IT 산업의 역할이 컸다. FAANG(페이스북, 애플, 아마존, 넷플릭스, 구글)으로 대표되는 거대 IT 기업들이 이 시기에 폭발적으로 성장하면서 미국의 경제 성장을 이끌었다. 셰일 가스 혁명은 여기에 불을 붙였다. 셰일 가스는 퇴적암의 셰일이 형성하는 지층에 포함된 천연가스와 석유다. 셰일 가스 채굴 기술이 개발되자 가장 큰 수혜를 입은 국가는 단연 미국이다. 조사 결과 전 세계에서 가장 많은 셰일 가스가 매장된 것이 밝혀지며 미국은 단숨에 석유매장량 1위 국가가 되었다. 셰일 가스 붐은 회복 중이던 미국 경제에 날개를 달아주었다. 우선 셰일 가스 채굴 기업들이 설립되면서 미국 내 일자리가 늘었다. 유가 하락으로 소비자들은 기름값으로 써야 할 돈을 다른 곳에 쓸 수 있어 구매력이 증가했으며, 기업들에 생산 원가가 낮아져 수익성이 개선되었다. 미국은 이렇게 10년 만에 금융 위기를 딛고 완벽히 재기했다.

돌이켜보면 세계 최강국인 미국에도 시련은 늘 닥쳐왔다. 그리고 미국의 위기는 곧 세계 경제의 위기였다. 1929년 대공황을 시작으로 70년대의 오일 쇼크, 1987년의 블랙 먼데이, 그리고 2000년대의 닷컴 버블 붕괴와 서브프라임 모기지 사태까지 수많은 위기를 겪었지만 모두 극복하고 최강국 지위를 굳건히 지켜냈다.

	배당 미포함 시	배당 재투자 시
1970-01-01	$1	$1
1980-12-31	$1.47	$2.31
1990-12-31	$2.64	$7.52
2000-12-31	$13.73	$42.01
2010-12-31	$12.74	$47.38
2018-12-31	$27.42	$116.36

표1-1 1970년 1월 1일 S&P 500 지수에 $1 투자 시 기간별 수익 비교

미국의 대표적인 주가지수인 S&P 500을 보면 미국의 경이로운 잠재력을 확인할 수 있다. 1970년 1월 1일, S&P 500 지수에 1달러를 투자했다면 2019년 현재 몇 달러가 되어있을까? 2018년 연말 기준으로 주가 상승으로 인한 수익으로만 27.42달러, 만약 배당금을 주식에 계속 재투자했다면 무려 116.36달러가 되었을 것이다. 해마다 10.32%씩 수익을 낸 셈이다. 한 국가가 개발도상국 상태에서 고성장 시대를 거쳐 선진국으로 진입하면 고령화, 임금 상승, 산업 구조 변화 등의 이유로 성장 속도가 감소하는 것이 일반적이다. 그러므로 투자자들은 흔히 고수익을 원한다면 개발도상국에, 저위험 투자를 원한다면 선진국에 투자해야 한다고 생각한다.

그러나 미국은 오히려 그 편견을 보기 좋게 깨고 있다. 1970년 당시에도 세계 최고

선진국은 물론 미국이었다. 그런 미국이 역동성을 잃지 않고 여느 개발도상국보다 훨씬 빠른 속도로 지금까지 성장한 것이다. 심지어 경제 성장 모델의 모범 사례로 '한강의 기적'이라는 찬사를 받는 대한민국의 경제 성장에 비견될 정도다.

세계 최대 경제 규모에다 기축 통화 발행국인 미국. 안정성은 당연히 세계 최고다. 그런데 따져보니 장기 수익률까지 높다. 투자자로서 관심을 갖지 않는 것이 이상할 정도다.

그림 1 - 2 코카콜라 vs. 은마아파트

서울 강남구 삼성로 212. 강남 부동산 신화의 상징인 대치동 은마아파트가 자리한 곳이다. 정부에서 부동산을 잡겠다며 대책을 내놓을 때마다 비웃듯이 올랐던 강남 집값. 그중에서도 끝판왕이라고 할 수 있는 곳이 은마아파트다. 2018년 말 기준 34평형 실거래가는 약 17억 원이다.[2] 낡아빠진 건물임을 감안하면 굉장히 비싼 가격이다. 하지만 주변 시세를 고려하면 특별히 비싼 물건은 아니다.

은마아파트의 유명세는 드라마틱한 수익률 덕이다. 1979년, 한보건설에서 이 아파트를 지었을 때 분양가는 평당 68만 원, 34평 기준으로 약 2,312만 원이었다. 2000년경 대치동 학원가가 사교육 1번지로 자리매김하며 은마아파트의 가치가 3억 원을 넘어섰고, 이후 2010년대에는 재건축에 대한 기대감으로 다시 한번 크게 올랐다. 2018년 17억을 찍었으니 상승률은 40년간 약 73.5배다. 비트코인처럼 특수한 경우를 제외한다면 대한민국에서 다시 없을 역대급 투자수익률이다.

영화 〈굿바이 레닌〉에서는 건물 벽에 새로 붙은 코카콜라 현수막을 통해 통일 후 자본주의 체제로 바뀐 동독의 모습을 상징적으로 보여 준다. 코카콜라는 서방 세계, 특히 미국 자본주의의 상징처럼 기능해 왔다. 한국인들이 코카콜라를 먹기 시작한 것은 생각보다 훨씬 오래전이다. 1947년에 찍힌 갓을 쓴 선비가 코카콜라를 마시는 사진이 얼마 전 공개되었다. 해방과 함께 들어온 미군 등을 통해 수입된 물건이 유통된 것으로 보인다. 코카콜라가 본격적으로 한국에서 생산을 시작한 것은 1968년이다. 1980년쯤 되면 미국은 물론 대한민국에서도 코카콜라 모르는 사람은 거의 없었다.

유명하다는 건 그만큼 참신하지 않다는 것이기도 하다. 코카콜라는 1980년 당시 설립된 지 100년이나 지난 음료 회사다. 이런 회사는 안정적인 배당을 목적으로 한다면 모를까 공격적 투자자들에겐 따분해서 외면당하기 딱 좋다. 코카콜라의 지난 40년은 어땠을까?

(자료: 부동산뱅크, Investing, 기획재정부)

	1980년	1990년	2000년	2010년	2018년
은마아파트	2,312만 원	1.9억 원	2.4억 원	9.6억 원	17.5억 원
은마-상승률	0	8.22배	10.38배	41.52배	75.69배
코카콜라	$0.72	$5.81	$30.47	$32.88	$47.35
환율	659.9	716.7	1,264.50	1,134.80	1,115.70
코카-상승률(환율X)	0	8.07배	42.32배	45.67배	65.76배
코카-상승률(환율O)	0	8.76배	81.09배	78.53배	111.19배

표 1 - 2 코카콜라 주식과 은마아파트 가격 상승률 비교 (1980~2018)

1980년 1월 주식 분할을 적용한 코카콜라 주가는 겨우 0.72달러였다. 2018년 말 주가는 47.35달러다. 환율 변동을 배제했을 때 40년 수익률은 65.7배다. 은마아파트의 73.5배를 보고 나니 별것 아닌 것처럼 보이지만, 사실 65배도 분명 엄청난 수익이다. 환율 변동을 계산에 포함하면 수익률은 역전된다. 1980년의 환율은 지금보다훨씬 낮았다. 당시 환율은 달러당 484원이었다. 2018년 외환 시장은 원/달러 환율1,115.7원으로 마감했다. 80년보다 환율만 2.3배 상승했다. 환율 상승분까지 합산하면 코카콜라의 수익률은 151.4배로 훌쩍 뛴다.

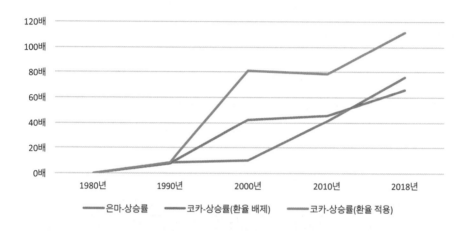

그림 1 - 3 코카콜라 주식과 은마아파트 가격 상승률 비교 (1980~2018)

이런 비교는 단순한 흥밋거리에 불과하다. 비교 대상을 코카콜라가 아닌 다른 주식으로 대체하면 수익률이 천양지차로 달라지기 때문이다. 다만 강조하고 싶은 것은 두가지다. 첫 번째는 대한민국에서 손꼽히는 부동산 투자 성공 사례와 대개 '따분한 투자'로 분류되는 식품주 코카콜라의 수익률이 거의 비슷하다는 점이다. 두 번째는 주식에 필요한 자본과 노력이 부동산 투자와 비교할 수 없을 정도로 적다는 것이다.

서울 집값은 기본이 억 단위다. 여윳돈이 웬만큼 되지 않으면 아예 밥상에 숟가락을얹을 수도 없는 것이 부동산 투자다. 마음에 딱 맞는 매물을 찾기도 어렵고, 직접 보러 다녀야 한다는 점에서 직장인에겐 상극이다.

짜장면 한 그릇이 1980년엔 약 400원이었다. 코카콜라 주가인 0.72달러에 환율을 곱하면 475원이다. 짜장면 한 그릇 값에 약간 더 보태면 코카콜라 주식을 살 수 있었다. 현재 코카콜라 주가는 2018년의 짜장면 열 그릇 값보다도 비싸지만, 투자의 관점으로 보면 아주 장벽이 낮은 편이다. 47달러도 없이 투자를 시작하겠다는 사람은 없지 않은가? 일반적으로 거래되는 주식 중에서 가장 비싼 축에 드는 아마존도 2,000달러면 산다. 현재 애플은 약 200달러, MS는 150달러다. 달마다 적립식으로 투자하기에 충분한 가격이다.

유동성Liquidity 문제도 간과해선 안 된다. 유동성이란 '자산을 현금으로 전환할 수 있는 정도'를 나타낸다. 팔고 싶을 때 팔기 쉬울수록 유동성이 높다고 말한다. 자산을 현금화해야 할 상황은 예기치 않게 일어난다. 금리가 폭등한다면? 가족의 병원비를 부담해야 한다면? 어쩔 수 없이 자산을 팔아야 한다. 팔고 싶을 때 팔 수 있는 것으로는 주식보다 나은 투자 자산을 찾기 힘들다. 주식은 월요일부터 금요일까지 시장이 열려있는 시간이면 바로 매도해서 현금화할 수 있다. 스마트폰으로도 가능하니 장소도 구애받지 않는다.

아파트는 그래도 부동산 중에서 유동성이 가장 높은 편이다. 아파트는 크기와 구조가 일반인들이 선호하는 조건으로 규격화되어 있고, 기본적인 교통과 편의시설이 보장되기 때문에 임야나 단독주택보다 훨씬 팔기 쉽다. 그러나 매수자를 직접 구해야 한다는 부동산의 태생적인 한계는 여전하다.

그래프가 보여주듯이 서울에서 괜찮은 집 한 채 사두는 건 투자 가치가 높다. 하지만 여윳돈이 없다면 그림의 떡이다. 그래도 손가락만 빨고 있을 순 없지 않은가. 미국 주식은 당장 시작할 수 있고, 대출금을 당겨올 필요도 없다. 수익률도 큰 차이가 없다.

03

한국 주식보다 미국 주식이 좋은
4가지 이유

"왜 미국 주식 하세요?"

필자가 미국 주식에 투자한다는 사실을 누군가 알게 됐을 때 자주 듣는 질문이다. 한국
에서는 흔치 않은 재테크 수단이기 때문이다. 아마 이 책을 읽는 독자께서도 미국 주
식에 투자하면 앞으로 이 질문을 많이 받게 될 것이다. 이 절에서 소개할 내용은 앞으
로 받을 질문에 대한 대답으로 매우 유용하게 쓰일 것이다.

1. 장기 수익률이 우수하다

대부분의 사람들이 주식을 하는 이유는 단 하나. 바로 '돈 벌려고'다. 그러므로 돈 잘
버는 주식 시장, 즉 수익률이 높은 시장이 곧 좋은 주식 시장이다. 필자가 미국 주식
을 좋아하는 이유는 간단하다. 미국 주식 시장이 수익률이 더 높기 때문이다.

한국 대표 주가지수인 KOSPI 지수와 미국 대표 주가지수인 S&P 500의 5년 수익률

을 비교하면 바로 체감할 수 있다. 2014년부터 2018년까지 5년간 KOSPI의 총수익률은 3.75%다. 같은 기간 S&P 500은 35.69%의 수익률을 기록했다. 같은 기간 동안 한국 시장에 투자했던 사람과 미국 시장에 투자했던 사람, 두 명의 투자자가 있다고 가정한다면 미국 시장 투자자는 한국 시장 투자자보다 무려 9.51배나 수익을 더 챙긴 셈이다.

대부분의 투자자들은 자기가 참여하는 주식 시장의 주가지수 상승률만큼 수익을 내는 것도 버겁다. 한두 해 정도 시장 수익률을 넘어설 순 있지만, 그만큼 시장 수익률을 밑도는 날도 많기에 장기적으로는 투자자 수익률이 시장 수익률에 수렴하는 경향이 있다. 이것은 고도의 교육을 받은 금융 엘리트들도 마찬가지다. 피터 린치Peter Lynch와 같이 시장 수익률을 수십 년 동안 계속 뛰어넘는 사람들에게는 '투자의 귀재'라는 찬사가 뒤따른다.

그러므로 투자자의 주된 관심사는 사실 '시장 안에서 어떤 종목을 고르는가'에 앞서서 '어떤 시장을 고르는가'여야만 한다. 나쁜 주식 시장 안에서는 아무리 좋은 투자자도 수익을 내기 어렵다. 반면 좋은 시장에서는 보통의 투자자들도 쉽게 수익을 낼 수 있다.

2. 주주 보호 시스템이 갖춰져 있다

투자자는 때때로 손실도 겪어야 한다. 내가 투자한 기업의 실적이 나빠져서 주가가 하락하는 것은 물론 아쉽지만, 주주로서 받아들여야만 한다. 투자자들을 진심으로 분노하게 하는 것은 경영진의 부도덕한 행위 때문에 주가가 하락하는 것이다. 횡령, 배임, 회계 부정 등 죄목은 다양하지만, 경영진이 주주들의 이익을 강탈한다는 점에서는 전부 같다. 정부와 감독 기관이 할 일은 위법 행위에 합당한 벌을 주어, 위법 행위가 근절되도록 하는 것이다. 이것은 부도덕한 경영진으로부터 주주를 보호하는 가장 기본적인 주주 보호 장치다. 그러나 한국은 화이트칼라 범죄에 대한 처벌이 유독 관대하다. 특히 대기업 회장들에겐 실형이 선고된다는 것 자체가 이례적이다. 설령 징역형이 선고되었더라도 사면이나 가석방 등으로 빠져 만기를 채우는 일은 거의 없다.

미국은 2000년대 이후로 초대형 횡령이나 회계 부정 사건의 수가 급감했다. 한국인이 유독 악하고 미국인들은 선해서 화이트칼라 범죄를 저지르지 않는 것이 아니다. 법이 엄격해서 범죄를 저지를 엄두를 못 내는 것이다. 미국은 전반적으로 엄벌주의를 택하고 있지만, 특히 자본주의 질서를 교란하는 범죄에 대해서는 관용이 없는 국가다. 2000년대 초반 대표적인 횡령 회계 부정 사건인 월드컴 파산 사태의 주역인 전 회장 버나드 에버스는 징역 25년을 받고 지금까지 복역 중이다. 엔론의 CEO 제프리 스킬링 역시 회계 부정으로 회사를 말아먹고 징역 24년을 선고받았다. 그는 14년을 복역하고 형을 감형받아 최근에야 겨우 석방되었다.

한국에서는 반면 횡령이나 회계 부정으로 20년은커녕 10년을 복역한 사람도 찾기 어렵다. 회삿돈 수천억 원을 횡령하고 주주들을 파탄에 이르게 한 대가가 겨우 징역 몇 년이라니! 심지어 주가 조작은 대부분 집행유예다. 그러니 한국에서 화이트칼라 범죄자들이 끊임없이 나타나는 것이다. 처벌이 솜방망이니, 위법 행위가 근절되는 것이 아니라 오히려 늘어만 간다. 감독 기관이 제 기능을 하지 못하면 투자자들은 주식 시장에 믿고 투자하기 어렵다.

3. 본업과 병행하기에 더욱 적합하다

주식을 단 1주라도 사본 사람이라면 장중에 쉴 새 없이 움직이는 주가를 확인하느라 업무에 집중하지 못했던 경험이 있을 것이다. 나도 학생 때 몇 주 되지도 않는 한국 주식을 사놓고 주식 시장이 열려있는 내내 스마트폰을 붙잡고 있었던 경험이 있다. 계속 보고 있다고 올라가는 것도 아닌데 사람 마음이 참 얄궂다.

한국 주식 시장이 열려 있는 평일 9시부터 15시 30분까지는 대부분의 직장인과 학생이 자기 본업에 가장 집중력을 쏟아야 할 시간이다. 이 시간에 주식을 보느라 신경이 분산된다면 업무 능률이 추락한다. 또 업무 중에 주식을 사고팔아야 하니 냉철하게 판단하고 거래하기도 어렵다. 그야말로 본업과 투자, 둘 다 망칠 위험이 있는 것이다.

미국 시장은 시차가 있어 우리 시간으로는 밤 11시 30분부터 새벽 6시까지 열린다(서머타임 기간에는 각각 1시간씩 앞당겨진다). 밤 11시 30분이라면 일을 마치고 충분히 휴식한 다음 주식 시장을 볼 수 있는 시간이다. 낮에는 본업에 충실하고 밤에는 투자에만 온전히 집중할 수 있는 것이다. 본업도 투자도 성공률이 높아지는 것은 당연한 얘기다. 이 장점은 미국인들도 갖지 못하는, 오로지 우리만 누릴 수 있는 유리함이다. 미국인들에겐 미국 시장이 낮에 열리기 때문이다. 한국에 태어나서 미국 주식에 투자하기에 오히려 더 유리한, 그야말로 역설적인 상황이다. 이유야 어찌 됐든 우리에게 온 축복을 마음껏 누리자.

4. 환차익 기회가 있다

필자가 투자를 하는 목적 중 하나는 물가 상승에 대비하기 위함이다. 한국 물가 상승의 요인은 여러 가지 있지만, 그중에서 원-달러 환율은 물가와 매우 밀접한 상관관계를 갖는다. 한국은 원자재와 의식주를 수입에 의존해야 하는 나라다. 이것들을 수입할 땐 대부분 달러로 사 와야 하니, 원-달러 환율이 상승할 땐 물가 상승이 필연적이다.

원-달러 환율 상승에 대비하는 방법은 간단하다. 달러로 표시된 자산을 가지고 있으면 된다. 미국 주식은 달러로 사고파는 자산이다. 그러므로 미국 주식을 보유하고 있으면 원-달러 환율이 오르는 만큼 원화로 환산한 내 주식 가치도 상승한다. 환율 상승으로 인한 물가 상승을 일정 부분 대비할 수 있는 것이다. 투자 기간 동안에 주가가 올랐다면 환율 상승으로 인한 수익에 주가 수익이 더해져 수익이 더욱 커진다.

원-달러 환율이 최근 몇 년간 1,000원대와 1,100원대 안에서 안정적으로 관리되고 있지만, IMF 외환 위기 같은 사건이 다시 오지 말란 법은 없다. 위기 대비 차원에서 달러를 사두는 것은 좋다. 하지만 더 좋은 것은 미국 주식을 사두는 것이다.

04

갈아타기 전에 알아둬야 할
한국 시장과 미국 시장의 차이점

한국 주식을 거래하던 사람이라면 지금 당장 미국 주식을 거래해도 크게 어렵다는 생각이 들지 않을 것이다. 시장이 운영되는 시스템 자체는 한국과 미국 간에 큰 차이가 없다. 다만 한국 시장에는 없는 특징이 미국 시장에 몇 가지 있는데 투자하기 전에 참고하면 좋을 것이다.

1. 가격 제한 폭이 없는 시장

한국 주식 시장에는 가격 제한 폭이 있다. 가격 제한 폭이란 한 종목의 가격이 하루 동안 일정 % 이상 오르거나 내리지 못한다는 제한이다. 현재 한국 주식 시장의 가격 제한 폭은 30%다. 어떤 주식이 어제 1만 원으로 마감했다면, 오늘 상승할 수 있는 최고가는 13,000원이다. 그리고 하락할 수 있는 최저가는 7,000원이다. 제한 폭 바깥의 가격으로는 주문을 낼 수도 없다. 주식이 금일 상승할 수 있는 최고가에 도달하면 상한가라고 하고, 가장 낮은 가격에 도달한 것은 하한가다.

미국 주식 시장엔 가격 제한 폭이 없다. 한 종목이 하루에 40% 상승할 수도 있고, 50% 하락할 수도 있다. 언뜻 생각하면 미국 시장이 훨씬 위험해 보이지만 사실 가격 제한 폭엔 함정이 있다. 상한가/하한가는 기업의 실제 가치와 주가를 괴리시키는 원인이다. 전일 종가 1만 원으로 마감한 가상의 바이오 기업이 있다고 가정하자. 이 기업이 개발한 신약이 장 마감 후 식약청 승인을 얻어서 주가가 적어도 50% 이상 상승할 호재가 생겼다. 한국 주식 시장이라면 금일 30% 상승, 상한가인 1만 3천 원까지밖에 상승하지 못할 것이다. 기관 투자가들은 이 주식이 30%를 훨씬 넘어서 상승할 것을 알기에 절대 1만 3천 원에 팔지 않는다. 그러나 정보에 취약한 개인 투자자들은 상한가를 친 자기 주식을 보며 '30%면 횡재한 거지 뭐…… 내일 하락할지도 모르잖아?'라는 생각에 당일 주식을 매도한다. 다음날 추가 상승분을 고스란히 날리는 것이다. 같은 이유로 기업에 악재가 생겨 하한가를 맞을 때도 개인들은 추가 손실을 본다.

이 기업이 상한가 없는 미국 시장 상장 기업이라면 어떨까? 시장이 열리자마자 이 기업의 호재가 그대로 반영되어 당일 1만 5천 원 이상으로 급등할 것이다. 개인 투자자가 이 가격에 주식을 팔거나 샀다 해도 기관보다 특별히 손해 보는 것은 없다. 이미 오늘의 호재는 충분히 반영되었고 다음날 주가는 아무도 모르기 때문이다.

2. 종목 코드와 심볼

네이버에서 삼성전자 주식을 검색하면 종목 이름인 삼성전자 옆에 '005930'이라는 숫자가 있다. 이것은 거래소에서 삼성전자를 분류하기 위한 고유의 종목 코드다. 종목 코드는 규칙성 없는 숫자일 뿐이라 외우기 어렵다. 그래서 종목 코드를 외워서 주식을 검색하는 사람은 거의 없다. 미국에도 한국의 종목 코드와 유사한 것이 있다. 바로 심볼Symbol이다. 미국 주식 시장에 상장된 주식은 모두 고유의 심볼을 갖고 있다. 심볼은 1~5자리의 영문 알파벳으로 표기한다.

기업명	심볼(종목 코드)
Johnson & Johnson (존슨앤드존슨)	JNJ
NVIDIA (엔비디아)	NVDA
Facebook, Inc. (페이스북)	FB
Kellogg Company (켈로그)	K

표 1 - 3 미국 주식 시장 기업명과 심볼의 예

일반적으로 심볼은 기업명의 약자로 표기한다. 외우기 쉬워서 검색할 때 유용하다. 미국 주식 관련 사이트에서 존슨앤드존슨Johnson & Johnson을 검색하고 싶다면, 긴 이름을 전부 쓸 필요 없이 JNJ만 검색해도 바로 존슨앤드존슨 페이지가 연결된다. 자신이 투자하고 있거나 관심 있는 종목의 심볼은 외워 두면 편하다.

....
1   한국은행, 우리나라의 토지 자산 장기시계열 추정, BOK 경제리뷰, 2015, 30쪽
2   디지털타임스, 집값 하락에도 버티는 주인… 실수요자 '관망', 2018. 12. 11

STOCK EXCHA

PART
02

미국 주식 시장
첫걸음 떼기

01

미국 시장 3대 거래소와
3대 주요 지수

미국 주식 시장의 첫걸음을 떼는 것은 미국 시장의 거래소와 주가지수를 이해하는 것이다. 국내 뉴스에서 미국 증시 소식을 접할 때 가장 많이 듣는 것도 바로 거래소와 주가지수 관련 소식이다. 거래소와 주가지수만 알고 있어도 앞으로 미국 증시 관련 보도가 다르게 보일 것이다.

1. 미국의 3대 증권 거래소

코스피와 코스닥이 한국의 양대 거래소라면 뉴욕증권거래소, 나스닥, NYSE American은 미국을 대표하는 3대 거래소다. 공기업인 한국거래소가 증권 거래소를 운영하는 한국 시장과 달리, 미국의 3대 증권 거래소는 모두 사기업이다. 게다가 상장 기업이라 거래소 자체의 주식도 사고팔 수 있다. 한국 증권사는 대부분 3대 거래소에 상장된 미국 주식만을 거래할 수 있도록 지원하고 있다.

• **뉴욕증권거래소**NYSE

- 나스닥NASDAQ

- NYSE 아메리칸AMEX

(1) 뉴욕증권거래소(NYSE)

시가총액 합산 기준 미국 최대이자 전 세계 최대의 증
권 거래소다. NYSE의 건물은 미국 경제의 상징 중 하
나다. 1792년 뉴욕의 증권 중개인들이 월 스트리트에
모여 증권을 거래하던 것을 시초로 세계 최고의 거래소
로 올라섰다. NYSE의 역사만큼 20세기 초반, 심지어

그림 2 - 1　뉴욕증권거래소

20세기 이전에 설립된 기업들이 NYSE의 주축을 이루고 있다. 산업별로 보면 주로
전통적인 산업의 비중이 큰 편이다. 또 한 가지 특징은 외국 기업들의 상장이 많다는
것이다. 외국 기업들이 미국 주식 시장에 상장하는 경우 나스닥보다는 NYSE에 상
장하는 빈도가 훨씬 많다. 특히 중국 기업들의 미국 상장이 활발하다. NYSE의 시가
총액 1위 기업도 미국 기업이 아닌 중국 전자상거래 기업 알리바바다. 그 외 대만의
TSMC와 일본의 토요타 등 각국의 대표 기업들의 주식이 NYSE에 상장되어 있다.

(2) 나스닥(NASDAQ)

신생 기업들의 자본 조달 활성화를 목적으로 1970년대
에 설립된 증권 거래소다. 시가총액 기준 미국 2위, 전
세계적으로도 2위 증권 거래소다. 나스닥의 주축을 이

그림 2 - 2　나스닥

루는 기업들은 IT 등 미래 산업 기업들이다. 비록 합산
시가총액으로는 NYSE의 절반 수준이지만, 세계 시가총액 1위~4위를 차지한 MS,
애플, 아마존, 구글은 모두 나스닥 기업이다. 비록 규모는 작지만, 나스닥을 마이너리
그로 간주할 수 없는 이유다. 특히 최근 FAANG(페이스북, 아마존, 애플, 넷플릭스, 구글)

을 비롯한 거대 IT 기업들이 미국 경제 전반에 미치는 영향력이 더욱 강해짐에 따라 나스닥에 대한 주목도가 더욱 높아지고 있다.

(3) NYSE 아메리칸(AMEX)

미국의 중소기업 증권 거래를 담당하는 주식 시장이다. 오랜 시간 동안 American Exchange, 통칭 아멕스로 불리다가 NYSE에 인수된 이후 2016년 NYSE American으로 개명했다. 상장 기업 중 세계적 인지도를 가진 기업이 거의 없기 때문에 이

그림 2 - 3 NYSE 아메리칸

곳에 상장한 기업을 거래할 일은 거의 없을 것이다. 대신 NYSE American에는 유명 ETF가 많이 상장했으므로 ETF 거래 시 이 거래소의 종목들을 많이 볼 수 있다.

2. 미국의 3대 주요 지수

(1) S&P 500

거래소 구분 없이 시가총액 기준 미국 상위 500개 기업을 대상으로 산출한 주가지수이다. 실질적인 미국의 대표 주가지수이다. 미국 주가지수를 복제한 ETF 상품 중에서도 S&P 500 ETF의 자산 규모 비중이 압도적으로 크다. 500개 기업 안에는 산업별 미국 최고의 기업들이 대부분 포함되므로, 미국 주식 시장의 전체적인 분위기를 파악하기에 S&P 500 지수가 가장 적합하다. 2019년 7월 기준 3,000을 돌파했다.

(2) 나스닥 지수(NASDAQ Composite)

나스닥 거래소에 상장한 기업만을 대상으로 산출한 주가지수다. S&P 500과 함께 자주 인용되는 미국 주가지수다. IT 기업의 영향력이 증가한 2010년대에 더욱 주목도

가 높아진 주가지수다. 나스닥 시장은 주가 변동성이 큰 미래 산업 기업들의 비중이 크다. 그래서 나스닥 지수도 S&P 500보다 일일 변동성이 큰 편이다. 즉 오를 때도 S&P 500보다 더 오르고, 떨어질 때도 더 떨어지는 경향이 있다. 미국의 첨단 산업 동향을 확인할 때는 나스닥 지수를 참고하는 것이 적합하다.

(3) 다우존스 산업평균지수(Dow Jones Industrial Average)

약칭은 다우지수다. 미국 산업을 대표하는 30개 기업의 주가를 기준으로 산출한 주가지수다. 한국에서는 미국의 대표 주가지수로 알려졌지만, 미국 현지에서는 영향력이 예전만 못하다. 시간이 갈수록 사회는 복잡해지고 산업은 다양화되고 있는데, 다우 지수는 표본이 너무 작아 미국 주식 시장을 대표하기 어렵기 때문이다. 또한 주가지수 산출 방식의 문제까지 겹쳐 다우존스를 사용하는 사례를 찾기 어려워지고 있다. 그러나 가장 역사가 깊은 주가지수라는 점 때문에 미국 주식 시장의 역사를 논할 때 자주 인용되고 있다.

02

배당이란 무엇인가?

'주주가 회사에 대하여 가지는 법률상의 지위나 권리는 자익권(自益權)과 공익권 (共益權)으로 나누어진다. 자익권은 주주가 회사로부터 경제적 이익을 직접 받을 수 있는 권리이다. 이에는 이익배당청구권(462조)·잔여재산분배청구권(538조)·이 자배당청구권(463조)·주권교부청구권(355조)·주식전환청구권(346~351조)·주식의 명의개서청구권(337조) 등이 있다. ……'3

우리는 주식을 사는 순간부터 그 회사의 주주가 된다. 주주의 권리 중 가장 핵심적인 2가지는 배당을 받을 권리와 경영에 참여할 권리다. 독자 여러분 중 미국에 있는 주 식회사의 경영에 참여할 목적으로 미국 주식을 매수하는 분은 거의 없으리라 본다. 결국, 소액 주주로서 주식 투자의 본질은 '배당받을 권리'에 있다고 봐도 무방하다. 그 렇다면 배당이란 무엇이고, 어떻게 이뤄지는 것일까?

배당Dividend은 주식회사가 창출한 이익의 일부를 주주에게 배분하는 것을 말한다. 배 당의 결정은 이사회가 하며, 주주총회의 승인을 받아 실행된다.

1. 배당의 종류

• 현금 배당Cash Dividend

현금 배당은 말 그대로 배당금을 현금으로 지급하는 것이다. 가장 일반적인 배당의 형태다. 배당금을 나타낼 땐 '1주당 ○달러'로 표현한다. 배당금 지급일에 주주 명부에 있는 주주들의 계좌로 달러가 입금된다. 지급된 배당금은 언제라도 환전해서 출금할 수 있다. 물론 주식에 재투자하는 것도 가능하다.

• 주식 배당Stock Dividend

주주들에게 현금 대신 주식을 추가로 발행해서 주주들에게 배당하는 것이다. 주식 배당과 현금 배당의 가장 큰 차이점은 회사의 현금 소모 여부다. 현금 배당은 배당한 금액만큼 회사에서 현금이 감소하지만, 주식 배당은 배당 후에도 현금은 그대로 남아 있다. 그래서 현금 여유가 부족해도 주식 배당은 실시할 수 있다. 집중 투자가 필요한 상황에서 현금 배당이 여의치 않을 때 가능한 주주 보상 방법이다.

2. 배당 주기

• 정기 배당Regular Dividend

기업이 정기적으로 주주에게 지급하는 배당금이다. 어느 빈도로 지급할지는 기업이 자율적으로 결정할 수 있다. 월간 배당/분기 배당/반기 배당/결산 배당으로 구분한다. 한국에서는 90% 이상이 1년에 한 번 지급하는 결산 배당이다. 미국에서는 3개월에 한 번 지급하는 분기 배당이 가장 흔하다.

정기 배당은 월급과 비슷한 성격을 가진다. 대체로 월급은 연차가 쌓일수록 올라가고, 회사 사정이 좋지 않을 땐 동결된다. 회사 사정이 정말 어려울 땐 삭감될 수도 있지만, 직원들의 반발이 어마어마할 것이다. 정기 배당도 마찬가지다. 미국 기업들은 특별한 문제가 없다면 해마다 배당금을 조금씩 올린다. 배당금을 올리지 못할 만큼 어려울 땐 동결한다. 정기 배당을 깎는 것은 회사가 큰 위기 상황에 빠졌을 때 쓰는 최후의 카드다. 배당금을 깎았을 때 경영진은 주주의 엄청난 반발을 감수해야 한다.

그러나 더 큰 문제는 배당을 깎음으로써 회사가 전에 없던 위기에 처했다는 것을 광고하게 되는 것이다. 주식 시장에 매우 부정적인 메시지를 줄 수 있다. 사정이 얼마나 나쁘면 배당까지 깎겠냐는 것이다. 그래서 기업들이 가급적이면 정기 배당금은 어떻게든 유지하려고 노력한다.

• 특별 배당Special Dividend

기업이 부정기적으로 진행하는 배당이다. 특별 배당 배당금은 보통 일반배당보다 훨씬 크다. 정기 배당이 월급이라면 특별 배당은 보너스 같은 개념이다. 기업이 어느 해 예년보다 훨씬 큰 이익을 달성했을 때 종종 특별 배당을 한다. 정기 배당을 크게 늘릴 수도 있지만, 정기 배당은 한번 늘리면 줄이기가 매우 어렵다. 내년에도 올해처럼 좋은 실적을 낸다는 보장이 없다. 한 번에 정기 배당을 많이 늘리는 건 지키지 못할 약속을 하는 것과 같다. 다음 해 다시 이익이 줄어 늘어난 정기 배당을 지급하지 못하면 주주로부터 신용을 잃는다.

정기 배당을 소폭 늘리고 특별 배당을 지급하는 것은 좋은 대안이다. 이익을 충분히 배당받았으니 주주들은 섭섭하지 않다. 기업도 이후를 위해 배당금을 조절할 수 있다. 특별 배당이란 말 그대로 보너스 같은 느낌이라 지급해도 그만, 지급하지 못해도 그만이다.

3. 배당 절차

그림 2 - 4 배당 절차 4단계

배당을 계획 중인 기업은 배당 전 주요 사항을 공지Announcement해야 한다. 주요 사항이란, 다음의 세 가지 질문에 대한 답을 밝히는 것이다.

첫째, 1주당 배당금은 얼마인가? (Cash Amount)
둘째, 어느 시점의 주주를 기준으로 배당을 지급할 것인가? (Ex-dividend)
셋째, 실제 배당금이 주주 계좌로 입금되는 날은 언제인가? (Payment Date)

• **배당금**Cash Amount

말 그대로 기업이 주주에게 지급할 배당금이다. 1주당 ○달러($ for Share)로 표기한다. 배당금에 보유 주식 수량을 곱한 것이 주주가 수령할 배당액이다.

• **배당락일**Ex-Dividend

주식의 주인은 매일, 매시간, 매분 바뀐다. 회사가 배당을 지급하기 위해선 '어느 시점에 주식을 보유한 주주에게 배당을 지급하는가'를 결정해야 한다. 배당락일은 배당받는 사람이 결정하는 기준이 되는 날이다. '배당락일 0시 00분 시점에서 주식을 보유한 사람'이 배당의 대상자가 된다. 예컨대 기업이 공지한 배당락일이 6월 28일인 경우, 늦어도 6월 27일에는 주식을 매수해야만 이번 배당을 받을 수 있다. 6월 28일에 주식을 매수하면 이미 0시 00분이 지났으므로 이번 배당에선 제외된다.

주식의 매매는 곧 배당받을 권리를 사고파는 것이다. 배당락일이 되면서 이번 배당을 받을 권리가 사라졌다면, 사라진 권리만큼 주식의 가격도 내려가는 것이 정상이다. 그래서 배당락일이 되면 대략 1주당 배당금만큼 주가가 하락한다. 배당락 때문에 주가가 하락하는 것은 기업 가치의 관점에서도 설명할 수 있다. 기업이 배당을 실시하면 배당으로 지불한 금액만큼 기업에서 자산이 빠져나간다. 자산이 감소한 기업의 주가가 하락하는 것 역시 당연한 일이다. 건실한 기업은 배당락으로 인한 주가 하락을 금방 회복하고 과거의 주가로 돌아간다.

주식을 구입하고 난 후 실제로 주주 명부에 등재되기까지 시간이 소요되기 때문에, 배당락일 다음 영업일에 배당을 지급할 주주 명단을 최종 확정한다. 이를 배당 기준일Dividend Record Date이라 한다.

• 배당 지급일Dividend Payment Date

배당금이 실제로 지급되는 날이다. 예전엔 배당금 수표를 우편으로 보내는 방식으로 지급했었다. 지금은 배당금만큼 달러를 주주들의 계좌로 보낸다. 통상 배당락일 후 배당 지급일까지 15일~30일 정도 걸린다. 세법의 관점에서는 배당 지급일을 소득이 발생한 날로 간주한다.

3. 배당 내역 사례로 복습하기 :
포드(Ford)의 2019년 3차 배당

이제 배당 내역을 보면 배당이 어떻게 이루어졌는지

그림 2 - 5 포드

한 번에 설명할 수 있을 것이다. 자동차 제조사 포드의 2019년 4차 배당 내역을 읽어 보자.

> ▶ 포드 2019년 3차 배당 내역
>
> - 공지일 : 2019-07-11
> - 배당금 : $0.15/주
> - 배당락일 : 2019-07-22
> - 배당 기준일 : 2019-07-23
> - 배당 지급일 : 2019-09-03

배당 내역을 말로 풀어서 설명하면 다음과 같다.

"포드는 2019년 7월 11일 2019년 3회차 배당을 공지했다. 포드 주식 1주당 0.15달러의 배당이 지급될 예정이다. 배당락일은 7월 22일이므로, 이번 배당을 수령하려면 22일 이전에 주식을 매수하여 22일 자정까지 보유 중이어야 한다. 배당금은 9월 3일 주주의 계좌로 지급될 예정이다."

몇 번 읽다 보면 굳이 말로 풀어서 해석하지 않아도 쉽게 배당 내역을 이해할 수 있을 것이다. 관심 종목이나 현재 투자 중인 종목의 배당 내역을 확인하며 연습해 보자.

4. 배당 정보 사이트, '디비던드닷컴'

디비던드닷컴(www.dividend.com)은 이름에서 보여주듯 미국 배당주만 전문적으로 다루는 사이트다. 배당 기록 정도는 많은 사이트에서 제공한다. 그러나 배당 세부 지표를 보여주는 사이트는 흔치 않다. 디비던드닷컴은 배당주 매수 전에 반드시 확인해야 할 세부 지표들을 확인하고자 할 때 매우 유용한 곳이다. 사이트 메인 화면의 검색창에서 미국 배당주를 검색하면 다음과 같은 화면을 볼 수 있다.

그림 2 - 6 코카콜라의 주식 배당 데이터   (자료: Dividend.com)

〈그림 2-6〉은 코카콜라의 주식 배당 데이터 확인 화면이다. 각 수치를 참고하여 배당 지표 분석을 해보자.

• **배당 수익률**Dividend Yield

$$배당\ 수익률 = \frac{연간\ 배당금\ (Annualized\ Payout)}{주가\ (Stock\ Price)}$$

배당주 투자의 핵심 지표다. 현재 주가에 비해 배당금이 얼마나 많은지 확인할 수 있는 지표다. 현재 코카콜라의 배당 수익률은 약 3%다. 현시점에서 코카콜라의 주식을 1,000만 원어치 매수했을 때, 투자자는 앞으로 1년간 약 30만 원의 배당을 기대할 수 있다. '고배당주'라 부르는 주식은 이 배당 수익률이 높은 주식을 말하는 것이다. 배당주 투자를 하는 사람은 제1순위로 확인해야 할 지표다.

• **연간 배당금**Annualized Payout

기업이 지난 1년간 지급한 1주당 배당액이다.

• 배당 성향Payout Ratio

$$배당\ 성향 = \frac{연간\ 배당금\ (Annualized\ Payout)}{주당\ 순이익\ (EPS)}$$

기업의 순이익 중 몇 %가 배당으로 지급되는지 나타내는 지표다. 배당 성향은 사업의 성장세와 관계가 깊다. 성장세가 강한 기업은 배당보단 사업 확장에 이익을 재투자하는 것이 유리하다. 반대로 성장세가 느린 기업은 사업 확장에 그다지 많은 돈이 필요치 않다. 그러므로 순이익을 기업에 남겨두기보다 많은 부분을 배당으로 지급한다. 코카콜라의 배당 성향은 77%가 넘는다. 순이익 중 4분의 3 이상을 주주들에게 지급하는 격이다. 이미 성장할 대로 성장한 코카콜라의 비즈니스 상황을 배당 성향이 말해 주고 있다. 산업마다 차이는 있지만, 성장세가 원활한 기업의 배당 성향은 대체로 40% 미만이다. 배당 성향이 50% 이상이면 사실상 성장을 기대하기 어려운 기업이다.

• 배당 성장Dividend Growth

기업의 연간 배당금이 몇 년 연속으로 성장했는지 보여준다. 코카콜라는 56년간 한 해도 빠짐없이 배당금을 늘렸다. 배당금은 현금이 직접 회사에서 빠져나가야 하므로 절대 속일 수 없다. 배당금을 56년간 늘렸다는 것은 56년간 코카콜라에 배당을 충분히 지급할 만큼의 현금이 항상 있었다는 걸 의미한다. 그 오랜 시간 동안 경영 위기를 겪지 않았다는 말과 같다. 그러므로 배당 성장 기간이 최소 10년 이상인 배당 성장주는 대부분 안정성이 높은 기업들이다. 요즘은 배당 성장주만 전문적으로 투자하는 투자자들이 늘고 있다.

03

성장주와 배당주

좋은 주식을 고르기에 앞서 해야 할 일은 '나는 어떤 주식을 원하는가'라는 질문에 대한 답을 구하는 것이다. 사람마다 어울리는 옷이 다르듯이, 투자자의 성향에 따라 좋은 주식은 달라질 수 있다. 성장주와 배당주는 투자 성향에 따라 적합한 주식을 나누는 가장 선명한 기준이다. 당신에게 투자받기 위해 두 회사가 동시에 찾아왔다고 가정하자. 다음은 기업이 투자자에게 자기 기업을 어필하는 내용이다.

- A 기업 : 우리 회사는 현재 연구 개발과 설비 투자에 많은 비용을 지출하고 있습니다. 또한 매출이 불규칙하여 배당금을 당장 드릴 수는 없습니다. 그러나 우리는 매출이 연 50% 이상 고속 성장 중입니다. 우리 회사에 투자해주시면 곧 주가를 크게 올려서 투자해 주신 만큼 보답하겠습니다!

- B 기업 : 우리 회사는 라이프 사이클 상 성숙기 단계에 접어들어 매출이 큰 폭으로 성장할 가능성은 거의 없습니다. 다만 매출은 매우 안정적으로 발생하여 회사에 현금이 충분합니다. 이미 설비 투자와 연구 개발이 완료되어 이익

의 대부분을 배당해드릴 수 있습니다. 매년 투자금의 4% 이상 배당 수익률을 약속합니다.

주식 시장에서 A 기업의 주식은 전형적인 성장주, B 기업은 배당주로 분류한다. 어떤 기업이 더 좋은지는 전적으로 투자자의 성향에 달렸다. 리스크를 감수하더라도 고수익을 원하는 투자자라면 성장주인 A 기업에 투자해야 할 것이고, 보다 안정적인 투자를 선호하며 배당 수익을 원한다면 배당주인 B 기업이 적합할 것이다.

완벽히 성장주 혹은 배당주 중 하나에만 부합하는 기업은 생각보다 주식 시장에 많지 않다. 산업으로 보면 성장주의 극단에 있는 산업은 IT, 배당주의 극단에 있는 산업은 가공식품이나 담배 산업 등이 될 것이다. 대부분의 산업은 그 중간 어디쯤에 위치해 있다.

다음의 조건들을 따져 보면 특정 기업이 성장주와 배당주 중 어느 성향이 좀 더 강한지 확인할 수 있다.

• 연구 개발과 설비 투자에 많은 비용을 지출해야 하는가?

신성장 산업을 영위하는 기업은 경쟁사보다 우위를 확보하기 위해 많은 투자가 필요하다. 나스닥에 상장한 IT 기업들 중 태반이 배당을 하지 않는다. 매년 연구 개발에 막대한 비용을 지출해 현금이 부족해서다. 10년 전인 2009년 출시된 스마트폰들은 지금 보면 장난감 수준의 물건이다. 기술 한계를 극복하기 위해 지난 10년간 삼성과 애플은 매년 수조 원씩 연구 개발비를 퍼부었다. 투자 여력이 없는 중소 제조사들은 결국 시장에서 철수해야 했다. 우리가 지금 사용하는 놀랍도록 편리한 스마트폰은 그 치열한 경쟁의 결과물이다.

신생 기업은 늘어나는 수요에 대응하기 위해서 생산 설비 증설을 위한 현금이 절실하다. 성장 중인 기업들은 이익이 많이 발생하더라도 배당에 매우 조심스럽다. 신성장 산업 주식은 대부분 성장주다.

반면 연구 개발이나 설비 투자가 거의 필요 없는 기업들도 있다. 통조림 햄 스팸Spam 의 제조사인 호멜 푸드Hormel Foods나 켈로그Kellogg와 같은 가공식품 기업들은 대표적인 배당주 기업이다. 이들의 주력 상품인 스팸이나 콘플레이크는 스마트폰과 달리 수십 년 전 생산된 제품이나 지금 것이나 차이가 없다. 연구 개발비가 별로 필요 없는 것이다. 이들 기업의 상품은 새롭게 개척할 시장도 거의 없어 매출이 급성장할 잠재력도 크지 않은 상품이다. 그러니 설비 투자에도 많은 자금이 필요하지 않다. 이런 기업들은 이익의 절반 가까이를 주주에게 배당할 수 있다.

• 매출이 규칙적으로 발생하는가?

전기 자동차와 3D 프린터는 대중에게 소개된 지 얼마 되지 않은 상품들이다. 아직은 일부 계층에서 실험적으로 구매하고 있다. 고정적인 매출이 적기에 매출이 규칙적으로 나올 리가 없다. 불확실성에 대비하기 위해 현금성 자산을 넉넉히 유지해야 한다. 그래서 신기술 기업들은 대개 배당을 하지 않는다. AT&T와 같은 통신 회사들은 정반대로 가입자들로부터 매달 통신 요금을 꼬박꼬박 받고 있다. 회사에 현금이 마를 날이 없다. 통신 요금은 대부분 년 단위 약정으로 가입하기에 월 매출 변동도 크지 않다. 매달 들어오는 현금을 거의 정확히 예측할 수 있다. 통신사들 역시 배당 성향이 매우 높다.

• 고속 성장 중인 기업과 성숙기에 접어든 기업

인터넷 동영상 서비스 기업 넷플릭스Netflix는 매년 최고가를 경신하며 뉴스에 오르고 있다. '성장의 고속도로를 탔다'라고 할 만큼 넷플릭스의 성장 속도는 무섭다. 이런 기업은 항상 투자자들의 1순위 관심 대상이다. 군이 고액의 배당을 지급하지 않아도 넷플릭스의 주식을 사겠다는 사람은 널리고 널렸다. 기업 전망이 워낙 밝기에 배당을 못 받더라도 투자 기간 동안의 기업 가치 상승으로 더 큰 수익을 올릴 수 있다는 판단에서다. 고속 성장으로 시장의 사랑을 한몸에 받는 기업들은 대부분 정기 배당을 하지 않는다.

주식 시장의 모든 기업이 넷플릭스처럼 사랑받을 수 있는 것은 아니다. 기업의 성장 사이클이 성숙기를 넘어선 기업들은 더 이상 고속 성장을 기대할 수 없다. 오히려 매출 감소를 걱정해야 할 처지다. 그 어떤 투자자도 쇠락 중인 기업에 열광하지 않을 것이다. 이런 기업이 떠나가는 투자자를 붙잡기 위해서 줄 수 있는 것은 고액의 배당금뿐이다. 성장기를 지난 다수의 기업들은 매년 순이익의 대부분을 투자자에게 배당으로 지급한다.

04

주가가 움직이는 원인 :
국가 / 산업 / 기업

주식 시장이 열리면 주가는 쉴 새 없이 움직인다. 주식을 1주라도 갖고 있다면 더욱 쉽게 체감할 수 있다. 그렇다면 주가는 왜 오르고 왜 내리는가? 이유를 알고 있다면 주가가 오를 주식도 더욱더 쉽게 찾을 수 있다. 놀랍게도 투자자의 상당수가 주가가 오르내리는 이유를 모르고 주식을 산다. 주가가 움직이는 원인을 모르고 하는 주식 투자는 확률에 모든 것을 맡긴다는 점에서 주사위 도박과 다를 게 없다.

주가가 움직이는 원인을 세 가지로 분류하면 국가적 요소, 산업적 요소, 마지막으로 기업 한정 요소가 있다.

1. 국가적 요소

한 국가 안에는 수많은 산업이 있고, 산업 안에는 또한 수많은 기업이 있다. 만약 국가 전체에 영향을 주는 변수가 생기면 그 국가의 전체 주가가 영향을 받는다. 국가 전체는 아니지만 특정한 산업에 영향을 주는 변수가 생긴다면 그 산업 안에 있는 기업들의 주가가 움직인다. 국가나 기업과는 관계없이 단순히 개별 기업에만 영향을 미치는 요소도 있다.

필자는 주식 시장을 바다에 비유하곤 한다. 상승과 하락을 반복하는 주가 그래프와 멀리서 본 바다는 묘하게 닮았다. 바다를 움직이는 힘은 파도와 해류, 두 가지다. 우리 눈에 잘 보이는 움직임을 만드는 것은 파도다. 파도는 바닷물을 위아래, 앞뒤로 끊임없이 움직이게 한다. 그러나 가만히 보면 파도 때문에 바닷물이 어딘가 멀리 가는 것은 아니고 그저 같은 물이 왔다 갔다 할 뿐이다. 해류는 우리 눈에 보이지 않지만, 바다 깊은 곳에서 바닷물을 저 멀리 북극해로, 혹은 남태평양으로 보내고 있다.

주식 시장에도 파도와 해류가 있다. 파도는 아주 잠깐의 주가 흐름을 만들어내는 요소다. 이따금 산타 랠리나 특별 소득세 환급 등으로 반짝 주가가 오르기도 한다. 그러나 경제적 기반 요소 없이 오른 주가는 썰물이 빠지듯 곧 제자리로 돌아온다. 해류처럼 우리 눈에 잘 보이지는 않지만, 장기적으로 한 국가의 경제를 결정짓는 요소들도 있다. 사려 깊은 주식 투자자라면 하루하루의 파도를 쫓기보다는 큰 흐름을 만드는 해류 같은 요소를 주목해야 한다.

다음은 주식 시장의 대표적인 국가적 요소들이다. 위쪽에 쓴 것들은 대체로 파도(단기적 요소)에 가까운 것들이고, 밑으로 내려갈수록 해류(장기적 요소)에 가까운 것이다.

> ▶ 국가적 요소의 예
>   - 심리적 요소
>   - 세금
>   - 금리
>   - 경제 성장률 & 고용률
>   - 제조업 경쟁력

(1) 심리적 요소

어떤 투자자들은 기업의 가치 변동과는 아무 관계 없이 주식을 팔고 산다. 심지어 날이 좋아서 주식을 사고, 날이 흐려서 주식을 파는 사람도 있다. 이런 특이한 행동을 여러 사람이 함께하면 주가가 움직인다. 주식 시장의 유명한 미신 중의 하나가 '1월 효과'다. 1월 효과란 어떤 해의 1월 주식 시장이 상승한 채로 마감하면, 그해의 연간 수익률은 반드시 플러스를 기록한다는 것이다. 1월 효과를 신뢰하는 투자자들은 1월 장이 상승 마감한 것을 확인한 다음 2월 장이 시작하자마자 주식을 대량으로 사 모을 것이다. 이렇게 상승한 주가는 국가나 기업의 실적과는 무관하게 오른 주가이므로 며칠 내로 제자리를 찾는다. 그야말로 가장 파도 같은 요인이다.

(2) 세금

국가가 매기는 세금의 종류는 수백 가지나 되지만 주식 시장에서 가장 주목하는 세금은 바로 법인세다. 법인세는 기업 이익 중의 일부를 납부하는 것으로, 기업의 순이익과 직결된다. 법인세를 인하하면 기업은 작년과 똑같은 이익을 내도 법인세 차감 후 순이익이 더 커진다. 이렇게 기업들의 실적이 호전되면 주가가 오르지 않을 수 없다.

법인세 인하의 두 번째 효과는 외국 기업을 국내로 불러들여 일자리가 늘어나는 것이다. 외국으로 본사와 생산 기지를 옮긴 미국 기업들이 최근 다시 미국으로 회귀하고 있다. 이를 리쇼어링Reshoring이라고 한다. 트럼프 행정부의 법인세 인하 정책은 미국 기업들이 다시 돌아오는 데 큰 역할을 했다. 보스턴컨설팅그룹BCG은 미국 내 리쇼어링으로 약 80만 명의 제조업 종사자가 추가로 생겨나고 간접 고용도 240만 명에 달할 것으로 전망했다. 일자리를 얻고 소득이 늘어난 사람들은 그 돈으로 소비를 늘려 기업들의 매출이 더 늘어난다. 결과적으로 경제가 더욱 성장한다. 법인세는 매년 세수에서 큰 비중을 차지하는 중요한 세원이지만, 이처럼 법인세 인하의 경제적 효과가 크기 때문에 각국은 경쟁적으로 법인세를 낮추고 있다.

법인세만큼 영향이 크지는 않지만, 개인 소득세 역시 낮을수록 경제에 긍정적 효과를 준다. 우리가 버는 소득에서 세금과 준조세(의료보험 등)를 떼고 '우리가 실제로 쓸 수 있는 돈'을 경제 용어로 '가처분 소득'이라고 한다. 소득세 인하는 국민들의 가처분 소득을 증가시켜 더 많은 돈을 소비할 수 있게 한다. 가계 소비 증가는 곧 기업 실적 개선으로 이어져 주가 상승에 힘을 실어준다.

(3) 금리

각 나라의 중앙은행은 자국의 화폐를 얼마나 발행할지 결정하는 역할을 한다. 결정의 핵심 기준은 경제 상황이다. 경기가 침체되어 있을 때는 화폐를 많이 발행해서 경제에 활력을 불어넣어 주고, 경기가 과열되었을 땐 통화량을 줄여서 경기를 진정시킬 필요가 있다. 이때 중앙은행이 통화량 조절을 위해 쓰는 장치가 금리다. 여기서 말하는 금리란 '중앙은행의 기준금리'를 말한다. 세계 기축 통화인 미국 달러를 발행하는 중앙은행은 연방준비제도이사회, 영어 약자로 Fed^{Federal Reserve Bank}라는 곳이다. Fed가 발행한 달러를 최초로 공급하는 곳은 미국 정부와 은행이다. 이때 달러를 공급하며 정부와 은행에 받는 이자율이 바로 기준금리다.

Fed 산하인 FOMC(연방공개시장위원회)는 미국의 기준금리를 결정하는 회의체다. 이곳에서 내린 결정이 실질적인 달러의 발행량을 결정한다. 달러는 전 세계 무역 결제의 80% 이상을 차지하는 기축 통화다. 달러의 발행량이 곧 세계 경제 전체를 좌우한다고 봐도 무리가 아니다. 그러므로 FOMC의 결정에 전 세계인이 촉각을 곤두세울 수밖에 없다.

금리가 상승하면 정부와 은행이 Fed로부터 달러를 적게 빌려 간다. 그러므로 시중에 달러가 적게 풀려 무척 귀해진다. 또 금리가 상승하면 대출을 받아서 주식에 투자했던 사람들이 상환 압박을 강하게 받는다. 주식 시장에 유입될 자금은 줄어들고 유출

되는 자금은 많아져 금리 상승은 주식 시장에 일반적으로 악재다.

금리 인하는 단기적으로 주식 시장에 호재지만, 지나치게 낮은 금리가 유지되면 부작용이 크다. 시장에 달러가 과하게 풀려 자산가치에 거품이 발생한다. 2007년 리먼브라더스 파산을 시작으로 확산된 서브프라임 모기지 사태는 바로 부동산 거품이 불러온 참극이다. 한국 투자자는 추가로 금리를 주시해야 한다. 금리와 환율은 밀접한 관계다. 한국 금리가 그대로인 채 미국 금리만 상승한다면, 한국 원화 가치는 그대로인데 달러의 가치만 귀해진 것과 같다. 그러므로 환율은 상승한다. 미국 주식 투자자들은 그러므로 미국 금리 상승 시 환율 상승으로 인한 환차익을 볼 수 있다.

(4) 경제 성장률 & 고용률

경제 성장률과 고용률은 수많은 경제 지표 중에서도 단연코 제일 중요하다고 할 수 있다. 경제 성장률과 고용률이 발표될 때마다 주식 시장은 바로 반응한다. 예컨대 지난달 고용률이 시장 예상보다 훨씬 높다면 발표 직후 주가지수가 급등하고, 경제 성장률이 마이너스를 기록하면 주가가 폭락하는 식이다. 예전에는 경제가 성장하면 자연스럽게 고용이 늘어났기 때문에 경제 성장률과 고용률을 한 세트로 보았다.

그러나 시간이 지날수록 경제 성장과 고용률이 괴리하는 현상이 나타나고 있다. 기술의 발전으로 기계가 인간의 일자리를 대체하는 탓이다. 이 경우 경제 성장률은 상승해도 고용률은 오히려 하락할 수 있다. 고용률이 낮아지면 민간 소비가 차츰 감소하여 경제가 위축된다. 그러므로 '고용 없는 성장'은 잠깐은 가능해도 장기적으로는 불가능하다. 그래서 최근에는 고용률의 중요성이 더욱 커졌다. 전날 주가가 폭등하거나 폭락한 이유를 모르겠다면 그날 고용률 발표가 있었는지 확인해보자.

(5) 제조업 경쟁력

누군가 "어떤 요소가 장기적으로 국가의 운명을 결정하는가?" 라고 묻는다면 필자는 단연 제조업 경쟁력이라고 말할 것이다. 국가적 경제 요소 중 가장 '해류'에 가까운 요소다. 제조업 경쟁력은 크게 두 가지로 구분할 수 있다. 기술력과 생산력이다.

> 기술력 = 남이 못 만드는 걸 만들 수 있는 능력
> 생산력 = 남이 만들 수 있는 걸 남보다 더 싸게 빨리 만드는 능력

세계에서 제조업 기술력 1등은 미국이고, 생산력 1등은 중국이다. 그래서 이 두 나라는 다른 나라보다 압도적인 국력을 가질 수 있었다. 제조업 경쟁력이 강한 국가들은 평상시에는 잘 눈에 띄지 않지만, 경제 위기를 극복할 때 그 진가가 나온다. 2007년 세계 금융 위기 이후 1년간 성공적으로 위기를 극복했다고 평가받는 국가는 미국, 중국, 일본, 독일, 대한민국 등이다. 이 국가들의 공통점이 내로라하는 제조업 강국이라는 것이다. 제조업 기반이 약하고 다른 산업만으로 성장했던 국가들은 금융 위기에 특히 취약하다. 그리스는 금융 위기 직전에 올림픽 개최를 할 정도로 잘 나가던 국가였다.

그러나 제조업 기반이 취약한 그리스는 금융 위기가 닥치자 말 그대로 경제가 파탄 나서 아직도 해법을 찾지 못하고 있다. 남유럽의 맹주 이탈리아는 조금 다른 케이스다. 제조업 강국이지만 경쟁력 있는 품목은 슈퍼카, 크루즈선, 명품 의류 등 사치품으로 편중되었다. 금융 위기 상황에서 이런 사치품이 잘 팔릴 리 없을 터. 이탈리아의 경제는 추락했고 EU에 구제 금융 신청을 해야 하는 처지에 몰렸다.

어떤 국가에 투자하든 장기 투자할 때 반드시 확인해야 하는 것이 바로 제조업 경쟁력이다. 제조업이 강한 국가는 제조업에서 창출하는 많은 고용으로 부의 재분배가 원활하게 일어나 소비 심리가 얼어붙지 않는다. 또한 낮은 실업률 덕분에 정치와 사회가 안정된다는 장점이 있다. 그래서 경제 위기가 와도 다른 나라보다 수월하게 극복할 수 있다.

2. 산업적 요소

산업적 요소는 한 산업에 속한 기업들에 영향을 주는 요소들이다. 산업적 요소의 특징은 하나의 요소가 서로 다른 두 산업에 정반대의 효과를 나타낼 수 있다는 것이다. 대표적인 산업적 요소의 예는 다음과 같다.

▶산업적 요소의 예
- 원자재 가격
- 계절적 요인

(1) 원자재 가격

석유 가격에 영향을 받지 않는 산업은 보기 드물지만, 특히 에너지 산업 주가는 유가와 직결된다. 에너지 기업 주가는 대체로 유가보다 더 변동성이 크다. 석유의 가격은 아무리 하락해도 절대 0이 될 수 없지만, 에너지 기업은 파산하면 그날로 가치가 0이 되기 때문이다. 저유가로 에너지 기업들의 수익성이 악화되면 기반이 취약한 에너지 기업들부터 차례로 파산한다.

에너지 산업과는 역방향으로 영향을 크게 받는 산업은 항공 산업이다. 이것은 항공 산업의 본질을 보면 더욱 명확히 드러난다. 항공업이란 출발일 몇 달 전에 항공권을 판 다음, 약속된 날짜에 목적지로 실어 나르는 것이다. 항공권 가격 책정은 판매 당시 유가를 고려해서 판매하는데, 만약 출발일 당일 유가가 하락하면 항공사는 생각보다 유류비를 아낄 수 있어 이득이다. 반대로 출발일 당일 유가가 폭등한 경우, 손해를 보며 승객들을 실어 날라야 할 수도 있다. 대형 항공사의 경우 하루 항공편에 소요되는 유류비만 엄청나기 때문에 유가 1% 등락에 수익이 크게 움직인다.

(2) 계절적 요인

특정 분기 실적이 다른 분기보다 유달리 비중이 큰 산업을 계절성이 크다고 한다. 계절성 큰 산업의 예가 여행 산업이다. 익스피디아Expedia, 부킹Booking 같은 여행주들은 여름 휴가 시즌인 7~9월, 즉 3분기 순이익이 나머지 1, 2, 4분기 순이익을 합친 것과 비슷하다. 심지어 3분기 실적이 나머지 1, 2, 4분기 실적의 합보다 더 클 때도 있다. 3분기 실적이 그만치 중요하기에 3분기 실적이 발표되는 11월이면 여행주들의 주가는 널을 뛴다. 1년 동안 상승한 주가를 한 달 만에 전부 까먹기도 한다.

3. 기업 한정 요소

기업 한정 요소는 말 그대로 한 기업의 주가를 움직이는 요소다. 기업 주가가 움직이는 이유는 사실 하늘의 별만큼 많다. 여기서는 주식 시장에서 자주 발생하는 일반적인 변수들 위주로 다루겠다.

> ▶기업 한정 요소의 예
>
> - 상품과 서비스
> - 산업 지배력
> - 법적/제도적 위험

(1) 상품과 서비스

좋은 상품을 만드는 기업이 곧 좋은 기업이고, 좋은 기업의 주식이 좋은 주식이라는 것은 너무나 당연하지만, 투자자들이 자주 잊는 사실이다. 좋은 상품과 나쁜 상품을 가려내는 눈썰미만 좋아도 주식으로 성공할 가능성이 아주 높다. 대체로 자신의 직업이나 전공과 관련된 산업에 투자하면 다른 산업에 투자할 때보다 훨씬 투자 성공률이 높은데, 자기가 잘 아는 분야일수록 어떤 기업의 상품이 좋은 것인지 쉽게 알 수 있기 때문이다. 신제품을 자주 발표하는 IT 산업의 경우 신제품의 시장 반응에 따라 주가가 큰 폭으로 움직인다.

가장 극적인 반전 사례는 아이패드의 경우다. 애플의 CEO 스티브 잡스가 아이패드라는 제품을 이 세상에 처음 소개한 날, 투자자들의 반응은 싸늘했다. 주가는 4.1% 급락했다. 그다음 날은 또 3.6% 하락했다. 월 스트리트가 바라본 아이패드는 쓸데없이 비싼 장난감이었다. 노트북보다 생산성이 떨어지고, 스마트폰보다 휴대성이 떨어지는 이 애매한 제품을 누가 사겠냐는 것이다. 예상은 보기 좋게 빗나갔다. 이 비싼 장난감은 1천만 대 이상 팔리는 대박을 터뜨렸다. 투자자들의 의심을 불러온 애매함은 구매자들에겐 오히려 장점이었다. 스마트폰보다 즐길 거리가 많고 노트북보단 휴대하기 간편한 것이 태블릿의 매력이었다. 해마다 신제품을 성공시키며 아이패드 시리즈는 애플의 효자 상품으로 자리 잡았다. 아이패드의 잠재력을 일찍이 알아본 투자자라면 아이패드 발표 직후 애플 주식을 샀을 것이다.

(2) 산업 지배력

산업 지배력이란 한 기업이 자기 산업에서 얼마만큼의 영향력을 가지고 있는가를 말한다. 흔히 시장 점유율 등으로 산업 지배력을 평가한다. 기업에 이익을 많이 내는 것도 중요하지만, 산업 지배력을 늘리는 것도 못지않게 중요하다. 산업 지배력이 커지는 것의 장점은 두 가지다. 첫 번째는 규모의 경제다. 제품을 많이 생산할수록 물건 1개당 생산 단가는 점점 낮아진다. 시장 점유율이 높은 기업은 생산량이 많아 다른 기업보다 더 낮은 가격으로 판매할 수 있다. 경쟁자와의 격차는 더욱 벌어진다.

다른 하나의 장점은 산업 지배력이 클수록 네트워크 효과Network Effect를 누릴 수 있다는 것이다. IT 서비스는 네트워크 효과가 큰 산업들 중 하나다. 자기 주변인 모두가 카카오톡을 쓴다면, 개인적으로는 라인을 더 좋아해도 결국 카카오톡을 써야 할 것이다. 고립된 삶을 원치 않는다면 말이다. 이처럼 주변인의 영향을 받아 상품이나 서비스를 사용하는 사람들이 눈덩이처럼 늘어가는 것을 네트워크 효과라고 한다. SNS 서비스처럼 네트워크 효과가 큰 산업은 시장 지배력이 기업의 성패를 판가름한다.

산업 지배력을 늘리기 위해 기업들은 손해를 감수하고라도 경쟁자보다 낮은 가격으로 상품을 공급한다. 기업의 산업 지배력 역시 투자의 중요 고려 대상이다.

(3) 법적/제도적 위험

법적/제도적 위험은 정부 정책과 규제가 기업에 미치는 영향이다. 특히 대기업들에 대부분 정부 규제가 부정적으로 작용한다. 전통적으로 법적/제도적 위험이 큰 산업은 술, 담배, 카지노 등 부작용이 큰 산업들이다. 어느 나라에서나 카지노는 정부의 특별한 허가가 필요하다. 카지노를 금지하는 국가에서 카지노 허용 움직임이 있을 때, 카지노 기업들의 주가는 기대감으로 상승한다. 최근 들어 규제가 급격하게 강화되고 있는 산업은 IT 산업이다. 특히 각국 정부의 거대 IT 기업들에 대한 경계심이 크다.

특히 구글과 아마존에 규제의 목소리가 높다. 구글은 무차별적인 개인 정보 수집과 조세 형평성으로 비난받는다. 구글의 디지털 콘텐츠는 전 세계를 상대로 막대한 돈을 버는데, 세금은 대부분 미국에만 내기 때문에 다른 국가들은 '구글세' 도입으로 구글이 자국에 벌어들인 이익에 세금을 매기려고 한다. 아마존은 이미 전 세계 유통 산업에 공공의 적이 되었다. 125년 전통의 백화점 체인 시어스와 미국 최대 장난감 유통업체 토이저러스는 아마존에 밀려 모두 문을 닫고 말았다. 아마존 때문에 파산하는 업체가 워낙 많다 보니 미국 정치권에선 아마존에 대한 규제를 논의 중이다.

05

투자하기 전에 체크해야 할
섹터별 특징

비슷한 상품을 생산하는 기업들을 모아서 한 산업이라 하고, 비슷한 산업들의 묶어서 하나의 섹터라고 한다. 산업을 분류하는 국제 기준인 GICS Global Industry Classification Standard는 이 세상에 존재하는 산업을 11개 섹터로 분류해 놓았다. 이 중 부동산을 제외한 10개 섹터의 목록은 다음과 같다.

- IT(Information Technology)
- 에너지(Energy)
- 원자재/소재(Materials)
- 커뮤니케이션 서비스(Communication Services)
- 금융(Financials)
- 임의 소비재(Consumer Discretionary)
- 산업재(Industrials)
- 유틸리티(Utilities)
- 헬스케어(Health Care)
- 필수 소비재(Consumer Staples)

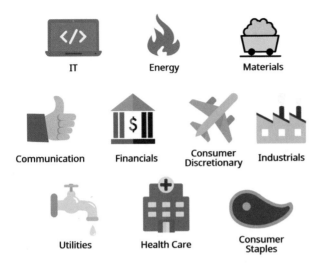

그림 2 - 7 GICS 기준 산업 10개 섹터

섹터별 특징을 숙지하고 있다면 기업을 분석하기 전에 대략이나마 종목의 성격을 가늠할 수 있어 유용하다. 지금부터 섹터별 특징과 대표 기업들을 알아볼 참이다. 어떤 섹터가 여러분의 투자 스타일에 가장 잘 맞는 섹터인지 생각하며 읽어보자.

1. IT(Information Technology)

IT 산업이 현재 가장 각광받는 산업이란 걸 부정하는 사람은 없을 것이다. IT 산업에서 미국의 영향력은 절대적이다. 이미 한국인들의 일상에도 미국 IT 산업은 깊이 들어와 있다. 한국에서도 아이폰으로 찍은 셀카를 인스타그램에 공유하고 집에 오면 넷플릭스로 드라마를 보는 것이 자연스러운 일이 됐다. 미국 IT 기업들이 우리 생활에 녹아든 사례다. 스마트폰 시대에서 IT 기업의 영향력은 더욱 커졌다. 이제 IT 서비스가 없는 생활은 상상하기 힘들 정도다. 좋은 IT 기업이 많다는 것은 미국 주식 시장의 가장 큰 매력 중 하나다. IT 섹터의 특징을 요약하면 다음과 같다.

- 변동성이 가장 큰 섹터

- 낮은 배당 수익률

(1) 변동성이 가장 큰 섹터

일반적인 주식 시장에서 변동성Volatility이란 등락 폭의 크기를 말한다. 즉 같은 기간 동안 어떤 주식이 다른 주식보다 오를 때 더 많이 오르고 내릴 때 더 많이 내렸다면 그 주식을 변동성이 크다고 한다. IT 산업은 변동성이 단연 최고인 섹터이다. 다른 산업에서 연 50% 성장은 시장을 깜짝 놀라게 하지만, IT 산업에서는 거의 해마다 연 50% 성장한 기업이 나온다. 특히 소프트웨어 서비스는 한 번 불이 붙었을 때 성장 속도를 가늠할 수 없이 치솟는다. 다른 산업에서 성장 속도에 한계가 있는 것은 매출이 늘어나는 만큼 생산량을 단기간에 늘리기 어렵기 때문이다. 더 많은 생산을 위해선 생산 설비와 인력을 확충해야 하는데, 이런 것들은 하루아침에 만들어낼 수 없다. 그러나 형체가 없는 디지털 상품인 소프트웨어는 사실상 무제한 생산이 가능하다. 그러므로 연 수백% 성장도 가능하다.

성장 속도가 빠른 만큼 추락하는 속도도 다른 산업보다 훨씬 빠르다. 구글과 애플의 자리는 2000년대 초반만 해도 야후와 모토로라의 것이었다. 지금은 두 기업 모두 주식 시장에 없다. 검색 엔진의 대명사였던 야후는 구글에 점유율을 뺏기며 몰락했고 지금은 버라이즌의 자회사가 되어 겨우 명맥을 잇고 있다. 모토로라는 아이폰이 업계를 평정하기 직전까지 노키아와 세계 1, 2위를 주고받던 휴대폰 제조사였다. 대세가 스마트폰으로 넘어가면서 모토로라의 운명도 바뀌었다. 애플은 혁신적인 디자인과 아이폰에 최적화된 운영체제, iOS를 갖고 있다. 삼성은 직접 개발한 디스플레이, 반도체, 배터리의 성능이 다른 제조사들을 압도한다. 이들에 비해 이렇다 할 경쟁력이 없는 모토로라의 제품은 빠르게 시장에서 잊혀 갔다. 결국 모토로라는 2011년 구글에 인수되었다. 첫 아이폰이 출시된 지 겨우 4년 만의 일이다.

1등이 순식간에 바뀌는 IT 산업에서는 다른 산업보다 투자 대상을 고르는 데 더욱 신중해야 한다. 주가 급등락에 심리적으로 많은 압박을 받는 투자자라면 IT 기업에 직접 투자하기보단 IT 기업에 간접 투자할 수 있는 ETF를 우선 고려하는 것이 좋다.

(2) 낮은 배당 수익률

IT 기업들은 배당이 없는 기업들이 많고 배당을 하더라도 다른 산업보다 아주 짜게 준다. IT 기업의 대부분이 배당주의 특성과는 정반대되는 특징을 갖고 있다. 성장 중인 IT 기업들은 연구 개발비와 신규 투자로 현금이 거의 없고, 매출이 다른 산업보다 불규칙하다. 투자자들은 IT 기업에 투자할 땐 배당에 대한 기대를 접는다. 기업의 성장이 IT 기업 투자자들의 주된 관심사이기에 경영진들도 배당보다는 성장 전략을 수립하는 데 집중한다.

일부 안정적인 현금 흐름을 창출하는 IT 기업들은 현금 배당을 한다. 마이크로소프트는 약 1.6%의 배당 수익률을 기록하고 있다. 다른 산업에서는 이 정도 배당하는 기업이 널렸지만 IT 섹터에서는 숫제 배당을 하는 기업 자체가 흔치 않다.

기업명	심볼	산업
IBM	IBM	IT 컨설팅
액센츄어	ACN	IT 컨설팅
페이팔	PYPL	데이터 처리 & 아웃소싱 서비스
에이엠디	AMD	반도체
엔비디아	NVDA	반도체
인텔	INTL	반도체
퀄컴	QCOM	반도체
마이크론	MU	반도체
마이크로소프트	MSFT	시스템 소프트웨어

어도비	ADBE	응용 소프트웨어
오라클	ORCL	응용 소프트웨어
시만텍	SYMC	응용 소프트웨어
비자	V	인터넷 소프트웨어&서비스
마스터카드	MA	인터넷 소프트웨어&서비스
세일즈포스	CRM	인터넷 소프트웨어&서비스
시스코	CSCO	통신 장비
애플	AAPL	하드웨어, 스토리지 및 기타

표 2-1 IT 섹터 주요 기업

2. 에너지(Energy)

현대 산업에서 석유의 역할은 우리 몸에서 혈액의 역할과 비교할 정도로 중요하다. 농수산업, 공업, 전력 생산 등 지구상에 존재하는 거의 모든 산업이 석유를 기반으로 작동한다. 그 석유를 생산하고 공급하는 에너지 섹터는 현대 문명의 심장이라 할 만하다. 에너지 섹터 역시 변동성이 매우 큰 산업이다. 그러나 변동성이 큰 이유는 IT 섹터와 전혀 다르다. IT 섹터는 산업 자체의 역동성 때문에 변동성이 크지만, 에너지 섹터는 석유 가격의 변동성이 커서 에너지 기업들의 주가도 유가에 따라 등락이 심하다.

에너지 기업의 비즈니스를 단순화하면 '석유를 생산해서 시장에 파는 것'이다. 생산 가격은 혁신적인 기술 발전이 없는 이상 절감하는 데 한계가 있고, 시장에 파는 가격은 국제 석유 시장에서 결정되니 에너지 기업이 선택할 여지가 전혀 없다. 석유 생산지마다 채굴 단가가 다르기 때문에 어떤 기업은 채굴 단가가 국제 유가보다 높은 경우도 있다. 배럴당 60달러에 생산한 석유를 시장에 55달러 받고 팔아야 하는 셈이니 이런 기업은 스티브 잡스가 아니라 스티브 잡스 할아버지가 와도 이익을 낼 수가 없다. 소수의 초거대 에너지 기업을 제외하면, 대부분의 에너지 기업이 석유 가격보다 변동성이 더 크다. 이유는 간단하다. 석유 가격은 절대 0이 될 수 없지만, 에너지 기업은 파산할 수 있다는 점 때문이다. 석유 가격이 반 토막 나면 파산해서 가치가 0이 되는 에너지 기업들이 속출한다.

높은 변동성의 이유가 개별 기업이 어찌해볼 도리가 없는 석유 가격 때문이라는 점은 투자 초심자들에게 에너지 기업 투자를 말리고 싶은 이유다. 에너지 기업에 굳이 투자한다면 반드시, 반드시 규모가 크고 부채가 적은 기업을 선별해서 투자해야 한다! 석유 산업의 특성상 유가 폭락으로 손실이 날 가능성이 늘 존재하는데, 부채가 적은 기업이라면 몇 년간은 적자를 버틸 힘이 있을 것이다. 그러나 부채가 많고 규모가 작은 기업이 손실이 생기면 하루아침에 파산할 수 있다. 투자자는 이런 위험을 명심해야 한다. 필자가 주식 투자로 가장 큰 손해를 본 기업도 바로 에너지 기업이다. 미국 주식을 시작한 지 얼마 안 돼 멋모르고 이곳저곳 투자해 보던 시절 투자했던 한 석유 기업은 유가 하락과 함께 -98% 손실을 낸 채 아직 필자의 계좌에 있다. 그런 경험에서 하는 말이니 더 신뢰가 갈 것이다.

기업명	심볼	산업
헬머리치 앤 페인	HP	석유 시추
쉐브론	CVX	석유 & 가스 생산
엑손 모빌	XOM	석유 & 가스 생산
코노코필립스	COP	석유 & 가스 생산
EOG 리소스	EOG	석유 & 가스 생산
옥시덴탈 페트롤리움	OXY	석유 & 가스 생산
마라톤 페트롤리움	MPC	석유 & 가스 생산

슐럼버거마라톤	SLB	석유 & 가스 장비 및 서비스
킨더 모건	KMI	석유 & 가스 저장 및 운송
엔디버	ANDV	석유 & 가스 정제 및 마케팅
필립스 66	PSX	석유 & 가스 정제 및 마케팅
발레로 에너지	VLO	석유 & 가스 정제 및 마케팅

표 2 - 2 에너지 섹터 주요 기업

3. 원자재/소재(Materials)

원자재/소재 섹터는 다른 산업에 쓰일 원자재와 소재를 공급하는 산업들이다. 주요 산업은 금, 철, 구리 등의 금속류를 채굴 및 제련하는 광업과 제철업, 석유 화학 제품을 생산하는 화학 산업, 그리고 포장재 산업 등이 있다. 이 중 광업주는 사실상 에너지 섹터와 같은 성격을 지녔다고 할 수 있다. 고정된 생산 비용으로 채굴한 광물을 날마다 변하는 시장 가격으로 팔아야 하는 산업이다. 에너지 섹터와 같이 광업 회사의 주가는 광업 회사가 생산하는 광물 가격에 좌우된다. 원자재 가격은 경기에 따라 움직이기 때문에 원자재/소재 섹터 역시 가장 경기에 민감한 섹터 중 하나다.

원자재/소재 섹터는 경쟁 기업 간 상품의 차별화가 매우 어렵다. 즉 원가 절감이 유일한 경쟁력 확보 수단이다. 그러나 원가 절감으로 얻은 경쟁력은 오래가지 않는다. 대부분의 원가 절감 수단은 경쟁 기업들도 금방 따라 할 수 있는 것들이기 때문이다. 그래서 원자재 섹터에선 압도적인 지배력을 가진 기업이 나오기 힘들다.

기업명	심볼	산업
프리포트-맥모런	FCX	구리
뉴먼 마이닝	NEM	금 광업

볼 코퍼레이션	BLL	금속 & 유리 컨테이너
코테바	CTVA	비료 & 농업용 화학 제품
린데	LIN	산업용 기체
에어프로덕츠 & 케미컬	APD	산업용 기체
다우	DOW	재료화학
에코랩	ECL	특수화학
듀퐁	DD	특수화학
셔윈-윌리엄스	SHW	특수화학
PPG 인더스트리	PPG	특수화학

표 2 - 3 원자재/소재 섹터 주요 기업

4. 커뮤니케이션 서비스(Communication Services)

커뮤니케이션 서비스 섹터는 2018년 이후 확대 개편된 섹터다. 이전까지는 통신 회사만으로 구성된 통신 섹터였다. 임의 소비재 섹터에서 미디어&엔터테인먼트 산업을, IT 섹터에서는 인터넷 서비스&게임 산업을 가져와 커뮤니케이션 서비스 섹터로 통합했다.

통신 산업은 전통적인 배당주 산업으로 유명하다. 세계 최초의 상업 통신 회사라는 타이틀을 갖고 있는 AT&T는 배당주의 대명사다. 미국에서는 학교 교사들이 은퇴 후 대비 투자로 사 모으는 것으로 예전부터 유명한 주식이다. 지금도 배당 수익률을 연 5% 이상 지급하는 고배당주다. 전통의 강자 AT&T에 대항하는 신흥 강자가 버라이즌Verizon이다. 버라이즌은 공격적인 마케팅과 인수 합병으로 경쟁사를 누르고 AT&T와 양강 구도를 확립했다. AT&T보난 배당 수익률이 낮지만, 통신 회사답게 높은 배당을 지급하고 있다.

미디어&엔터테인먼트 산업은 요즘 가장 치열한 경쟁이 벌어지는 곳이다. 유튜브와 넷플릭스의 등장은 미디어 산업의 판도를 뒤바꿔 놓았다. 창의성에서는 전 세계인들이 제작한 콘텐츠가 모이는 유튜브가 압도적이고, 콘텐츠의 질은 수익의 70%를 제작비에 쏟아붓고 있는 넷플릭스를 당해낼 수가 없다. CBS, HBO, MTV 등 기존 미디어 업계의 공룡들은 과거의 영향력을 되찾고자 콘텐츠 확보에 열을 올리고 있다.

미디어 산업은 불확실성이 큰 산업이다. 대부분의 산업에서는 돈을 투자한 만큼 질 좋은 제품이 나오는데, 콘텐츠는 제작비를 많이 쓴다고 꼭 좋은 작품이 나오리란 보장이 없다. 수백억 원의 제작비를 쓰고도 관객에게 악평을 받았던 수많은 졸작들이 그것을 증명한다. 심지어 콘텐츠의 질이 좋다고 반드시 흥행이 보장되는 것도 아니다. 불확실성이 크다는 것은 큰돈 벌 기회가 많다는 뜻이기도 하다.

싱가포르 부호들의 삶을 다룬 영화 〈크레이지 리치 아시안〉은 한국에서는 닳고 닳은 신데렐라 스토리 영화다. 그런 영화가 미국에서 대박을 칠 줄 누가 알았겠는가? 아마 감독도 몰랐을 거다. 미디어에 '몰빵'하는 투자는 절대 금물이지만, 대중의 기호를 읽는 눈썰미가 좋은 투자자라면 미디어 주식만한 게 없다.

기업명	심볼	산업
씨비에스	CBS	방송
액티비전 블리자드	ATVI	비디오 게임
일렉트로닉 아츠	EA	비디오 게임
테이크-투 인터랙티브	TTWO	비디오 게임
넷플릭스	NFLX	영화 & 엔터테인먼트
디즈니	DIS	영화 & 엔터테인먼트
구글	GOOGL	인터넷 소프트웨어 & 서비스

페이스북	FB	인터넷 소프트웨어 & 서비스
트위터	TWTR	인터넷 소프트웨어 & 서비스
버라이즌	VZ	종합 통신 서비스
AT&T	T	종합 통신 서비스
컴캐스트	CMCSA	케이블 & 위성방송
차터 커뮤니케이션	CHTR	케이블 & 위성방송

표 2 - 4 커뮤니케이션 서비스 섹터 주요 기업

5. 금융(Financials)

금융 섹터는 금융 서비스를 제공하는 산업들의 집합이다. 증권 거래소가 공공 기관인 대한민국과 달리, 미국의 증권 거래소는 증권 시장에 상장된 사기업이다. 뉴욕 거래소NYSE의 모기업인 ICE와 나스닥 거래소를 운영하는 나스닥NDAQ도 금융 섹터로 분류된다.

주식에서 빠른 성장과 높은 배당 수익률은 하나를 얻으면 하나를 잃어야 하는 동전의 양면 같은 관계다. 그러나 예외는 항상 있다. 금융주는 성장률과 배당 수익률 모두 높은 거의 유일한 산업이다. 투자의 귀재 워런 버핏의 포트폴리오에서 금융 섹터는 가장 큰 비중을 차지한다. 전체 자산에서 절반에 가까운 비중이다. 워런 버핏은 금융주를 '영원한 주식'으로 보고 있다. 금융 산업이 제공하는 서비스, 즉 돈의 저축과 대출은 언제 어디서나 수요가 있기 때문이다.

주가도 꽉꽉 잘 오르고, 배당도 많이 안겨주는 사랑스러운 금융주, 그러나 단 하나 단점이 있다. 금융 위기에 '너무' 취약하다는 것이다. 금융 위기가 불어 닥친 2007~2008년 2년 동안 S&P 500 지수는 36% 하락했다. 같은 기간 S&P 500 금융주들의

시가총액은 66% 감소했다. 리먼브라더스, 메릴린치를 포함한 32개 은행이 파산했다. 미국의 대표 보험사 AIG도 파산해 미국 정부가 인수해야 했다. 2009년은 더 끔찍했다. 대형은행의 파산 효과가 지방 중소은행으로 퍼져 한 해에만 140개 은행이 파산했다. 파산하지 않은 은행들도 공적 자금으로 겨우 위기를 넘겼다.

은행은 절대로 혼자서 망하지 않는다. 이것은 서로가 서로의 투자자이자 보증인인 금융 산업의 특성상 필연적이다. IMF 외환 위기, 2008년 금융 위기, 2011년 대한민국의 저축은행 사태에서 공통적으로 나타나는 현상이다. 대형 은행의 파산 후 그 여파로 도미노처럼 은행들이 연쇄 파산하는 것이다. 한국 투자자 입장에서 금융 기업들의 리스크를 체계적으로 검토하면서 투자하는 것은 여간 어려운 일이 아니다. 금융 산업은 영원하겠지만 개별 금융 기업은 언제든 파산할 수 있다는 것을 항상 명심하고 투자에 유의해야 한다.

기업명	심볼	산업
ICE	ICE	금융 거래소 & 데이터
나스닥	NDAQ	금융 거래소 & 데이터
S&P 글로벌	SPGI	금융 거래소 & 데이터
무디스	MCO	금융 거래소 & 데이터
CME 그룹	CME	금융 거래소 & 데이터
메트라이프	MET	생명보험
아메리칸 익스프레스	AXP	소비자 금융
처브 리미티드	CB	손해보험
씨티그룹	C	종합은행
JP모건 체이스	JPM	종합은행
웰스 파고	WFC	종합은행
뱅크오브아메리카	BAC	종합은행

US 뱅코프	USB	종합은행
버크셔 해서웨이	BRK.B	지주회사
골드만 삭스	GS	투자은행 & 증권사

표 2 - 5 금융 섹터 주요 기업

6. 임의 소비재(Consumer Discretionary)

일반 소비자 대상 제품을 생산하는 산업을 소비재 산업이라고 한다. 소비재 산업은 필수 소비재와 임의 소비재로 다시 나뉜다. 필수 소비재는 의식주 관련 생활 필수품 이고, 임의 소비재는 명품, 외식, 여행 등 생활 필수품이 아닌 선택에 의해 구매하는 것들을 말한다. 즉 임의 소비재는 '지갑에 돈이 있으면 사고, 없으면 안 사도 되는 것들'의 집합이다.

임의 소비재 산업은 경기에 아주 민감한 산업이다. 우리가 돈이 없을 때 어떤 곳에 소비를 줄이는지 생각해보면 간단하다. 많은 사람들에게 소비 줄이기란 외식 덜 하기, 옷 덜 사기 등일 것이다. 사람들이 지갑을 닫는 곳이 바로 임의 소비재 산업들이다. 그래서 임의 소비재는 불황에 쥐약이다. 반대로 호황기에 가장 수혜를 입는 산업이기도 하다. 이것 역시 당장 돈이 생기면 뭘 하고 싶은지 생각해보면 된다.

임의 소비재 산업의 다른 특징은 진입 장벽이 낮고 점유율 변동이 빈번히 일어난다는 점이다. 임의 소비재 섹터는 요식업처럼 적은 자본으로 시작할 수 있는 산업이 많다. 산업에 대한 규제도 그다지 엄격하지 않다. 그래서 매년 무수히 많은 기업이 생기고 또 사라진다. 언더 아머Under Armour와 치폴레Chipotle는 비교적 최근에 급성장한 브랜드다. 유행에 민감한 임의 소비재 산업에서는 이처럼 새로운 기업이 기존 강자를 누르고 올라서는 일이 흔한 편이다.

임의 소비재 섹터엔 우리에게 친숙한 브랜드가 많다. S&P 500급 대형주도 많다. 또 생활 속에서 투자할 만한 기업을 접하기도 쉽다. 투자자에게도 그만큼 심리적 장벽이 낮다. 임의 소비재는 많은 한국 투자자들이 처음 투자하는 섹터 중 하나다. 그러나 이 섹터가 변덕이 심한 우리 소비자를 대상으로 한다는 점만은 기억해야 한다. 몇 년 전 유행할 때 샀지만 지금은 유행이 지나 옷장 속에 방치된 브랜드 옷이 한 벌쯤 있을 것이다. 유행에 뒤처진 기업은 방치된 옷과 같은 운명을 맞는다. 1등이 언제 퇴물이 될지 모르는 역동적인 산업에선 대형주라도 안심할 수 없다.

기업명	심볼	산업
홈디포	HD	가정용품 유통
로웨스 컴퍼니	LOW	가정용품 유통
맥도날드	MCD	레스토랑
스타벅스	SBUX	레스토랑
얌! 브랜드	YUM	레스토랑
해즈브로	HAS	레저용품
티파니 앤 코	TIF	액세서리 & 명품
TJX	TJX	의류 유통
태피스트리	TPR	의류, 액세서리 & 명품
나이키	NKE	의류, 액세서리 & 명품
언더 아머	UAA	의류, 액세서리 & 명품
아마존	AMZN	인터넷 & 다이렉트 마케팅 유통
부킹 홀딩스	BKNG	인터넷 & 다이렉트 마케팅 유통
익스피디아	EXPE	인터넷 & 다이렉트 마케팅 유통
제너럴 모터스	GM	자동차
포드	F	자동차

타깃	TGT	종합 오프라인 유통
MGM 리조트	MGM	카지노 & 유흥업
힐튼 월드와이드	HLT	호텔, 리조트 & 크루즈
메리어트	MAR	호텔, 리조트 & 크루즈

표 2-6　임의 소비재 섹터 주요 기업

7. 산업재(Industrials)

기업들을 대상으로 한 제품과 서비스를 생산하는 산업들을 일컬어 산업재라 한다. 경기변동에 민감한 섹터란 점은 임의 소비재와 비슷하다. 불황 땐 소비자뿐만 아니라 기업도 지갑을 닫는다. 파산하는 기업도 많아 기업이 주 고객인 산업재 기업들에 치명적이다. 산업재 섹터는 대부분 매월 나가는 고정 지출 비중이 크다. 매출은 줄어도 비용은 그대로 나가니 경기 침체가 더욱 부담스럽다.

임의 소비재 산업과 결정적으로 다른 점은 진입 장벽이 매우 높다는 점이다. 산업재 생산은 넓은 토지와 고도의 기술이 필요하다. 웬만한 자본으로는 창업조차 어렵다. 또한 정부의 인허가가 필요한 업종이 많다. 그래서 산업재 섹터에선 100년 이상의 역사를 가진 기업들이 많다. S&P 500에 속한 철도 회사 중 하나인 CSX는 미국 동부 대부분을 커버하는 광활한 철도망을 소유한 회사. 이 기업의 역사는 19세기 미국의 철도왕 코르넬리우스 밴더빌트 시대까지 거슬러 올라간다. 밴더빌트가 200여 년 전 공격적으로 부설했던 철도에서 아직도 수조 원의 영업이익이 발생한다. 지금 시대에 철도 산업에 뛰어들려고 하는 기업은 돈키호테 취급을 받을 것이다. 철도 산업은 이미 오래전에 성장이 멈춘 데다 신규 철도망 건설에 얼마나 돈이 들지 가늠조차 되지 않는다. 합리적인 기업이라면 이런 산업에 진출하지 않는다.

산업재 섹터에선 기존 경쟁자 간의 점유율 변화도 상당히 느린 편이다. 기업 고객들은 특별한 조건의 변화 없이 거래하던 기업을 바꾸는 법이 거의 없다. 또한 사업의 차질을 최소화하기 위해 검증된 기업과 거래하는 것을 선호한다. 이런 환경은 전적으로 업계 1위에게 유리하다. 산업재 섹터는 1등이 수십 년째 1등, 2등은 수십 년째 2등을 유지하는 일이 흔하다. 그래서 산업재 섹터에선 1등에게 베팅하는 것이 유리하다.

기업명	심볼	산업
캐터필러	CAT	건설 중장비 & 대형 트럭
닐슨	NLSN	리서치 & 컨설팅
CSX	CSX	철도
유니온 퍼시픽	UNP	철도
웨이스트 매니지먼트	WM	폐기물 처리
델타항공	DAL	항공
아메리칸항공	AAL	항공
유나이티드 콘티넨탈	UAL	항공
레이시온	RTN	항공기 & 방위 산업
록히드 마틴	LMT	항공기 & 방위 산업
보잉	BA	항공기 & 방위 산업
유나이티드 테크놀로지	UTX	항공기 & 방위 산업
노스롭 그루먼	NOC	항공기 & 방위 산업
페덱스	FDX	항공 운송 & 택배
UPS	UPS	항공 운송 & 택배

표 2-7 산업재 섹터 주요 기업

8. 유틸리티(Utilities)

유틸리티는 수도와 전력 등을 공급하는 산업군이다. 한국과 미국의 산업 환경이 판이한 섹터다. 한국에서는 수도와 전력 공급을 공기업이 독점 공급하기 때문에 유틸리티가 산업이라는 인식이 희박하다. 그러나 미국은 수도와 전력을 다수의 민간 회사가 공급한다. 미국 정부는 최종 소비자 요금만 통제하며 회사 간 자율적 경쟁을 통해 경영 효율화를 유도하고 있다. 유틸리티 산업의 매출은 유틸리티 기업의 노력과는 대체로 무관하다.

한국전력의 매출이 내년에 크게 오른다면 그것은 내년 기온이 올해보다 유난히 덥거나 추워서 냉난방 수요가 늘어나서일 것이다. 한국전력이 판촉 활동을 열심히 해서가 아니란 말이다. 유틸리티 섹터는 배당주 성격이 강하다. 매년 예측 가능한 현금 흐름이 발생하는 유틸리티 산업은 배당주에 최적화된 조건이다.

전형적인 배당주 산업이라는 점은 배당주 산업에 한 가지 약점을 안겨 준다. 금리 인상기에 다른 산업보다 주가 하락 위험이 높다는 것이다. 서로 다른 성향의 투자자 A와 B의 행동을 통해 유틸리티 섹터의 위험을 소개하고자 한다.

투자자 두 명이 있다. 투자자 A는 안정형 투자자다. 매년 3~4% 정도의 배당 수익률이면 만족한다. 투자 원금에 손실이 발생하는 것을 원하지 않는다. 투자자 B는 공격적 투자자다. 연 30% 이상의 고수익을 원한다. 물론 그만큼의 손실을 볼 각오도 되어 있다. 투자자 A는 연 배당 수익률 3.5%인 유틸리티 기업에 투자하고 있다. B는 성장주인 IT 기업들에 주로 투자하고 있다. 이제 은행 예금 금리 변화에 따른 두 사람의 행동 변화를 예측해 보자. 먼저 은행 금리가 2%일 때다. 투자자 A는 예금과 유틸리티 주식을 두고 고민하다 조금 더 배당 수익률이 높은 유틸리티 주식을 계속 보유할 것이다. 공격형 투자자 B에게 금리 2%의 예금은 고려 대상 자체가 안된다. 역시 계속

IT 주식을 보유할 것이다. 다음 경우는 금리가 4%로 상승했을 때다. 예금 금리가 올라갈수록 A가 지금 보유한 유틸리티 주식의 매력은 사라진다. A는 고민 끝에 유틸리티 주식을 매도하고 돈을 은행에 예치할 것이다. 연 30% 이상의 수익을 원하는 B에게는 금리가 2%나 4%나 별 차이가 없다. B는 계속 IT 기업 투자에 열중할 것이다.

투자자 A	구분	투자자 B
안정형	투자 성향	공격형
4%	목표 수익률	30%+α
유틸리티 섹터 투자	예금 이자 2%일 때	IT 섹터 투자
예금 투자	예금 이자 4%일 때	계속 IT 섹터 투자

표 2 - 8 유틸리티 섹터 투자 비교

유틸리티 섹터 투자자는 A처럼 안정적 성향의 투자자들이 많다. 배당 수익률과 예금 금리가 큰 차이가 없을 땐 더 안전한 예금을 택하는 게 합리적이다. 전 세계의 수많은 투자자 A들이 유틸리티 기업을 팔고 예금으로 갈아탄다면 유틸리티 기업의 주가는 곤두박질치게 된다. 이것이 유틸리티 섹터가 금리 인상에 취약한 원인이다. 특히 유틸리티 섹터는 산업 특성상 기업이 혼자서 변수를 만들 수 있는 여지가 별로 없다. 그래서 외부 변수에 더 민감하다. 금리 인상기엔 유틸리티 대신 다른 대안을 찾자.

기업명	심볼	산업
아메리칸 워터 웍스	AWK	수자원
듀크 에너지	DUK	전력 생산
콘 에디슨	ED	전력 생산
도미니언 리소스	D	전력 생산
서던 에너지	SO	전력 생산
아메리칸 일렉트릭 파워	AEP	전력 생산

퍼블릭 서비스	PEG	전력 생산
WEC 에너지 그룹	WEC	전력 생산
엔알지 에너지	NRG	전력 생산 & 에너지 거래
넥스트에라 에너지	NEE	종합 유틸리티
엑슬론 에너지	EXC	종합 유틸리티
셈프라	SRE	종합 유틸리티
엑셀	XEL	종합 유틸리티

표 2 - 9 유틸리티 섹터 주요 기업

9. 헬스케어(Health Care)

헬스케어 섹터는 의료 기기와 약품, 그리고 의료 서비스를 생산하는 산업으로 이루어져 있다. S&P 500 중 시가총액 기준으로 3위 안에 드는 거대한 산업이다. 당연한 말이지만 헬스케어 산업은 경기를 덜 탄다. 경기가 나쁘다고 아픈 사람이 줄어드는 것은 아니니 말이다. 미래 유망 산업으로 거대 IT 기업들이 진출하고자 하는 분야이기도 하다. 헬스케어 섹터의 세부 산업은 세 갈래로 나뉜다. 제약, 의료기기, 매니지드 헬스케어다. 같은 섹터 안에 있지만, 산업별로 개성이 강하다.

(1) 제약

헬스케어 하면 가장 먼저 떠오르는 분야다. 제약 산업은 대형 제약사와 중소형 제약사의 특징이 판이하다. 대형 제약사는 우리가 늘 상 소비하는 약들, 즉 제약 업계의 블록버스터를 보유한 제약사들이다. 화이자Pfizer나 머크Merck 같은 기업들이다. 우리에겐 베이비 로션으로 친숙한 존슨앤드존슨Johnson&Johnson은 사실 세계 최대의 제약 회사다. 진통제의 대명사 타이레놀이 존슨앤드존슨의 제품이다. 병원에서 받는 주사와 처방전엔 이런 대형 제약사들의 약이 항상 포함돼 있다. 우리가 병원에 갈 때마다 이들의 매출을 올려주는 셈이다. 대형 제약사들은 각자가 보유한 스테디셀러 덕에 매년 안정적인 매출을 올린다. 배당 수익률도 높은 편이다.

중소형 제약사의 상황은 전혀 다르다. 한국에서는 바이오 산업이 리스크가 크다는 편견이 있다. 중소형 제약사가 많은 한국 시장의 특성상 그런 오해가 생겼다. 중소형 제약사는 스테디셀러가 변변치 않은 제약사들이다. 안정적인 매출처가 없기 때문에 신약 개발에 사활을 걸어야 한다. 성공만 하면 대박인데 신약 개발에서 상용화까지 가기가 보통 어려운 게 아니다. 중소형 제약사는 신약 개발 성공에 대한 기대감에 따라 주가가 춤을 춘다. 신약 개발에 투여되는 자금 때문에 배당도 못 주는 기업이 많다. 순이익에 비해 주가가 유난히 높고 배당을 지급하지 않는 제약사라면 중소형 제약사로 볼 수 있다.

(2) 의료 장비

작게는 주사기에서 크게는 MRI까지, 의료행위에 사용되는 각종 장비들을 생산하는 것이 의료 장비 산업이다. 주 고객은 당연히 병원이다. 의료 장비 산업은 경기를 덜 타는 산업재 섹터라고 할 수 있다. 병원은 사람의 생명을 다루는 곳이다. 제대로 된 병원이라면 비용보단 안전성이 최우선이다. 조금 저렴하다고 안전성이 검증되지 않은 장비를 썼다가 사고가 터지면 폐업을 각오해야 한다. 그렇기에 의료 장비를 구매할 때도 검증된 제품, 1등 기업의 제품을 가장 선호한다. 1등 기업이 계속 1등을 유지할 수 있는 이유다. 의료 장비 산업에 투자할 땐 각 분야에서 1등 기업에 투자하는 것이 대체로 유리하다. 투자할 기업이 다른 곳에서 대체할 수 없는 제품을 만든다면 더욱 좋다.

(3) 매니지드 헬스케어

한국에선 생소한 산업이다. 매니지드 헬스케어란 의료보험사를 말한다. 한국은 국가 기관인 국민건강보험이 의료 보장 체계를 책임지고 있다. 그러나 미국은 국영 의료보험이 없다. 개인이 민영 의료보험인 매니지드 헬스케어 상품에 가입해야 의료비를 보장받을 수 있다. 민영 의료보험 산업은 경기 변동을 크게 타지 않고 수익성이 좋은 산업으로 유명하다.

기업명	심볼	산업
앤썸	ANTM	매니지드 헬스케어(의료보험)
유나이티드헬스	UNH	매니지드 헬스케어(의료보험)
길리어드 사이언스	GILD	생명공학
암젠	AMGN	생명공학
메드트로닉	MDT	의료 장비
보스턴 사이언티픽	BSX	의료 장비
스트라이커	SYK	의료 장비
인튜이티브 서지컬	ISRG	의료 장비
존슨 앤 존슨	JNJ	의료 장비
애봇 래버러토리스	ABT	의료 장비
써모 피셔 사이언티픽	TMO	의료 장비
머크	MRK	제약
화이자	PFE	제약
애브비	ABBV	제약
엘리 릴리 앤드 컴퍼니	LLY	제약

표 2 - 10 헬스케어 섹터 주요 기업

매니지드 헬스케어는 정치 논리가 중요하게 작동하는 산업이다. 질병으로부터 자유로운 사람은 없는 만큼 의료보험은 미국에서도 가장 큰 정치적 쟁점이다. 오바마 행정부와 트럼프 행정부 모두 집권과 동시에 의료보험 개혁 법안을 추진했다. 관련법 개정에 따라 당사자인 의료보험사의 부담이 증가할 수 있다. 미국의 정치 상황을 실시간으로 파악하기 어려운 한국 투자자로서는 조심해야 할 부분이다.

10. 필수 소비재(Consumer Staples)

인간의 삶에 필수적인 상품을 생산하는 산업군이다. 가공식품, 음료, 가정용품 등이 주요 산업이다. 모든 섹터 중 변동성이 가장 낮은 섹터다. 경기가 좋건 나쁘건 이런 상품들은 판매량에 큰 변화가 없다. 주류와 담배는 필수적인 건 아니지만 경기에 상관없이 소비한다는 점에서 필수 소비재로 분류된다. 술과 담배는 대체로 기쁠 때보단 삶이 고달플 때 많이 찾는다. 오히려 경제가 어려울 때 판매량이 늘어나기도 한다.

필수 소비재 산업의 매력은 높은 배당 수익률이다. 3% 이상의 배당 수익률이 매우 흔하다. 워런 버핏의 가장 성공적인 투자로 유명한 코카콜라는 1963년부터 지금까지 한 해도 빠짐없이 배당금을 늘려왔다. 코카콜라는 블랙 먼데이 대폭락과 오일 쇼크, 서브프라임 모기지 사태가 일어난 해에도 배당금을 늘렸다. 미국 경제가 최악일 때도 변함없이 배당금을 수령할 수 있다는 점은 배당주 투자의 대체재인 수익형 부동산보다 월등히 나은 점이다. 상가나 오피스는 경기가 나쁠수록 공실이 급증한다. 임대료도 전과 같이 받을 수 없다. 주식은 보유세가 없다는 점도 다르다. 부동산은 임대 수익이 전혀 없어도 매년 세금을 내야 한다.

기업명	심볼	산업
크래프트 하인즈	KHC	가공식품
호멜 푸드	HRL	가공식품
켈로그	K	가공식품

캠벨 수프	CPB	가공식품
몬델레즈 인터내셔널	MDLZ	가공식품
콜게이트-팜올리브	CL	가정용품
필립 모리스	PM	담배
알트리아	MO	담배
P&G	PG	생활용품
에스티 로더	EL	생활용품
킴벌리 클라크	KMB	생활용품
코카콜라	KO	음료
펩시콜라	PEP	음료
월마트	WMT	하이퍼 마켓 & 대형 마트
코스트코	COST	하이퍼 마켓 & 대형 마트

표 2 - 11 필수 소비재 섹터 주요 기업

11. 복합 기업(Conglomerates)

그룹사 하나가 다양한 산업의 수십 개 자회사를 거느리는 것은 한국과 일본에서 매우 일반적인 기업 문화다. 이런 기업을 일컬어 재벌이라고 한다. 미국엔 재벌 기업이 거의 없다. 오히려 기업 분할을 장려한다. 여러 사업부가 한 회사로 묶일수록 역동성이 떨어지고 관료제의 비효율이 심해진다는 판단에서다. CEO가 사업에 대한 전문성이 부족하다는 것도 단점이다. 총수가 신이 아닌 이상 수십 가지 분야에 다 통달할 수는 없다. 총수가 기업 내에서 잘 모르는 분야가 많아질수록 잘못된 경영 판단의 위험도 커진다.

예외적으로 몇 기업이 재벌과 같은 복합 기업 형태를 띠고 있다. 미국을 대표하는 기업 제너럴 일렉트릭GE은 S&P 500의 몇 안 되는 복합 기업이다. 창립자는 발명왕 토머스 에디슨Tomas Edison이다. 전구 제조 회사에서 출발한 GE는 가전, 의료기기, 항공기, 발전 설비, 금융까지 음식 말곤 다 만든다고 할 정도로 사업부가 많다. 1981년부터 2001년까지 재임한 '경영의 신' 잭 웰치 전 CEO의 지휘 아래 천 개 가까운 회사들을 인수 합병하면서 폭발적으로 성장했다.

또 다른 복합 기업은 3M이 있다. 우리에겐 접착 메모지 포스트-잇으로 친숙하다. 사무용품 전문 브랜드 정도로만 알려진 이름이지만 3M은 산업용 장비 제조업의 공룡이다. 특히 '접착제'가 필요한 분야에선 최강이다. 헬스케어 업계에서도 유명하다. 3M의 브랜드인 리트만Littmann 청진기는 미국 의사들에게 거의 필수품이나 다름없다.

주식을 고를 때 필수적인 것이 기업이 속한 산업 분석이다. 사업 분야가 다양한 복합 기업은 산업 분석도 다른 기업보다 몇 배나 어렵다. 기업 하나를 보는 데 산업을 8개씩이나 분석한다는 건 일반 투자자에게 쉬운 일이 아니다. 복합 기업의 사업부 대부분이 일반인들이 쉽게 접하기 힘든 분야라는 점도 투자자에겐 장벽이다. 주식에 난이도가 있다면 복합 기업은 최상이라고 할 수 있다.

기업명	영문명	심볼
쓰리엠	3M	MMM
제너럴 일렉트릭	General Electric	GE
허니웰	Honeywell	HON

표 2 - 12 주요 복합 기업

....

3   네이버 지식백과, 주주의 권리와 의무

STOCK EXCHA

PART

03

종목 분석이 필요 없는
미국 주식 ETF 투자

01

ETF는 주식 시장을
모아 담은 바구니

대형 마트의 식품 매장에 갈 때마다 세상이 참 편해졌다는 걸 실감한다. 냉동 코너의 터줏대감인 냉동 볶음밥은 전자레인지로 5분만 돌리면 갓 볶은 맛이 난다. 정육 코너에 들르면 찜닭용 조각닭이 있다. '오늘은 찜닭을 해 먹을까'라고 생각하며 옆을 보니 찜닭 세트가 있다. 세트에는 닭과 찜닭 소스, 씻어서 손질한 채소, 그리고 당면이 하나로 포장돼 있다. 이제 두 가지 선택지가 생겼다.

① 닭, 채소, 당면을 사서 직접 손질하고 소스를 만들어 찜닭을 끓인다.
② 찜닭 세트를 사서 물만 붓고 끓인다.

어느 쪽을 택할 것인가는 전적으로 취향의 문제다. 요리를 잘하는 사람이 직접 끓인 찜닭은 세트를 사서 끓인 것보다 훨씬 맛있다. 대신 귀찮고 오래 걸린다. 세트를 사서 끓이는 건 훨씬 편하다. 세상에서 가장 맛있는 찜닭은 아니지만 적어도 일정 수준의 맛은 보장한다.

ELS, DLS, ELD, ELW, ELB, MMF…… 비슷한 이름을 가진 금융 상품의 홍수 속

에서 ETFExchange Traded Fund, 상장지수펀드를 기억하는 건 쉽지 않다. ETF는 '주식을 모아 담은 바구니'라고 할 수 있다. 이 바구니는 주식 시장에서 주식과 똑같은 방법으로 사고팔 수 있다. 주식에 투자하는 가장 쉬운 방법 중 하나다.

일반적인 주식 투자는 직접 찜닭을 요리하는 것과 유사하다. 직접 종목을 고르고, 매수하고, 투자 성향에 맞춰 포트폴리오를 구성하는 과정이 필요하다. 좋은 투자자는 주가지수 수익률을 크게 앞지르기도 한다. 그러나 모든 투자자가 워런 버핏처럼 할 수 있는 것은 아니다. 열심히 고른 종목의 수익률이 주가지수 수익률에도 못 미치는 투자자가 주식 시장엔 많다.

요리를 못하는 게 부끄러운 일이 아니듯, 투자에 소질이 없는 것도 전혀 부끄러운 것이 아니다. 오히려 그릇된 만용으로 원금을 날려 먹는 사람이 투자자로선 훨씬 나쁘다. 정육 코너의 '찜닭 세트'처럼, 시장 평균 수익률을 손쉽게 낼 수 있는 상품이 ETF다. ETF는 주가지수와 정확히 같은 수익이 나도록 디자인된 상품, 즉 인덱스 펀드Index Fund의 일종이다. S&P 500 ETF를 주식 시장에서 매수하면 매수한 날부터 S&P 500 지수가 오르는 만큼 ETF의 가치도 함께 오른다.

ETF에는 복제의 기준이 되는 지수가 필요하다. 이것을 기초 지수Index Tracked라고 한다. 나스닥 ETF의 기초 지수는 나스닥 지수, 코스피200ETF의 기초 지수는 코스피 200 지수다. 이 기초 지수의 수익률과 정확히 같은 수익을 내는 것이 ETF의 목표다.

우리가 ETF를 매수하면 투자금이 자산운용사의 운용 계좌로 들어간다. 자산운용사는 ETF를 설정하고 운용하는 주체다. 운용사는 ETF가 기초 지수 수익률을 복제할 수 있게 투자금을 운용한다. 가장 간단한 방법은 시가총액 비중에 맞춰 주가지수에 편입된 종목을 전부 매수하는 것이다. 그 밖에 스왑 거래를 활용하거나 기초 지수가 같은 타 ETF에 투자하기도 한다.

이렇게 ETF를 운용하다 보면 자연스레 ETF가 보유한 주식에서 나온 배당금이 발생한다. 이렇게 발생한 수익을 ETF 보유자에게 나눠주는 것을 분배Distribution이라고 한다. 지난 1년간 ETF 1주당 분배금을 ETF 가격으로 나눈 것이 분배율Distribution Yield이다. 일반 주식회사에서 배당과 배당 수익률의 관계와 같다. 미국 상장 ETF 중 자산 규모 1위 ETF인 SPDR S&P 500 ETF의 분배율은 연 1.5~2%이다. 100만 원을 투자하면 주가 상승 수익과 더불어 약 1만 5천 원에서 2만 원 정도를 해마다 분배받을 수 있는 것이다. 분배를 전혀 하지 않는 ETF도 있다. 한국 자산운용사들의 미국 주식 ETF는 대부분 분배를 하지 않는다. 수익을 전부 주식에 재투자한다. 배당금이 당장 필요하지 않다면 한국에 상장된 미국 주식 ETF를 활용해서 편리하게 배당 수익을 재투자할 수 있다.

02

미국 주식 ETF에
투자하는 이유

1. '주식회사 미국'은 영원하다

영화 〈캡틴 마블〉에서 주인공 캡틴 마블은 한 비디오 대여점에 불시착한다. 이곳은 90년대 미국 문화의 상징 중 하나인 블록버스터 비디오Blockbuster Video다. 미국 최대의 비디오 대여점 체인이었던 블록버스터는 전성기인 2004년 당시 전 세계 9,000개가 넘는 매장을 관리했다. 시가총액은 50억 달러에 달했다. 영원할 것 같았던 블록버스터의 시대는 고화질 VOD의 등장과 함께 끝났다. 블록버스터는 무섭게 성장 중인 온라인 서비스 시장을 등한시하고 오프라인 매장을 늘리는 데만 몰두했다. 그럴수록 블록버스터 매장엔 찬바람만 불었다. 끝내 2008년 블록버스터는 파산을 신청했다. 9,000개가 넘는 매장은 정리 대상이 됐다. 1년에 수천 개의 매장이 폐업하기도 했다. 현재 블록버스터의 매장은 미국 오리건주에 마지막으로 남은 단 1개의 매장이 전부다.

50억 달러의 초대형 대여점 체인을 동네 비디오 가게로 몰락시킨 주역은 넷플릭스다. 넷플릭스는 창업 때부터 블록버스터와의 악연(?)이 깊다. 넷플릭스의 창업주인 리드 헤이스팅스는 창업 전 블록버스터에서 영화 〈아폴로 13〉을 빌려 보고 제때 반납하지 않아 40달러의 연체료를 물어야 했다. 헤이스팅스는 집에서 먼 대여점에 다녀와야 하는 것도 불편한데 연체료까지 받는 건 불합리하다고 생각했다. 이것이 그가 집에서 클릭 한 번이면 영화를 볼 수 있는 서비스, 넷플릭스를 창업하게 된 계기다. 1997년 설립된 넷플릭스는 우편으로 DVD를 대여해주는 서비스로 출발했다.

사업 초창기의 넷플릭스는 적자 누적으로 장래가 어두웠다. 헤이스팅스는 2000년도에 블록버스터에 넷플릭스를 5천만 달러에 인수해달라고 제안했다. 제안은 단칼에 거절당했다. 블록버스터는 곧 망할 기업을 5천만 달러나 주고 인수할 생각이 전혀 없었다. 힘겹게 버틴 끝에 2007년 넷플릭스가 스트리밍 서비스를 시작하자 두 회사의 상황은 역전되었다. 5천만 달러에도 사겠다는 사람이 없었던 넷플릭스는 현재 시가총액 1,500억 달러의 미디어 거물이 되었다. 블록버스터 전성기의 30배 규모다.

지난 20년은 넷플릭스 주주에겐 환희의 시간이었다. 블록버스터 주주들은 후회로 밤을 지새웠을 날들이다. 그 뒤에서 조용히 미소 지었던 사람들은 따로 있다. 주가지수 ETF 투자자들이다. 미국 주식 시장이 열린 이래 블록버스터와 같은 운명을 맞은 기업은 셀 수 없이 많다. 그러나 미국 기업들의 시가총액 합계는 계속 커졌다. 따라서 S&P 500 지수도 상승했다. 항상 더 큰 기업이 그 자리를 대신했기 때문이다. 블록버스터의 자리를 수십 배나 더 큰 넷플릭스가 대체했듯이 말이다.

투자자에게 최악의 상황은 기업이 망해 주식이 휴지조각이 되는 것이다. 그래서 개별 기업의 투자자는 항상 기업의 흥망성쇠를 걱정해야 한다. 그러나 주가지수를 추종하는 ETF는 적어도 휴지조각이 될 위험은 없다. S&P 500 ETF는 시가총액 상위 500개 기업을 시가총액 비중에 따라 자동으로 포트폴리오에 편입한다. 기업 주가가 하락해 500위권을 벗어나면 역시 자동으로 주식을 매도한다. ETF가 휴지조각이 되려면 미국에 상장된 기업 전부가 망해야 한다. 그런 상황이 되면 그 어떤 자산도 온전히 남아있지 않을 것이다. 투자금을 완전히 날릴 위험이 없다는 것은 어떤 주식에도 없는 ETF의 장점이다.

넷플릭스도 언젠가 패권을 잃고 추락할지 모른다. 그러나 ETF 투자자라면 걱정할 것은 없다. ETF가 알아서 넷플릭스를 대체할 기업을 포트폴리오에 편입시켜주기 때문이다. ETF의 투자 대상은 '주식회사 미국'이다. 특정 기업의 흥망성쇠에 관계없이 미국이 성장하는 한 계속 수익을 낼 수 있다. 가장 쉽게 '이기는 편'에 서는 방법이다.

2. 일반 주식형 펀드를 상회하는 수익률

S&P 500 지수를 단순히 복제하는 ETF와 일반 주식형 펀드. 둘 중 어느 쪽이 더 수익률이 높을까? 상식적으로 생각하면 최고의 금융전문가인 펀드매니저가 직접 종목을 고르는 액티브 주식형 펀드 쪽이 수익률이 높아야 정상이다. 실제로 주식형 펀드가 ETF보다 운용 보수가 훨씬 비싸다. 그러나 데이터는 ETF 쪽의 손을 들어주고 있다.

워런 버핏은 일반인들을 위한 투자 상품으로 ETF를 강력히 추천한다. 자신이 CEO로 재직 중인 버크셔 해서웨이 주주 서한에서 워런 버핏은 ETF에 대한 자기 생각을 드러냈다.

"내가 죽은 뒤 재산 관리인에게 당부할 것은 아주 간단합니다. 재산의 10%는 단기 정부 채권에 투자하고, 나머지 90%는 수수료가 제일 저렴한 S&P 500 인덱스 펀드에 투자하세요. 장담하건대 이 포트폴리오의 장기 수익률이 대부분의 연기금, 기관, 개인들의 수익률보다 나을 겁니다."

실제로 연간 수익률을 비교해 보면 연간 S&P 500 수익률보다 저조한 액티브 펀드가 많다. 한국에서 미국 주식을 운용하는 펀드 중 매년 절반가량의 펀드가 S&P 500 상승률을 밑돈다. 비싼 수수료를 감안하면 액티브 주식형 펀드는 그야말로 '적극적으로 손해를 보는' 셈이다.

3. 환율 하락 위험 회피

해외 투자에서의 큰 위험 중 하나는 환율 하락 위험이다. 해외 자산은 해당 국가의 통화로 거래하기 때문에 자산 가격 하락이 없어도 환율 하락 때문에 손해를 볼 수 있다. 비록 미국 주식은 가장 안정적인 통화인 미국 달러 표시 자산이긴 하지만, 원-달러 환율도 얼마든지 하락 가능성은 있다. 미국 주식 ETF는 환율 하락에 대한 걱정 없이 주가 상승의 수익을 온전히 거둘 수 있는 상품이다. 한국 자산운용사들이 출시한 ETF 중에서는 헤지Hedge ETF가 있다. 헤지란 환율 상승이나 환율 하락으로 인한 손익을 제로(0)로 만드는 투자 기법이다. 헤지 ETF는 원-달러 선물 거래를 활용해서 환율이 하락해도 원화 환산 손실이 없도록 만든다. 단점은 환율이 상승해도 환차익을 전혀 거둘 수 없다는 점이다. 환율이 급등하면 선물 거래의 증거금 시스템 때문에 오히려 손실을 볼 수도 있다.

헤지 ETF는 이름 뒤에 (H)가 붙는다. 'KODEX 미국S&P500선물(H)'처럼 뒤에 (H)가 붙은 해외 주식 ETF를 보면 환율 상승/하락과 무관하게 자산 가격의 변동에만 영향을 받는 ETF라고 할 수 있다.

4. 가장 쉬운 분산 투자 수단

투자에 첫걸음을 뗀 투자자들은 알고 있는 미국 기업의 숫자가 적다. 그래서 마음에

드는 기업 한두 개에 집중 투자하는 경향이 있다. 매우 위험한 투자라는 것은 말할 필요가 없다. 그렇다고 모르는 기업에 마구 분산 투자하라고 권할 수도 없는 노릇이다. 초보 투자자들의 딜레마를 해결하기 위한 최고의 분산 투자 수단은 ETF다. S&P 500 ETF를 매수하면 미국 최고의 기업 500개에 자동으로 분산 투자하는 효과를 누릴 수 있다. 처음 주식 투자를 시작한다면 주식에 투자하려는 총금액의 70% 이상을 S&P 500 ETF에 투자한 후 나머지 투자금으로 매수하고 싶은 개별 종목을 매수해보는 것을 권한다. 주식 투자에 익숙해진 후 차츰 개별 종목 투자 비중을 늘리면 된다.

03

이름만 봐도
어떤 ETF인지 보인다

어떤 ETF를 처음으로 접했을 때, 투자자에겐 많은 질문이 떠오른다.

'이 ETF를 운용하는 자산운용사는 어디인가? 기초 지수는 무엇인가? 환헤지를
해주는가?'

ETF 운용사 사이트를 접속하면 ETF의 상세 정보를 확인하여 답을 구할 수 있다. 그
러나 사실 투자자에게 필요한 ETF의 핵심 정보는 ETF 이름만 제대로 읽어도 얻어
낼 수 있다. 한국시장에 상장된 한 ETF의 이름을 찬찬히 읽어보자.

KODEX 미국S&P500선물(H)

이 ETF의 이름에는 단서가 3개 있다.

①KODEX　②미국S&P500선물　③(H)

① ETF 이름의 맨 앞은 ETF의 브랜드 네임이 들어가는 자리다. KODEX는 삼성자산운용의 ETF 브랜드다. 삼성자산운용이 운용하는 ETF라는 것을 알 수 있다.

② 기초 지수가 미국 S&P 500 선물이라는 것을 알 수 있다. 이 ETF는 미국 S&P 500 선물 지수를 추종하는 ETF다.

③ (H)는 헤지드Hedged의 약자다. 환헤지를 하여 환율에 의한 손익이 제로(0)가 되는 것을 의미한다. (H)가 없는 ETF는 환율 변동에 의한 손익에 그대로 노출된다.

ETF 이름의 규칙은 미국 시장에서도 거의 동일하다. 미국 시장에 상장된 ETF 중 자산 규모 1위인 SPDR S&P500ETFTrust를 보자.

①SPDR　②S&P500ETFTrust

① SPDR은 미국 자산운용사인 State Street Global AdvisorsSSGA의 ETF 브랜드다. 운용사가 SSGA임을 확인할 수 있다.

② 기초 지수가 S&P 500 지수임을 알 수 있다. 뒤의 ETF Trust는 ETF증권이라는 것을 나타내는 말이다.

당연하지만 미국에 상장된 ETF들은 한국 투자자를 위한 환헤지를 제공하지 않는다. (H)가 붙은 헤지 ETF에 투자하려면 국내 상장 미국 주식 ETF 중에서 찾아야 한다.

04

국산 미국 지수 ETF와
미국산 미국 지수 ETF

고객들의 자금으로 ETF를 운용하는 것은 자산운용사들이다. 미국 자산운용사만 미국 주식에 투자하란 법은 없다. 한국 자산운용사들도 미국 주가지수를 추종하는 ETF를 얼마든지 만들 수 있다. 한국 운용사들이 만든 ETF는 한국거래소에 상장되어 사고팔 수 있다. 국산 미국 주식 ETF와 미국산 미국 주식 ETF의 장단점을 비교하여 자신에게 유리한 상품이 어떤 것인지 찾아보자.

1. 한국 상장 미국 주식 ETF

이름	운용사	기초 지수
KODEX 미국S&P500선물(H)	삼성	S&P500선물
KODEX 미국나스닥100선물(H)	삼성	NASDAQ100선물
TIGER 미국S&P500선물(H)	미래에셋대우	S&P500선물
TIGER 미국나스닥100	미래에셋대우	NASDAQ100
TIGER 미국나스닥바이오	미래에셋대우	NASDAQ바이오
ARIRANG 미국S&P500	한화	S&P500

표 3-1 한국 상장 주요 미국 주식 ETF 일람

'한국 상장 미국 주식 ETF'는 한국 자산운용사들이 설정하여 한국 시장에 상장된 미국 주식 ETF를 말한다. 간단히 말하면 국산 ETF다.

국산 ETF의 특징은 다음과 같다.

(1) 한국 주식 거래 시간(9시~15시 30분)에 거래된다

국산 미국 주식 ETF는 한국거래소에 상장된 증권이다. 비록 보유 자산은 미국 주식이지만, ETF의 거래는 한국 주식 시장이 열려있을 때만 가능하다.

(2) 한국 원화(KRW)로 거래한다

국산 ETF는 원화 표시 증권이므로 환전을 하지 않고도 바로 거래할 수 있다.

(3) 분배금이 없다

국산 ETF 중 미국 주식 ETF들은 분배를 거의 하지 않는다. 수익을 전부 주식에 재투자한다. 배당을 자동으로 재투자하고 싶은 투자자에게는 편리하다.

(4) 헤지(Hedged) ETF에 투자할 수 있다

한국 ETF의 장점 중 하나다. 달러가 하락할 때 손실을 피할 수 있는 헤지 ETF가 있다는 점이다. 이름에 (H)가 붙은 ETF가 헤지 ETF다.

(5) 세금 체계가 단순하다

세법상 국산 미국 주식 ETF는 해외 주식 펀드로 취급되어 수익이 발생하면 자동으로 원천징수된다. 투자자가 특별히 세금에 대해 신경 쓸 것이 없어 편리하다. 현재 국내 상장 해외 주식 ETF는 분배금과 양도소득에 대해 소득의 15.4%의 세율로 원천징수하고 있다.

2. 미국 상장 미국 주식 ETF

이름	운용사	기초 지수	심볼
SPDR S&P 500 ETF Trust	SSGA	S&P 500	SPY
iShares Core S&P 500	BlackRock	S&P 500	IVV
Vanguard Total Stock Market	Vanguard	CRSP U.S. Total	VTI
Fidelity Nasdaq Composite Index Tracking Stock	Fidelity	NASDAQ	ONEQ
Invesco QQQ Trust	Invesco	NASDAQ	QQQ
First Trust NASDAQ-100 Technology Sector	First Trust	NASDAQ100테크	QTEC
SPDR Dow Jones Industrial Average	SSGA	다우존스	DIA

표 3 - 2 미국 상장 주요 미국 주식 ETF 일람

'미국 상장 미국 주식 ETF'는 미국 자산운용사들이 설정한 미국 주식 ETF들이다. 간단히 하면 미국산 ETF다. 미국 상장 ETF를 거래하는 방법은 일반 미국 주식과 동일하다. 심볼이나 이름을 검색해서 원하는 ETF를 선택하여 거래하면 된다.

미국산 ETF들의 특징은 다음과 같다.

(1) 미국 주식 거래 시간에 거래된다

미국산 ETF는 미국 거래소에 상장된 종목이므로 미국 시장이 열린 시간 동안 거래할 수 있다. 한국 시간으로는 평일 23시 30분부터 다음날 6시까지다. 미국 공휴일에는 주식 시장이 열리지 않아 거래가 불가능하다.

(2) 미국 달러로 거래한다

미국산 ETF는 달러 표시 자산이므로 미국 달러로 거래한다. 그러므로 매수 및 매도

시 환전 과정이 필요하다.

(3) 분배금이 있다

국산 ETF와 달리 미국산 ETF는 운용 과정에서 발생하는 배당 수익을 투자자에게
현금으로 분배한다.

(4) ETF를 통한 환 헤지가 불가능하다

미국산 ETF는 환율 변동으로 인한 손익에 그대로 노출된다. 환율 하락 시 손실을 보
는 반면 미국 달러 환율이 상승하는 만큼 운용 수익과 더불어 환이익을 챙길 수 있는
기회가 있다.

(5) 양도소득세 및 배당소득세가 일반 미국 주식과 합산된다

한국 세법은 미국 상장 ETF를 일반 미국 주식과 구분하지 않는다. 즉 소득세 계산 시
미국 상장 ETF와 일반 미국 주식으로 벌어들인 수익을 합산하여 계산한다.

국내 상장 ETF	구분	미국 상장 ETF
9시~15시 30분	거래 시간	23시 30분~6시(한국시간)
한국 원(KRW)	거래 통화	미국 달러(USD)
없음	분배(현금 배당)	있음
가능	환헤지	불가능
분배소득/양도소득 모두 원천징수(15.4%)	세금	일반 해외 주식과 소득 합산 분배소득은 원천징수(15.4%) 양도소득은 신고 후 납부(22%)

표 3 - 3 국내 상장 미국 주식 ETF와 미국 상장 미국 주식 ETF 비교

05

특별한 ETF들 :
인버스 / 레버리지 / 저변동성 ETF

1. 인버스 & 레버리지 ETF

ETF는 기초 지수를 따라서 움직이는 상품이다. S&P 500을 기초 지수로 하는 ETF
는 S&P 500 지수가 1% 상승할 때 함께 1% 상승하고, 1% 하락할 때 역시 1% 하락한
다. 이것을 배수가 x1(1배)인 ETF라고 한다. 우리가 접하는 대부분의 ETF는 x1배수
ETF이다. 배수가 x1이 아닌 ETF들도 있다. 인버스Inverse ETF와 레버리지Leverage
ETF다. 인버스 ETF는 배수가 음수(-)인 ETF다. -x1, -x2, -x3 등으로 표시한다.
-x1(-1배) 인버스 ETF는 기초 지수의 상승률에 -1을 곱한 만큼 움직이는 ETF다. 기
초 지수가 하락할수록 오히려 수익이 나는 ETF다. 레버리지 ETF는 배수가 1보다 큰
ETF다. x2, x3, x4 등으로 표시한다. x2(2배) 레버리지 ETF는 기초 지수 상승률의 2
배로 움직인다. 지수가 1% 상승하면 2% 수익을 내지만, 1% 하락할 땐 2%씩 손실이
난다.

	지수 상승 시	지수 하락 시
S&P 500	+1%	-1%
S&P 500 ETF	+1%	-1%
인버스 S&P 500 ETF(-x1)	-1%	+1%
레버리지 S&P 500 ETF(x2)	+2%	-2%

표 3 - 4 지수 상승/하락 시 각 ETF의 수익률 비교

일반 ETF는 기초 지수와 똑같은 수익률을 기록한다. ETF 수익의 폭과 방향이 기초 지수와 일치한다. 인버스 ETF는 기초 지수 상승 시 손실, 지수 하락 시 수익을 본다. 기초 지수와 폭은 같지만, 방향은 반대로 움직이는 셈이다. 레버리지 ETF는 기초 지수 상승 시 2배로 수익, 하락 시 2배로 손실을 본다. 기초 지수와 방향은 같지만, 폭이 다르게 움직인다. 두 상품 모두 고위험 상품으로 분류된다. 주가 방향을 확신할 때만 단기적으로 투자하는 것이 적합하다.

이름	배수	기초 지수	심볼
ProShares Short S&P 500	-x1	S&P 500	SH
ProShares Short QQQ	-x1	NASDAQ	PSQ

표 3 - 5 인버스 ETF 일람

이름	배수	기초 지수	심볼
ProShares Ultra S&P 500	x2	S&P 500	SSO
ProShares Ultra QQQ	x2	NASDAQ	QLD
ProShares UltraPro S&P 500	X3	S&P 500	UPRO

표 3 - 6 레버리지 ETF 일람

2. 인버스를 매수하려는 당신에게 : ETF vs. 인버스 ETF

2018년은 한국에 인버스 ETF가 출시된 이래 가장 주목받은 해다. 2018년 하반기 대한민국의 증시 폭락 때 다른 주주들이 죽을 쑤고 있을 동안, 인버스 ETF 투자자들은 폭등하는 인버스를 보며 쾌재를 불렀다. KOSPI 200 지수가 하락하는 만큼 역으로 수익이 나는 KODEX 인버스 ETF의 연 수익률이 무려 20%를 넘었다. 단독으로도 충분히 좋은 수익률이지만 폭락에 신음하는 다른 투자자들의 상황과 대비되어 더욱 돋보였다. 국민연금도 주가 하락에 따른 위험을 최소화하고자 인버스 ETF를 매수했다. 현 대통령의 이름에 빗대어 '문재인버스'라는 농담도 등장했다. 인버스 ETF가 인기 검색어에까지 오르며 일반인에게도 유명해지는 계기가 되었다.

2019년은 지난 몇 년보다 저조한 성장률을 기록할 것이라는 전망이 이어지면서 경기 침체에 대한 우려가 커지고 있다. 이에 따라 인버스 ETF 투자를 고려하는 투자자도 증가할 것으로 전망한다.

그러나 인버스 ETF는 역사적으로, 그리고 이론적으로도 ETF보다 훨씬 불리하다. 우선 지난 30년간의 데이터를 비교해보자. 1989년부터 2018년까지 30년간 S&P 500 지수는 810.5% 상승했다. 연평균 상승률은 약 7.6%다. 총 30년 중 연간 수익률이 마이너스였던 해는 9년 밖에 없다. 나머지 21년은 전부 증시가 연초보다 상승한 채 마감되었다. 장기적으로 꾸준히 상승했던 미국 주식 시장에서 인버스 ETF에 투자하는 것은 매우 확률이 낮은 싸움을 하는 것이다.

연도	상승률	연도	상승률	연도	상승률
1989	27.25%	1999	19.53%	2009	23.45%
1990	-6.56%	2000	-10.14%	2010	12.78%
1991	26.31%	2001	-13.04%	2011	0.00%
1992	4.46%	2002	-23.37%	2012	13.41%
1993	7.06%	2003	26.38%	2013	29.60%
1994	-1.54%	2004	8.99%	2014	11.39%
1995	34.11%	2005	3.00%	2015	-0.73%
1996	20.26%	2006	13.62%	2016	9.54%
1997	31.01%	2007	3.53%	2017	19.42%
1998	26.67%	2008	-38.49%	2018	-6.24%

표 3 - 7 연도별 S&P 500 상승률(1989~2018)

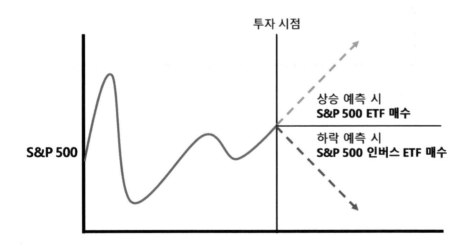

그림 3 - 1 주가지수 예측에 따른 ETF 투자 모델

이론상 최대 수익률을 비교해도 인버스 ETF의 단점이 드러난다. 〈그림 3-1〉은 투자 시점 이후 주가지수 예측에 따른 ETF 투자의 예시를 보여 주고 있다. 만일 특정 시점에 S&P 500 ETF와 S&P 500 인버스 ETF 중 하나를 선택할 때, 주가를 어떻게 예측하는지에 따라 우리의 선택은 달라질 것이다. 매수 시점 이후 주가지수 상승을 예측한다면 S&P 500 ETF에, 하락을 예측한다면 S&P 500 인버스 ETF에 베팅하는 것이 합리적이다.

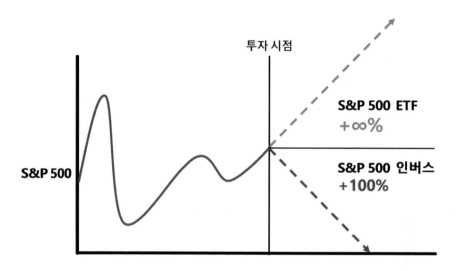

그림 3 - 2 S&P 500 ETF와 S&P 500 인버스 ETF의 최대 수익률 비교

이제 둘 중 하나를 골랐다고 가정하고, 각 ETF의 이론상 최대 수익률을 비교해보자. S&P 500 ETF의 최대 수익률은 무한하다. 지수가 올라가는 데는 한계가 없기 때문이다. 주가지수가 끝없이 상승한다면 당연히 주가지수를 복제한 ETF의 수익률도 끝없이 증가할 수 있다. 반면 S&P 500 인버스 ETF의 최대 수익률은 100%다. 이 100%의 수익률은 주가지수가 100% 하락했을 때, 즉 주가지수가 0이 되었을 때 달성된다. S&P 500 지수가 0으로 하락한다는 것은 미국에 상장한 모든 기업의 가치가 0

이 되었다는 것을 뜻한다. 사실상 불가능한 수치다. 그러므로 현실적으로 가능한 인버스 ETF의 최대 수익률은 100%보다 낮다.

주가지수가 하락할 때 수익을 낼 수 있다는 점은 인버스 ETF를 매력적으로 보이게 한다. 그러나 인버스 ETF로 수익을 낼 수 있는 기회는 매우 제한적이다. 투자 시 손실을 볼 확률은 매우 크다. 특히 인버스 장기 투자는 금물이다. 주식 시장의 유명한 격언 중 하나인 '쉬는 것도 투자다'라는 말처럼 인버스에 투자하는 것보다 차라리 쉬는 것이 더 나을 수 있다.

3. 수익의 불확실성을 줄여주는 저변동성 ETF

이름	운용사	심볼
Invesco S&P 500 Low Volatility ETF	Invesco	SPLV
Invesco S&P 500 High Dividend Low Volatility	Invesco	SPHD

표 3 - 8　미국 상장 S&P 500 저변동성 ETF

변동성Volatility이란 특정 종목이나 주가지수의 등락 폭이 얼마나 큰지를 나타내는 지표다. 저변동성 ETFLow Volatility ETF는 변동성이 낮은 주식들만 보유 종목으로 편입한 ETF다. 저변동성 ETF는 주기적으로 운용사가 종목별 변동성을 계산하여 보유 종목을 자동 조정한다. 일반 주가지수를 추종하는 S&P 500 ETF나 나스닥 ETF보다 평균 등락 폭이 작다. 즉 올라갈 때도 천천히, 떨어질 때도 천천히 떨어진다는 뜻이다. 손실에 대한 두려움이 커서 주식 투자를 망설이고 있다면 첫 종목으로 선택하기에 좋은 상품이다. 일간 변동 폭이 작기 때문에 하루쯤 매매 타이밍을 놓쳐도 크게 아쉬운 것이 없다는 점도 주식을 매일 확인하기 어려운 직장인들에겐 도움이 된다.

Invesco S&P 500 Low Volatility ETF^{SPLV}는 대표적인 저변동성 ETF 상품이다. SPLV는 S&P 500 종목 중 변동성이 가장 낮은 100개의 종목에 투자하는 ETF다. SPLV는 유틸리티, 부동산, 금융 3개의 섹터에 절반이 넘는 금액을 투자한다. Invesco S&P 500 High Dividend Low Volatility ETF^{SPHD}는 저변동성 ETF의 장점과 배당주의 장점을 함께 누릴 수 있는 ETF다. SPHD는 S&P 500에서 변동성이 낮고 배당 수익률은 높은 종목 50개에 투자한다. 연 분배율이 약 4%나 된다.

변동성 낮은 주식만 골라 담은 저변동성 ETF는 상승장에서의 수익률이 일반 S&P 500 ETF보다 낮다. 그러나 그만큼 하락장에서 손실을 덜 보기에, 장기 수익률은 S&P 500 수익률에 뒤처지지 않는다. 큰 하락이 있었던 해의 연간 수익률은 저변동성 ETF가 S&P 500을 앞지르기도 한다. 내 포트폴리오를 위한 보험으로 저변동성 ETF 하나쯤 사 놓는 것은 절대 나쁘지 않은 선택이다.

STOCK EXCHA

PART
04

내 바구니에 담을
종목 찾기

01

나의 포트폴리오
만들기

주식으로 단기간에 큰돈을 버는 방법은 투자금 전액으로 급등할 종목 하나를 찍어 매수하는 것이다. 소위 '몰빵' 투자라 부르는 이런 방법은 큰 수익만큼이나 위험도 크다. 매수한 주식이 나락을 타는 순간 원금이 날아간다. 여러 종목에 분산 투자하여 위험을 줄이라는 것은 재테크에 조금이라도 관심이 있는 사람이라면 귀에 못이 박이도록 들었을 금언(金言)이다.

분산 투자를 하겠다며 같은 산업 안에서 10개의 기업에 분산 투자하는 경우가 있다. 물론 그런 경우도 분산 효과가 없지는 않다. 그러나 수익성을 해치지 않는 선에서 분산 투자의 효과를 극대화하려면 공부해야 할 것이 바로 포트폴리오Portfolio다. 포트폴리오는 본래 예술가의 작품 모음집을 가리키는 용어다. 투자에서 포트폴리오는 개인이 보유한 자산의 목록과 배분 비율을 나타낸 표다. '종목을 어떻게 배분하는가'는 '어떤 주식을 고르는가'만큼이나 중요한 문제다. 좋은 포트폴리오는 단순히 종목 수가 많은 포트폴리오가 아니라 '변동성'을 잘 관리한 포트폴리오다. 변동성 높은 주식과 낮은 주식이 고르게 배분되어야 변동성이 잘 관리되었다고 할 수 있다.

1. 축구 포메이션처럼 변동성 배분하기

고변동성 종목과 저변동성 종목을 나누어 투자하는 건 알겠는데, 변동성을 어떻게 배분해야 할지 의문이 들 것이다. 이때 유용하게 쓸 수 있는 방법이 축구의 '포메이션 모델'이다.

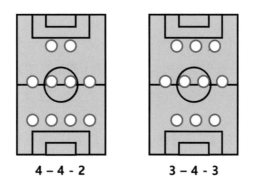

그림 4 - 1 축구의 4-4-2와 3-4-3 포메이션

축구에서 포메이션Formation이란 경기장에서 뛰는 선수의 배치를 말한다. 축구장에서 선수의 역할을 크게 3가지로 나누면 수비수, 미드필더, 공격수로 분류한다. 수비수는 자기 팀 골문 앞에서 상대의 득점을 방해한다. 미드필더는 공격수와 수비수 사이에서 공을 배급하고 경기를 조율한다. 공격수는 최전방에서 활동하며 골을 터트리는 임무를 맡는다. 골키퍼를 제외한 10명의 선수단을 역할에 맞게 배치하는 것이 포메이션의 역할이다. 선수의 배분을 숫자로 나타낼 때는 (수비수)-(미드필더)-(공격수) 순으로 표기한다. 예컨대 4-4-2 포메이션은 수비수 4명, 미드필더 4명, 공격수 2명을 배치한 대형이다. 경우의 수는 수십 가지나 되지만 현대 축구에서 10-0-0이나 0-0-10과 같은 극단적인 전술은 특수한 경우를 제외하면 찾아보기 어렵다. 공격과 수비의 밸런스가 깨져 비효율적인 플레이를 야기하기 때문이다.

축구에서의 포메이션은 주식에서의 포트폴리오 구성과 흡사하다. 주식 포트폴리오 안에서도 종목의 역할을 수비수, 미드필더, 공격수로 구분할 수 있다. 역할을 나누는 기준은 바로 변동성이다. 변동성이 큰 주식일수록 기대 수익과 함께 원금 손실 위험이 크다. 고변동성 주식은 포트폴리오의 수익성을 담당하는 공격수다. 고변동성 주식의 비중을 늘리는 것은 축구에서 공격수를 더 많이 배치하는 것에 비유할 수 있다. 고득점이 가능하지만 그만큼 수비가 약해져 실점 위험도 커지는 것이다. 저변동성 주식들은 안정성을 책임지는 수비수와 같다. 원금 손실 위험은 감소하지만 기대 수익도 함께 낮아진다. 포트폴리오에서 미드필더는 중간 정도의 변동성을 가진 주식이다. 중간 수준의 수익성과 안정성을 기대할 수 있는 포트폴리오의 허리 역할을 한다.

물론 ETF도 포트폴리오에서 훌륭한 선수 노릇을 할 수 있다. ETF는 자산을 여러 종목에 분산 투자한 상품인 만큼 개별 종목보다 변동성이 낮다. 대략 ETF가 주로 편입하고 있는 종목들의 섹터보다 변동성이 한 단계 낮다고 평가하면 된다.

역할	변동성	섹터	ETF
공격수	높음	IT, 에너지, 원자재/소재, 금융, 기타 미래 산업	-
미드필더	중간	커뮤니케이션, 산업재, 임의 소비재	나스닥 ETF
수비수	낮음	유틸리티, 헬스케어, 필수 소비재	S&P 500 ETF

표 4 - 1 섹터 및 ETF별 포트폴리오 내 역할

섹터별 변동성을 기준으로 포트폴리오에서의 역할을 분류했을 때 각 섹터의 역할을 정리한 표다. ETF의 변동성은 각 섹터의 개별 종목에 투자할 때보다 한 단계 낮다. 이제 변동성 별 역할을 분담하여 실제 포트폴리오에 적용해 보자. 〈그림 4-2〉는 3-4-3 포메이션을 포트폴리오에 적용한 사례다. 예시의 포트폴리오 기업 선정은 각 섹터에 속한 임의의 기업으로 선정했다. 같은 변동성을 가진 종목이라면 다른 것으로 얼마든지 바꿔도 좋다.

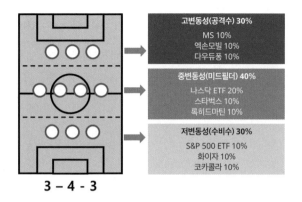

그림 4 - 2　3-4-3 포메이션을 활용한 포트폴리오 배분의 예

3-4-3 포메이션과 같이 포트폴리오를 배분한 모습이다. 고변동성 30%, 중변동성 40%, 저변동성 30%씩을 배분했다. 변동성이 잘 분포된 포트폴리오는 시장이 좋을 때 고변동성 종목에서 큰 수익을 내고, 나쁠 땐 저변동성 주식을 통해 배당 수익을 가져가며 상승장을 기다릴 수 있다. 그림에서 보여주는 것은 하나의 사례일 뿐이다. 반드시 모든 섹터를 포트폴리오에 편입할 필요는 없으며 섹터별 비율을 똑같이 유지해야 할 이유도 없다. 포트폴리오에서 가장 주목해야 할 것은 변동성이다.

2. 나에게 꼭 맞는 맞춤 포트폴리오

포메이션 모델을 이용해 기본적인 포트폴리오를 구성하는 방법을 배워보았다. 이것만으로도 충분히 좋은 포트폴리오라 부를 수 있지만, 최상의 포트폴리오는 투자자 개인의 상황을 고려한 맞춤 포트폴리오다. 다음은 맞춤형 포트폴리오를 구성할 때 고려해야 할 사항들이다.

(1) 투자 성향

주식은 부동산과 달리 매일 자산 가치 변동을 눈으로 확인할 수 있는 투자 자산이다. 주가 등락에 따른 심적 부담이 큰 사람에겐 IT 섹터와 같은 고변동성 주식이 맞지 않을 수 있다. 심리적 불안을 안고 살아야 한다면 주식으로 얻는 수익보다 손해가 더 크다. 자신이 감내할 수 있는 손실의 폭에 따라 포트폴리오 내 고변동성 종목의 비중을 조정해야 한다.

(2) 연령대

투자자의 연령 역시 포트폴리오를 구성할 때 고려해야 한다. 나이가 젊다면 투자에서 손해를 보더라도 고정 수입을 얻을 수 있어 당장 생활에 큰 지장이 없다. 또한 투자한 주식이 하락하더라도 다시 회복할 때까지 기다릴 수 있는 시간이 있다. 그러나 나이가 들어 주식에서 큰 손해를 보면 회복할 수 있는 수단이 많지 않다. 자금 소요가 많아 주가가 회복될 때까지 종목에 돈을 묶어 두는 것도 어렵다. 연령대가 올라갈수록 포트폴리오에서 저변동성 주식의 비율을 높이는 것이 좋다.

(3) 투자 경험과 지식

투자 초심자들은 남들보다 늦게 시작한 것에 대한 보상 심리로 더 빠르게 고수익을 내려고 하는 경우가 종종 있다. 이런 조급함 때문에 고변동성 주식, 특히 소형주에 집중 투자한다. 이런 포트폴리오는 절대 금물이다. 미국 주식을 시작할 땐 전체 투자금 중에서 약 70%를 S&P 500 ETF에 먼저 투자한 다음 나머지 투자금을 가지고 원하는 종목에 투자해 보는 것이 좋다. 비싼 수업료(손실)를 내지 않아도 실전 투자 경험을 쌓을 수 있는 방법이다. 매수한 개별 종목이 하락해도 같은 기간 주가지수가 상승했다면 작게나마 수익을 낼 수 있다. 투자 경험이 늘어날수록 더 좋은 종목이 많이 눈에 들어올 것이다. 그때 S&P 500 ETF를 매도하고 마음에 드는 종목을 매수하는 방식으로 차츰 포트폴리오 내 ETF 비중을 줄이면 된다.

02

워런 버핏이 애플을 매수한 이유 : 경제적 해자 이야기

'오마하의 현인' 워런 버핏Warren Buffett은 역대 최고의 투자자라는 찬사를 받는 인물이다. 평생 투자에 매진하며 이룩한 부는 현재 874억 달러(약 101조 원)에 이른다.[4] 워런 버핏은 포천Fortune 500대 기업의 CEO 중 가장 나이가 많은 CEO이기도 하다. 만 88세인 워런 버핏은 지금도 버크서 해서웨이Berkshire Hathaway의 CEO로 왕성하게 활동 중이다. 버핏이 인수하기 전 버크서 해서웨이는 원래 섬유 제조 기업이었다. 1965년 워런 버핏이 인수한 후 이 기업을 섬유업에서 60개 이상의 기업을 거느린 지주회사로 전환하였다.

워런 버핏의 주식 투자는 버크서 해서웨이를 통해 이루어진다. 워런 버핏의 포트폴리오와 함께하고 싶다면 주식 시장에서 버크서 해서웨이의 주식을 매수하면 된다. 현재 BRK.A와 BRK.B 두 종류로 상장되어 있다. BRK.A 주식은 버크서 해서웨이 상장 후 단 한 번도 액면 분할을 하지 않은 주식으로 2019년 현재 주식 1주의 가격이 30만 달러가 넘는다. 1962년 그가 버크서를 인수할 때 가격이 주당 $7.5였으니 지주회사 버크서의 가치를 40,000배 이상 성장시킨 것이다.

버핏의 유명세만큼 버핏이 고르는 종목들 역시 세간의 관심사다. 워런 버핏의 중요한 종목 선정 기준은 '경쟁에서 지속적인 우위를 달성할 수 있는 기업'이다. 워런 버핏의 포트폴리오를 보면 각 분야에서 최고의 경쟁력을 갖고 있는 기업에만 투자한다는 것을 알 수 있다. 이렇게 지속적인 경쟁 우위를 갖게 하는 원동력이 바로 경제적 해자 Economic Moat다. 해자란 본래 외적의 침입에 대비하기 위해 성 주변에 파는 연못을 말한다.[5] 침략자가 성을 공격할 때, 해자는 성벽과 같은 역할을 한다. 연못을 건너기 위해 동작이 느려지는 공격 측 병사들은 방어 측의 쉬운 표적이 된다. 해자와 같이 기업에 신규 경쟁자를 막는 해자 역할을 하는 요소들을 바로 경제적 해자라 한다. 경제적 해자의 예는 브랜드 가치, 독점권, 시장 지배력 등이 있다.

1. 경제적 해자의 사례 : 브랜드 가치

브랜드 가치는 브랜드의 인지도, 호감도, 신뢰도를 종합해 평가한 가치다. 장기간 형성된 브랜드 가치는 다른 경쟁자들보다 훨씬 우위에 설 수 있게 한다. 인터브랜드 Interbrand는 세계 최대의 브랜드 컨설팅 기관이다. 매년 홈페이지를 통해 세계 100대 브랜드Best Global Brands를 발표한다. 이 순위는 세계적으로 매우 영향력 있는 랭킹 중 하나다. 한국 기업은 삼성, 현대차, 기아차, LG 등이 선정된 바 있다. 100대 브랜드 중에서도 탑 10은 가장 경쟁이 치열한 곳이다. 탑 10 브랜드에 이름을 올린 기업은 곧 세계 경제를 주도하는 기업들이라고 할 수 있다.

2008년과 2018년의 탑 10 브랜드를 비교하면 10년간 산업의 주도권이 어느 기업으로 넘어갔는지 확실히 알 수 있다. 2008년의 세계 1위 브랜드는 코카콜라다. 전 세계에서 모르는 사람이 없는 음료인 코카콜라는 브랜드의 힘을 보여주는 모범 사례다. 코카콜라의 브랜드 가치는 100대 브랜드 집계 이래 2013년까지 부동의 1위였다. 지금은 소비자 시장에서 자취를 감춘 노키아도 눈에 띈다. 2008년은 식품, IT, 자동차,

미디어 등 비교적 다양한 산업이 탑 10 브랜드에 진입해 있었다.

순위	2008년		순위	2018년	
	기업명	브랜드 가치		기업명	브랜드 가치
1	코카콜라	$666억	1	애플	$2144억
2	IBM	$590억	2	구글	$1555억
3	MS	$590억	3	아마존	$1007억
4	GE	$530억	4	MS	$927억
5	노키아	$359억	5	코카콜라	$663억
6	토요타	$340억	6	삼성	$598억
7	인텔	$312억	7	토요타	$534억
8	맥도날드	$310억	8	메르세데스-벤츠	$486억
9	디즈니	$292억	9	페이스북	$451억
10	구글	$255억	10	맥도날드	$434억

표 4 - 2 2008년과 2018년의 세계 10대 브랜드 가치

꼭 10년 만에 탑 10은 완전히 바뀌었다. 2018년의 탑 10 브랜드는 IT 기업들의 영향력이 얼마나 확장되었는지 보여준다. 상위 5개 브랜드 중 4개가 IT 기업이며, 특히 애플, 구글, 아마존 3개사의 브랜드 가치는 나머지 7개 브랜드 가치를 합한 것보다도 많다. 애플은 2013년 코카콜라의 왕좌를 차지한 후 확고한 1위 브랜드의 자리를 굳혔다. 반면 옛 제왕인 코카콜라의 브랜드 가치는 10년 동안 제자리걸음이다.

워런 버핏은 오래전부터 '잘 모르는 사업에는 투자하지 않는다'라는 신념을 피력해 왔고, 그가 잘 모르는 IT 산업에는 거의 투자하지 않았다. 그의 생각이 바뀐 것은 2016년부터다. 그 무렵 애플의 브랜드 가치는 이미 코카콜라의 2배를 넘어섰다. 시대가

04 내 바구니에 담을 종목 찾기 **119**

바뀐 것이다. 2016년 버핏은 '애플이나 아마존 같은 기업에 투자하지 않은 것을 후회한다'라는 말과 함께 무서운 속도로 애플의 주식을 사들이기 시작했다. 현재 애플은 버핏의 포트폴리오에서 가장 큰 비중을 차지한다. 무려 포트폴리오의 21%가 애플의 주식이다.[6] 사실 애플과 같은 IT 플랫폼 기업들은 브랜드 가치뿐 아니라 특허, 규모의 경제 등 버핏이 선호하는 경제적 해자를 다양하게 갖고 있다. 버핏이 조금 더 일찍 IT 기업들에 관심을 가졌다면 버핏의 포트폴리오가 IT 기업으로 가득 차 있었을지도 모른다.

2. 은행은 왜 버핏의 사랑을 받는가?

버핏이 가장 사랑하는 기업이 애플이라면, 가장 사랑하는 산업은 어떤 산업일까? 버핏의 포트폴리오는 답을 분명하게 말하고 있다. 바로 금융 산업이다.

(자료: Gurufocus)

순위	기업명	산업	비중
1	애플	전자 제품	21.51%
2	뱅크 오브 아메리카	은행	12.06%
3	웰스 파고	은행	10.74%
4	코카-콜라	음료	10.35%
5	아메리칸 익스프레스	신용 서비스	7.89%
6	크래프트 하인즈	가공식품	7.66%
7	US 뱅코프	은행	3.23%
8	JP 모건 체이스	은행	2.67%
9	뱅크 오브 뉴욕 멜론	은행	2.08%
10	무디스	금융 데이터	1.89%

표 4 - 3 워런 버핏 포트폴리오 상위 10개 종목(2018. 12. 31)

워런 버핏의 포트폴리오 상위 10개 종목 중의 7개가 금융 섹터다. 포트폴리오에서 금융 섹터가 차지하는 비중은 무려 45%다. 그중 대부분은 뱅크 오브 아메리카, 웰스 파고와 같은 은행주에 투자되어 있다. 은행 산업은 "내가 이해할 수 있는, 지속 가능한 산업에 투자한다"라는 워런 버핏의 투자 철학에 잘 들어맞는 산업이다. 은행의 핵심 사업 구조는 100년 전이나 지금이나 똑같다. 예금자들의 돈을 안전하게 보관해주면서, 금고에 있는 돈을 대출해주고 이자 수익을 얻는 것이다. 돈을 보관하거나 대출하려는 수요는 자본주의 경제가 계속되는 한 영원하다. 이것은 버핏이 은행주에 투자하는 중요한 이유 중 하나다.

또한 은행들은 다른 기업들보다 훨씬 낮은 비용으로 자본을 조달할 수 있다. 일반적인 기업이 사업에 필요한 자본을 차입하기 위해서는 은행 대출이나 회사채를 이용해야 한다. 대출 금리는 기업의 신용에 따라 차이가 있지만, 대개 은행 예금 금리보다는 훨씬 비싸다. 반면 은행들은 대부분의 자본을 자기 은행의 예금자들로부터 조달할 수 있다. 이때 예금자들에게 지급하는 예금 이자율은 일반 기업이 돈을 빌릴 때 지불해야 하는 이자보다 낮다.

낮은 금융 비용으로 사업을 할 수 있다는 것은 기업으로선 더 많은 사업 기회를 가질 수 있다는 것을 뜻한다. 일반 기업의 자본 차입 비용이 연 5%, 은행의 예금 이자율이 연 3%인 경우를 가정해 보자. 만일 투자금 대비 연 4%의 이익을 기대할 수 있는 사업 기회가 생겼을 때, 일반 기업은 이런 사업을 위해 자본을 차입하는 것이 오히려 손해다. 4%의 이익을 위해 5%의 차입 비용을 지불하는 것이기 때문이다. 은행은 단 3%의 이자로 예금자들로부터 돈을 꿔온다. 그러므로 투자 대비 연 4%의 사업도 얼마든지 기회로 활용할 수 있다. 잘 알려지지 않은 은행주의 장점이다.

03

피터 린치의
스토리텔링 투자

1. 최고의 주식은 우리 동네에 있다

피터 린치는 월 스트리트의 전설적인 펀드매니저다. 피델리티의 '마젤란 펀드'를 1977년부터 1990년까지 운용하며 연평균 29.2%의 수익률을 기록했다. 같은 기간 S&P 500의 연평균 수익률 13.4%의 2배가 훨씬 넘는다. 투자를 오랫동안 하면서 1년 수익률 29%를 기록하는 건 누구나 할 수 있다. 그러나 14년 동안 연평균 29%를 유지하는 건 세계의 금융 엘리트들이 모인 월 스트리트에서도 기적에 가깝다. 더욱 놀라운 것은 14년간 단 1번도 연간 수익률 마이너스를 낸 적이 없다는 점이다.

피터 린치는 투자자를 위한 지침서 성격의 저서도 몇 권 집필했다. 한국에는 《피터 린치의 투자 이야기》, 《이기는 투자》, 그리고 《월가의 영웅》 총 3권의 책이 출간되었다. 피터 린치의 책은 주식 투자에 발을 들여놓은 초심자들에게 좋은 책으로 꼽힌다. 실제 사례를 통해 그의 투자 철학을 쉽게 이해할 수 있다는 점이 장점이다. 그의 수익률은 상식을 초월하지만, 그의 투자 철학은 지극히 상식적이다.

"좋은 상품을 만드는 기업이 좋은 기업이고, 좋은 기업의 주식이 곧 좋은 주식이다. 그러므로 좋은 주식을 찾으려면 좋은 상품을 만드는 기업을 찾아야 한다."

너무나 당연한 얘기지만 많은 투자자들이 간과하는 원칙이다. 좋은 상품을 만들어 소비자의 사랑을 받는 기업은 성장할 것이다. 그 상품에 경쟁사가 쉽게 모방할 수 없는 특징이 있다면 성장이 장기간 지속될 확률이 높다. 이런 기업을 '스토리가 좋다'라고 표현한다.

좋은 주식이 곧 좋은 상품을 찾는 것이라면, 그 누구나 좋은 주식을 찾을 수 있다. 물론 우리 일상 속에서도 얼마든지 찾을 수 있다. 경제 신문이나 증권 분석 보고서를 읽는 것보다 훨씬 쉽다. 직장을 다닌다면, 자기 직장이 속한 산업에 대한 정보를 남들보다 빠르게 접할 수 있다. 시장을 분석하면서 경쟁력 있는 기업도 발굴하게 된다. 그 기업이 상장 기업이라면 시장이 주목하기 전에 미리 매수할 기회를 갖는다. 직장에서 좋은 기업을 찾기 어려운 환경이라도 걱정할 것 없다. 좋은 주식은 백화점이나 마트에서도 찾을 수 있다. 소비재 산업은 판도가 빠르게 변한다. 의류 브랜드 시장은 소비재 중에서도 가장 빠르게 변하는 시장이다. 작년에 없어서 못 사던 브랜드가 올해는 땡처리 상품이 되는 경우가 비일비재하다. 소비자의 반응은 주가나 사업보고서보다 훨씬 빠르다.

패션 브랜드의 미래 주가를 확인하는 좋은 방법이 있다. 주변 여성 10명에게 그 브랜드를 좋아하는지, 그리고 그 브랜드를 최근 구매한 적이 있는지 묻는 것이다. 반응이 뜨뜻미지근하다면 아무리 데이터가 좋아도 투자를 피하는 것이 좋다. 코치Coach와 빅토리아 시크릿Victoria Secret의 모기업인 태피스트리Tapestry와 엘 브랜드L Brands의 미래 전망은 애널리스트보다 실제 소비자인 여성들이 훨씬 잘 안다. 필자도 실적이 좋아서 투자하고자 했던 패션 기업에 대한 여성들의 반응을 듣고 투자를 단념한 적이 있었다. 그 기업의 주가는 그 후 내리막을 탔다. 이처럼 자신이 자주 소비하는 분야에서도 좋은 기업을 얼마든지 찾아낼 수 있다. 이 방법은 누구나 가능하다. 직업이 없는 사람은 있어도 소비를 전혀 하지 않는 사람은 없으니 말이다.

피터 린치가 펀드매니저를 주식 투자 하기에 가장 나쁜 직업이라 말하는 이유도 여기에 있다. 펀드매니저들은 너무 바빠서 뭔가 소비할 시간이 거의 주어지지 않는다. 정작 '기업의 상품'을 접할 기회가 일반 투자자보다 적다. 피터 린치가 좋아하는 일 중 하나는 쇼핑센터로 와이프와 세 딸을 데려가서 돈을 준 다음 그들이 어떤 브랜드의 제품을 사는지 지켜보는 것이라고 한다. 일견 주식 투자와는 전혀 무관한 일가족의 단란한 시간 같지만, 이미 피터 린치의 스타일을 알고 있는 우리는 이것이 가장 효과적인 주식 시장 조사 방법임을 안다.

주변에 널린 좋은 주식을 두고, 실리콘밸리에서 제2의 애플, 제2의 구글을 찾아 나서는 건 어리석은 일이다. 요즘처럼 다국적 기업이 전 세계에 진출한 시대에는 대한민국에서도 얼마든지 좋은 미국 주식을 찾을 수 있다. 매년 사는 아이폰, 매달 보는 넷플릭스, 매일 확인하는 구글 메일, 그 밖에 우리가 돈을 쓰는 모든 곳에 투자 기회가 있다. 경제신문에서 투자할 만한 기업을 찾지 못했다면 지난달 신용카드 명세서를 펼쳐보는 건 어떨까? 놀라운 수익을 가져다줄 '그 주식'이 잠자고 있을지 모른다.

2. 삽과 곡괭이 전략

1925년 영화 〈황금광 시대The Gold Rush〉는 찰리 채플린의 대표작 중 하나다. 미국의 골드러시 시절 황금을 찾아 몰려든 광부들을 그린 영화다. 식량이 떨어진 주인공 일행이 극도의 배고픔에 신발을 삶아 먹는 장면이 매우 인상적이다. 이 영화는 실제 사건인 '클론다이크 골드러시'를 풍자한 영화다.

1896년에서 1899년 사이, 금광을 찾기 위해 캐나다 유콘의 클론다이크 지역으로 약 10만 명의 광부가 몰려들었다. 지도에서 캐나다 유콘 지역을 보면 이 지역에서의 채광 작업이 얼마나 어려웠을지 짐작할 수 있다. 대부분의 땅이 일 년 내내 얼어붙어서 당시 기술 수준으론 채광이 거의 불가능한 땅이다. 이 지역에 몰려든 광부들 대부분은 경험이 없는 뜨내기 광부들이었다. 유콘의 동토를 깨고 금을 채굴할 수 있는 기술자는 거의 없었기에 클론다이크의 광부들 대부분은 이곳에서 빈털터리가 되었다. 도리어 큰 부자가 된 사람들은 광부들에게 곡괭이, 삽, 청바지를 팔았던 상인이다. 실제로 골드러시 시기 청바지를 팔아 떼돈을 번 것으로 유명한 회사가 바로 레비 스트라우스Levi Strauss, 흔히 리바이스Levi's로 불리는 청바지 제조사다.

현대인에게 골드러시 때 금광을 찾아 몰려간 광부들은 우스꽝스럽게 보인다. 그러나 현대인들도 사실 똑같은 행동을 반복하고 있다. 당장 2017년의 비트코인 광풍을 봐도 그렇다. 2017년 비트코인 가격이 폭등하자 너도나도 채굴용 컴퓨터를 장만하고 '디지털 황금' 비트코인 채굴에 나섰다. 광부들과 마찬가지로 비트코인 채굴에 나선 사람들은 대부분 채굴기값도 건지지 못한 채 손해를 봤다. 비트코인 광풍의 뒤편에서 큰돈을 번 기업은 반도체 회사 엔비디아Nvidia다. 코인 채굴을 위해선 엔비디아의 그래픽 카드를 탑재한 고성능 컴퓨터가 필요하다. 이 때문에 비트코인 폭등기엔 채굴용 그래픽 카드 수요로 그래픽 카드 품귀 현상이 벌어지기도 했다. 엔비디아의 그래픽카드가 코인 채굴자들에게는 삽과 곡괭이가 된 격이다.

삽과 곡괭이 전략은 팽창하는 시장에서 경쟁이 적은 블루오션을 선점한 기업에 투자하는 것이다. 새로운 시장이 열리고 수많은 기업이 뛰어드는 산업에서는 반드시 삽과 곡괭이 상인 같은 기업도 나타나게 마련이다. 최근 가장 열기가 뜨거운 산업은 바로 스트리밍 산업이다. 유튜브와 넷플릭스가 포문을 연 스트리밍 비디오 시장의 규모는 매년 빠르게 성장하고 있다. 금광이 발견되면 광부가 몰리는 법. 스트리밍 시장의 잠재력을 본 디즈니, 애플, 아마존 등 거대 기업들이 각자 스트리밍 서비스를 런칭하며 도전장을 내고 있다.

투자자는 스트리밍 산업에서 어느 기업이 삽과 곡괭이를 팔고 있는지에 초점을 맞출 필요가 있다. 필자가 생각하는 스트리밍 산업의 삽과 곡괭이는 두 가지다. 영상 편집 프로그램과 클라우드 서비스다.

유튜브가 초거대 콘텐츠 시장으로 부상하자 기업형 유튜버들이 대거 진입했다. 그에 따라 영상의 수준도 높아졌다. 눈높이가 올라간 요즘 유튜브 사용자들은 유튜버들에게도 방송국 수준의 영상을 요구한다. 그래서 대부분의 인기 유튜브 채널은 전문 편집자를 두거나 유튜버 본인이 전문가 수준의 편집 실력을 갖추고 있다. 유튜브 영상을 만들기 위한 전문가용 영상 편집 프로그램의 수요도 함께 증가했다. 영상 편집 프로그램 중 으뜸은 어도비Adobe의 프리미어 프로Premiere Pro다. 어도비의 프리미어는 일반 PC로도 사용할 수 있어 영상 편집 초보자부터 전문가까지 널리 이용 중이다. 애플의 파이널 컷Final Cut과 경쟁 관계에 있다.

프리미어와 파이널 컷, 어느 프로그램이 시장의 지배자가 될까? 필자는 어린이들에게서 답을 구하려고 한다. 요즘은 많은 어린이들이 유튜버를 장래 희망으로 대답한다고 한다. 요즘은 유튜버를 위한 교육과정으로 영상 편집을 교육하는 곳도 많다. 미래의 유튜버인 어린이들의 선택을 받는 프로그램은 영상 편집 시장의 승자가 될 가능성이 높다. 이 점에서 프리미어는 파이널 컷보다 훨씬 유리한 위치를 선점하고 있다.

애플의 파이널 컷 역시 좋은 편집 프로그램이지만 이 프로그램을 사용하기 위해선 아이맥이나 맥북이 필요하다. 유튜브 영상 편집을 배우는 자녀를 위해 맥북을 사주려는 부모는 흔치 않다. 반면 어도비 프리미어는 집마다 있는 PC로도 얼마든지 사용 가능하다. 또한, 교육기관에서도 이미 많이 보유한 PC로 사용할 수 있는 프리미어를 더 선호할 것이다. 이렇게 어릴 때부터 프리미어를 배운 유튜버와 편집자가 많아질수록 어도비의 매출도 성장할 것으로 전망한다. 현재 어도비의 소프트웨어 수익은 2016년부터 매년 30%씩 성장 중이다.

스트리밍 전쟁의 또 다른 삽과 곡괭이는 클라우드 산업이다. 클라우드 컴퓨팅은 인터넷 서비스를 위한 데이터 센터를 임대하는 서비스다. 현재 아마존의 AWS^Amazon Web Service와 마이크로소프트의 애저Azure가 이 분야의 선두를 다투고 있다. 클라우드 컴퓨팅을 활용하면 데이터 센터가 없는 기업도 수백만 명 규모의 인터넷 서비스를 제공할 수 있다. 사용한 만큼만 요금을 지불하면 그만이니 직접 데이터 센터를 유지하는 것보다 경제적이다.

그림 4 - 3 대표적인 클라우드 서비스 AWS와 Azure

동영상 스트리밍은 어마어마한 양의 데이터를 발생시키는 서비스다. 그렇다고 스트리밍 사업자가 직접 초대형 데이터 센터를 건설하자니 배보다 배꼽이 큰 꼴이다. 1억 4천만 명에 달하는 구독자들을 보유한 넷플릭스도 한때는 직접 데이터 센터를 운영했지만, 늘어나는 트래픽을 감당할 수 없어 아마존의 AWS에 데이터 처리를 이관했다. 고로 넷플릭스는 아마존 AWS의 핵심 고객이다. 디즈니도 이미 2017년 AWS를 클라우드 파트너로 선정하고 스트리밍 서비스인 '디즈니 플러스' 런칭을 준비 중이다. 디즈니 플러스가 오픈하면 디즈니 역시 AWS의 주요 매출처가 된다. 2020년부터 스트리밍 시장이라는 금광을 놓고 넷플릭스와 디즈니의 본격적인 전쟁이 예고된다. 누가 승자가 될지 예측할 수 없지만, 삽과 곡괭이를 팔고 있는 아마존은 결과에 상관없이 이미 스트리밍 전쟁의 승자다.

04

착한남자주식 VS 나쁜남자주식

"투자는 가톨릭 신자가 결혼하는 것처럼 하라."

- 워런 버핏

결혼은 단연 인생에서 가장 중요한 결정이다. 잘못된 결혼이 주는 심적, 물적 고통은 다른 것에 비할 바가 못 된다. 원칙적으로 이혼이 금지된 가톨릭 신자라면 배우자에 확신이 생길 때까지 더욱 고민할 것이다. 버핏은 주식을 매수할 때 가톨릭 신자가 배우자를 고를 때처럼 신중해지라고 충고한다.

아쉽게도 대부분의 투자자는 결혼 상대를 고르는 것보다 훨씬 쉽게 주식을 산다. 데이트 한번 안 하고 결혼하는 사람은 없지만, 기업에 대해 전혀 모르고 주식을 사는 사람은 시장에 수없이 많다. 아마 주식을 되파는 것이 이혼보단 훨씬 쉬워서일 것이다. 그러나 잘못 내린 결정으로 막대한 손해가 난다는 점은 결혼이나 주식이나 같다. 결혼 전날 밤처럼, 주식을 살 때도 매수 버튼을 누르는 순간까지 분석과 고민을 계속해야 한다.

'분석'이나 '고민'이라는 말에 머리가 아파져 온다면 잠시 주식을 벗어나서 연애 상대를 고른다고 생각해보자. 연애 관련 글의 스테디셀러인 '착한 남자와 나쁜 남자' 주제로 말이다.

착한 남자	기준	나쁜 남자
예측 가능	행동 패턴	예측 불가
재미없음	재미	재미있음
항상 꾸준히 잘해 줌	성격	기복이 심함
가정적	성향	모험적
연애보단 결혼	적합성	결혼보단 연애

표 4 - 4 착한 남자와 나쁜 남자의 특징

흔히 착한 남자는 매력이 없다고 한다. 착한 남자들은 항상 예측 가능한 범위 안에서 행동한다. 영화의 결말을 미리 알고 보면 재미없듯이, 상황마다 어떤 행동을 할지 뻔하니 관계에서 오는 재미가 없다. 대신 착한 남자는 기복 없이 상대에게 잘해주고 사람을 편안하게 한다. 만나면서 애간장을 끓이는 일이 거의 없다. 그래서 착한 남자는 연애할 때보단 결혼 상대로 더 적합하다.

나쁜 남자의 말과 행동은 늘 예측 범위를 벗어난다. 날마다 스릴 있는 연애를 즐길 수 있다. 잘해줄 때와 못 해줄 때 기복도 심하다. 때때로 다정하게 잘해주지만, 그 외엔 거침없다. 이런 점이 상대를 더 애타게 한다. 나쁜 남자들은 대부분 언변도 좋아 만나면 늘 재미있다. 나쁜 남자는 결혼보단 연애하기 더 좋다고 한다.

필자가 주식을 좀 겪어보니 주식 시장에도 착한 남자 같은 주식인 '착한남자주식'과 나쁜 남자 같은 주식인 '나쁜남자주식'이 있다는 것을 깨달았다. 착한남자주식과 나쁜남자주식을 구분하기 위해서는 예상 EPS Estimated EPS와 EPS Reported EPS의 개념을 알 필요가 있다. EPS^{Earnings Per Share}란 1주당 순이익을 말한다. 순이익을 발행 주식 수로 나누면 기업이 1주당 순이익을 계산할 수 있다. 올해 1,000억 원의 순이익을 올린 기업 A의 총 발행 주식 수가 1억 개라면 A의 EPS는 1,000원이다.

▶ 예상 EPS(Estimated EPS) ≒ 컨센서스(Consensus)

기업 실적 발표 전 애널리스트들이 예측한 1주당 순이익의 평균값

▶ EPS ≒ Reported EPS ≒ 실제 주당 순이익

기업이 실제 발표한 당기 순이익을 발행 주식 수로 나눈 것
= 1주당 순이익

각 증권사엔 리서치 센터라는 부서가 있다. 리서치 센터는 증권사 고객들에게 금융 및 투자에 관한 전문적인 의견을 제공하기 위해서 금융 시장 정보를 수집하고 분석하는 곳이다. 리서치 센터에서 근무하는 연구원이 애널리스트다. 애널리스트의 주요 업무 중 하나는 바로 기업의 순이익 예측이다. 각 증권사 애널리스트는 수집한 정보를 바탕으로 기업이 실적을 발표하기 전에 예상 순이익을 발표한다. 물론 애널리스트마다 의견은 다를 수 있으므로 각자 내놓는 예상 EPS도 다를 것이다. 여러 애널리스트가 내놓은 예상 EPS들의 평균값을 컨센서스^{Consensus}라고 한다.

애널리스트	예상치	컨센서스(Estimated EPS)
A	$2.5	$2.58 (예상치의 평균값)
B	$2.25	
C	$2.6	
D	$2.95	

표 4 - 5 애널리스트 예상 EPS와 컨센서스(Estimated EPS)의 예

일반적으로는 이 컨센서스를 Estimated EPS라고 한다. Estimated EPS는 일반적으로 시장에서 예상하는 한 기업의 실적 추정치를 나타낸다. 실적 발표 전 주가도 Estimated EPS를 바탕으로 형성된다. 실적 발표일 당일, 기업에서 발표한 실제 주당 순이익Reported EPS에 따라 주식 시장도 그것에 맞게 반응한다. 실제 주당 순이익이 예상과 별 차이 없을 경우, 주가도 실적 발표 전과 큰 차이 없는 흐름을 보인다. 발표된 순이익이 예상보다 훨씬 높은 것을 '어닝 서프라이즈Earnings Surprise'라고 한다. 어닝 서프라이즈가 발생하면 대체로 주가가 급등한다. 반면 예상보다 실제 순이익이 훨씬 저조할 경우 '어닝 쇼크Earnings Shock'라 하며 주가가 급락한다. 분기별 컨센서스와 실적의 차이는 Zacks.com의 Earnings Announcement(파트6 참조)를 통해 쉽게 확인할 수 있다.

그렇다면 어닝 서프라이즈를 자주 기록하는 기업을 매수해야 할까? 아쉽게도 어닝 서프라이즈를 많이 내는 기업은 대체로 어닝 쇼크도 많이 낸다. 이렇게 서프라이즈와 쇼크를 자주 내는 기업이 바로 필자가 생각하는 나쁜남자주식이다. 착한남자주식은 어닝 서프라이즈도, 쇼크도 잘 내지 않는 대신 꾸준히 예상치를 웃도는 실적을 유지한 기업을 말한다.

1. 결혼하고 싶은 주식, 착한남자주식

▶착한남자주식의 특징

- 어닝 서프라이즈와 쇼크를 잘 내지 않는다.
- 특히 어닝 쇼크를 내지 않는다.
- 예상 EPS보다 좋은 실적을 최근 8분기(2년) 이상 유지한다.
- 최근 4개 분기 순이익이 전년 동기보다 더 높다.
- 사업 구조가 탄탄하다.
- 다양한 거래처를 확보하고 있다.

결혼할 때는 착한 남자를 고르듯이, 마음 편히 투자하고 싶은 장기 투자자들에겐 착한남자주식이 적합하다.

착한남자주식은 어닝 서프라이즈나 어닝 쇼크를 내지 않으면서, 예상보다 소폭 높은 실적을 유지하는 기업들을 말한다. 착한남자주식은 "딱 기대한 만큼만" 잘해준다는 점에서 주식 시장의 전형적인 모범생이다. 시장의 예상을 깨는 실적을 거의 내지 않다 보니 착한남자주식은 실적 발표 때 급등하는 경우가 드물다. 대신 투자자를 실망시키는 일도 거의 없다. 그래서 착한남자주식은 변동성이 낮은 편이다. 매매가 잦은 단기투자자는 착한남자주식으로 큰 수익을 내기 어렵다. 그러나 장기 보유 수익률을 계산하면 착한남자주식이 시장 평균보다 좋은 경우가 많다.

(1) 착한남자주식의 사례 : 액센츄어(Accenture)

착한남자주식의 사례를 들 때 필자가 첫손에 꼽는 기업이 바로 액센츄어다. 액센츄어는 2019년 현재 매출액 기준 세계 1위 경영 컨설팅 기업이다.[7] 특히 IT 분야 컨설팅에 강하다는 평가를 받고 있다. 액센츄어의 고객은 세계 각국의 대기업이다. 포천 Fortune지 선정 세계 100대 기업 중 무려 92개 기업이 액센츄어의 고객이다. 애플, 구글, 아마존과 같은 IT 업계의 거물들도 현재 액센츄어의 컨설팅을 받는다.

(자료: Zacks Investment Research)

분기 (Quarter)	예상치 (Estimated EPS)	실적 (Reported EPS)	차이 (Surprise)	차이% (Surprise%)
2018 4Q	$1.84	$1.96	+0.12	+6.52%
2018 3Q	$1.55	$1.58	+0.03	+1.94%
2018 2Q	$1.71	$1.79	+0.08	+4.68%
2018 1Q	$1.50	$1.58	+0.08	+5.33%
2017 4Q	$1.66	$1.79	+0.13	+7.83%
2017 3Q	$1.47	$1.48	+0.01	+0.68%

2017 2Q	$1.50	$1.52	+0.02	+1.33%
2017 1Q	$1.30	$1.33	+0.03	+2.31%

표 4 - 6 액센츄어의 최근 2년간 주당 순이익(EPS) 발표 기록(2017~2018)

액센츄어의 실적 발표 기록에선 어닝 서프라이즈나 어닝 쇼크를 찾아볼 수 없다. 애널리스트 예상치보다 소폭 높은 실적을 5년 넘게 유지하고 있다. 그러면서도 매 분기 실적은 전년 동기보다 더 성장하고 있다. 그야말로 착한남자주식의 요건을 빠짐없이 갖췄다. 그렇다면 과연 주가는 2년 동안에 얼마나 상승했을까?

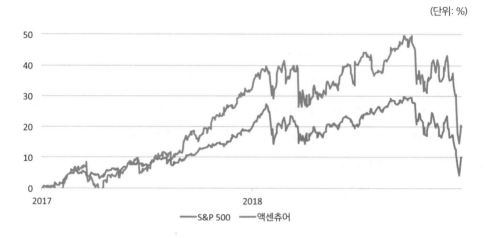

(단위: %)

그림 4 - 4 액센츄어와 S&P 500의 2년간 수익률 비교(2017~2018)

수익률 비교의 기준은 미국의 대표 주가지수인 S&P 500이다. S&P 500 지수는 2017년 1월부터 2년간 10.1% 상승했다. 액센츄어의 상승률은 같은 기간 동안 20.1%다. 20% 대 10%, 액센츄어는 2년간 미국 주식 시장 평균보다 2배나 빠르게 상승했다. 그러나 최종 주가 상승률만이 액센츄어의 매력은 아니다. 더욱 중요한 것은 주가가 상승한 과정이다. 지난 2년간 주가 추이를 보면 액센츄어의 주가는 하루에 수십%씩 폭등한 적이 없다. 즉, 특별한 이벤트나 어닝 서프라이즈 때문에 이 기업의 주가가 오른 것이 아니다. 2년간 주식 시장이 열린 날은 약 500일이다. 액센츄어는 500일 중 대부분 주가지수가 상승하는 날 함께 오르고, 지수가 하락하는 날 함께 떨어졌다. 단지 오르는 날 지수보다 조금씩 더 상승했을 뿐이다. 그러나 작은 차이가 누적되어 S&P 500과의 차이가 2배로 벌어졌다.

액센츄어와 같은 착한남자주식에 투자하다 보면 주가 급등의 희열을 느끼기 어려운 것이 사실이다. 주식 시장에선 수십%씩 급등하는 주식들이 날마다 있다. 그런 급등주들을 보면 "내가 1년 걸려 번 수익을 저 주식은 하루 만에 버는구나"라는 생각에 박탈감이 들 수도 있다. 그러나 착한남자주식들은 장기적으로 충분히 만족스러운 수익을 가져다준다. 주가 급락으로 투자자를 잠 못 들게 하는 날도 거의 없다. 필자는 주가 급등락으로 인한 심적 불안도 투자자가 치르는 무형의 비용이라고 생각한다. 비교적 마음 편히 투자할 수 있다는 것은 곧 심리적 비용을 줄이는 것이다.

2. 나쁜남자주식의 치명적 매력

▶ 나쁜남자주식의 특징

- 어닝 서프라이즈와 쇼크를 수시로 기록한다.
- 최근 8개 분기 중 3회 이상 컨센서스보다 못한 실적을 보인다.
- 기간별 순이익의 격차가 크고 불규칙하다.
- 전기차 등 신기술 산업 종류가 많다.

나쁜남자주식은 어닝 서프라이즈와 쇼크를 수시로 내는 종목이다. 어닝 서프라이즈와 쇼크 모두 큰 주가 변동을 가져오기 때문에 나쁜남자주식들의 실적 발표일은 모두가 촉각을 곤두세운다. 투자자로서는 실적 발표 시즌에 심장이 쫄깃해지는 경험을 자주 할 수 있다. 어닝 쇼크는 아니어도 컨센서스보다 못한 실적을 자주 내는 기업들도 나쁜남자주식이다. 전기차, 3D 프린터 등 최신 기술이 적용된 실험적 제품을 생산하는 기업들은 대부분 나쁜 남자 성향이 강하다. 신기술 제품은 아직 고정적인 수요가 없어 분기별 매출의 차이가 크다. 또한 제품 1개를 팔았을 때의 마진도 쉽게 추정하기 어렵다. 이런 이유로 애널리스트들은 신기술 기업의 실적을 예측하는 데 어려움을 겪는다. 그 결과 신기술 기업은 실적과 예상치가 많게는 수백%까지 벌어지는 일이 예사다.

나쁜남자주식들은 주가 급등락이 잦다. 특히 실적 발표 시즌엔 천국과 지옥을 오간다. 실적 호전으로 주가가 오를 땐 하루 10% 이상 상승은 기본이다. 물론 하락할 때도 마찬가지다. 시기별로 주가 변동이 심하기 때문에 나쁜남자주식을 거래할 땐 매수&매도 타이밍이 매우 중요하다.

착한남자주식의 1년 수익률을 나쁜남자주식은 단 하루에 기록하기도 한다. 착한남자주식 주주들은 약간의 박탈감을 느낄 것이다. 머리론 착한 남자가 좋단 걸 알지만 나쁜 남자에 더 끌리는 것처럼, 오늘도 수많은 투자자들이 나쁜남자주식에 몸을 맡긴다. 그러나 기억해야 한다. 그 한 번의 상승을 기록하기 전까지 나쁜남자주식이 얼마나 주주들의 마음을 들었다 놨다 했는지 말이다. 주가 급등과 급락에 초연할 수 있는 멘탈이 아니라면 나쁜남자주식에 손대는 건 지양해야 한다.

(1) 나쁜남자주식의 사례: 테슬라(Tesla)

테슬라는 미국의 전기 자동차 제조사다. 전기 자동차의 성능을 극한까지 끌어올려 내연 기관 자동차와 경쟁이 가능하도록 만든 최초의 전기차 제조사다. 자동차 업계를 뒤집어 놓은 혁신성과 함께 CEO인 엘론 머스크Elon Musk의 기행으로도 유명하다. 실험적 제품인 전기차의 제조사인 만큼 테슬라의 실적은 기복이 매우 심하다. 애널리스트의 예상을 몇 배나 빗나간 적도 많다. 어닝 서프라이즈와 쇼크가 많다 보니 테슬라의 실적 발표는 항상 언론의 관심사다. 당연히 주가도 롤러코스터처럼 급등락을 반복해 왔다. 물론 엘론 머스크의 가벼운 언행(?)도 급등락에 한몫을 했다.

테슬라의 2년 실적은 액센츄어와 같은 착한남자주식과 판이하다. 예상치 실적이 큰 차이를 보이는 것이 가장 눈에 띈다. 2018년 3분기엔 적자였던 예상 순이익을 627%나 초과하여 창사 이래 최대 분기 순이익을 기록했지만 2017년 1분기는 -141%의 메가 어닝 쇼크를 기록했다. 예상치보다 못한 실적이 2년 동안 4회 이상이다. 두 번째로 들쭉날쭉한 순이익을 주목해야 한다. 아직 판매 활성화가 덜 된 제품이니 적자는 그렇다 치더라도 분기별 순이익이 너무 불규칙하다. 일반 기업은 판매량의 증감이 순이익 변화의 주된 원인이지만 테슬라는 부족한 생산 능력이 매출의 발목을 잡는다. 전기차 산업은 아직 보조금에 크게 의존하고 있다. 그래서 테슬라는 보조금 정책 변화에도 영향을 받는다.

(자료: Zacks Investment Research)

분기 (Quarter)	예상치 (Estimated EPS)	실적 (Reported EPS)	차이 (Surprise)	차이% (Surprise%)
2018 4Q	$2.08	$1.93	-0.15	-7.21%
2018 3Q	-$0.55	$2.90	+3.45	+627.27%
2018 2Q	-$2.78	-$3.06	-0.28	-10.07%
2018 1Q	-$3.37	-$3.35	+0.02	+0.59%
2017 4Q	-$3.19	-$3.04	+0.15	+4.70%
2017 3Q	-$2.45	-$2.92	-0.47	-19.18%
2017 2Q	-$1.94	-$1.33	+0.61	+31.44%
2017 1Q	-$0.55	-$1.33	-0.78	-141.82%

표 4 - 7 테슬라의 최근 2년간 주당 순이익(EPS) 발표 기록(2017~2018)

(단위: %)

그림 4 - 5 테슬라와 S&P 500의 2년간 수익률 비교(2017~2018)

테슬라의 2년 최종 상승률은 53.8%다. S&P 500보다, 그리고 액센츄어보다도 월등히 높다. 단기간 상승률은 더 화려하다. 2017년 1월부터 6월까지 단 6개월 만에 무려 76% 상승하기도 했다. 뭇 투자자들의 마음을 사로잡을 만하다. 그러나 최종 상승률만큼 중요한 것은 그 과정이다. 테슬라의 2년은 그야말로 험난했다. 주가가 최고점에서 30% 이상 급락한 시기가 2번이나 있었다. 실적이 불안정하니 주가가 롤러코스터를 타는 것은 당연하다. 이렇게 급등과 급락을 반복하는 주식은 '언제 거래하는가', 즉 매수와 매도 타이밍이 무엇보다 중요하다. 하루 5% 이상 등락하는 일도 잦기 때문에 단 하루 차이로 수익률 차이가 크다. 반면 착한남자주식이나 지수 ETF는 일간 등락 폭이 작아 거래 시점의 중요도가 낮다. 거래 타이밍을 놓치지 않으려면 하루 중 주가 변동을 관찰하는 데 많은 시간을 쏟아야 한다. 그러므로 일반적인 생활 패턴을 가진 한국인이라면 나쁜남자주식에 투자하는 것은 상당히 불리하다.

나쁜남자주식들은 리스크가 큰 대신 상승할 때 무서운 속도로 급등한다. 내 주식이 급등하는 희열은 한 번 맛보면 쉽게 잊히지 않는다. 그래서 급등주로 돈을 번 사람들은 계속 급등주만 찾는 경향이 있다. 사람은 계속해서 더 큰 자극을 원하기 마련이다.

급등주의 마력에 빠지면 계속 나쁜남자주식만 투자하게 될 것이다. 그러나 급등의 달콤함 뒤에는 급락의 쓴맛이 숨어 있음을 유의해야 한다. 물론 매수하자마자 급락부터 경험할 수도 있다. 마음 편한 투자를 원한다면 멀리해라.

05

미국 주식으로
중국에 투자하기

해외 주식 직접 투자가 확산되면서 중국 주식에 대한 관심도 증가하고 있다. 세계 2위의 경제 규모에도 불구하고 6%대를 유지하는 경제 성장률과 정부의 과감한 경제 정책 실행력은 전 세계의 투자자를 중국 시장으로 끌어들이는 원동력이다. 필자도 강의를 진행하다 보면 중국 주식에 대한 질문을 종종 받는다. 현재는 중국에 투자한 금액이 없지만, 필자 역시 중국 경제의 잠재력은 가늠하기 어렵다고 생각한다.

개인 투자자가 중국 주식 시장에 투자를 시작한다면 여러 가지 어려움에 직면하게 된다. 첫 번째는 거래 시간이다. 중국이나 홍콩은 우리와 시차가 거의 없기 때문에 업무 시간에 주식 거래를 해야 한다는 불편함이 있다. 두 번째는 환율이다. 특히 상하이 주식 시장에 해당되는 내용이다. 위안화CNY로 거래하는 상하이 시장 상장 주식을 매수할 시 주가 변동과 함께 위안화 가치 변동에도 손익이 발생한다. 세계 기축 통화인 달러보다 위안화는 변동성이 높다. 즉 위안화 가치 하락 시 손실의 강도가 훨씬 클 수 있다.

그렇다고 중국의 경제 성장을 먼발치에서 바라보기엔 너무 아쉽다. 이런 투자자들에게 상해나 홍콩 주식 시장에 투자하지 않고도 중국에 투자할 수 있는 몇 가지 방법을 소개하고자 한다.

1. 미국 시장에 상장한 중국 기업

미국 주식으로 중국에 투자하는 가장 간단한 방법은 미국 시장에 상장된 중국 기업의 주식을 매수하는 것이다. 한국에 잘 알려진 중국 기업은 대부분 미국 시장에 상장해 있다. 중국 최대의 전자 상거래 기업인 마윈의 '알리바바'는 현재 뉴욕거래소NYSE 시가총액 1위 기업이기도 하다.

미국과 함께 한국의 주식 시장에도 중국 기업들이 상장하여 거래되고 있다. 현재까지 한국에 총 24개의 기업이 상장했는데, 그중 현재까지 무려 11개가 불성실 공시와 회계 투명성 문제로 상장 폐지되었다. 현재 추가로 2곳이 회계 문제로 상장 폐지 위기에 있다. 기업을 직접 확인하기 어려운 해외 투자자는 더욱 기업의 신뢰도를 꼼꼼히 따져야 한다. 모든 중국 기업이 회계 장부를 조작하는 건 절대 아니지만 적어도 중국 기업에 투자할 땐 다른 국가보다 더욱 세심한 주의가 필요하다.

기업명	영문명	심볼	산업
알리바바	Alibaba Group	BABA	온라인 유통
페트로차이나	PetroChina Company	PTR	석유&가스 생산
바이두	Baidu	BIDU	인터넷 서비스
징둥닷컴	JD.com	JD	온라인 유통
씨트립	Ctrip.com International	CTRP	온라인 유통
차이나텔레콤	China Telecom	CHA	통신

표 4 - 8 미국 주식 시장 상장 중국 국적 기업

미국 상장 중국 기업들은 미국 회계 기준에 따라 증권 거래위원회SEC의 감독을 받는다. 세계에서 가장 엄격한 미국의 금융 감독 시스템의 관리를 받는 미국 상장 주식들은 중국 본토에만 상장한 중국 기업들보다 비교적 신뢰도가 높다고 할 수 있다.

2. 마카오 카지노 운영 기업

마카오는 필자가 처음으로 혼자 해외 여행을 간 곳이다. 26살 당시의 필자에겐 마카오의 모든 것이 꿈만 같았지만, 특히 필자를 놀라게 한 두 가지가 있다. 첫째로 엄청난 특급 호텔들의 규모에 놀랐다. 중국의 성장과 함께 세계 최대의 카지노 도시가 된 마카오는 지금 세계 호텔 체인들의 전쟁터가 되었다. 정갈한 멋이 특징인 한국의 호텔과 달리 마카오의 특급 호텔들은 상상할 수 있는 가장 화려한 모습으로 관광객들을 매료시킨다. 파리를 그대로 옮겨왔다는 컨셉의 파리지앵Parisian 호텔은 아예 호텔 앞에 소형 에펠탑을 세워 놓았다. 밤이 되면 이 에펠탑에 조명이 켜지고 음악을 틀어주는데, 꽤 장관이라 넋을 놓고 보았던 기억이 있다.

두 번째로 놀란 것은 한 호텔의 셔틀 버스 정류장에서였다. 베니션Venetian 호텔은 마카오에서도 가장 붐비는 호텔로 유명하다. 믿기 어렵겠지만 이 호텔의 셔틀 버스 정류장은 웬만한 광역시 터미널보다 훨씬 사람이 많다. 대부분은 마카오-중국 국경에서 셔틀 버스를 타고 온 본토 중국인 관광객들이다. 좌석을 가득 채운 관광객들이 버스에서 내리자마자 호텔로 내달린다. 호텔 입장에선 돈이 쏟아져 들어오는 셈이다. 베니션은 카지노 말고도 볼거리가 많다. 쇼핑센터는 말 그대로 백화점을 호텔에 들여놨다고 할 만하다. 전 세계 수백 개 브랜드를 입점시켜 놓았다. 이탈리아인 뱃사공이 직접 노를 젓고 노래를 불러주는 곤돌라 역시 베니션의 명물이다. 이처럼 카지노 말고도 가족 단위 관광객을 위한 오락 시설로 가득 찬 호텔을 돌아보며 베니션이 관광객들의 사랑을 독차지하는 이유를 알게 되었다.

앞서 언급한 파리지앵과 베니션 호텔은 모두 라스베이거스 샌즈Las Vegas Sands라는 미국 호텔 체인의 소유다. 마카오에서만 4개의 호텔을 운영 중이다. 이름은 라스베이거스 샌즈지만 이 회사의 매출 대부분은 마카오에서 나온다. 마카오에서 돈을 퍼붓다시피 하는 중국인들의 씀씀이는 샌즈를 포함해 무수한 마카오 호텔들을 먹여 살리고 있다. 즉 이곳의 흥망은 중국 경제와 직결되어 있다. 중국 경제가 호황이면 관광객들이 본토에서 번 돈을 마카오에서 실컷 쓰고 갈 것이다. 그러나 중국에 불황이 닥치면 중국인들도 여행이나 쇼핑처럼 불필요한 지출을 줄인다. 마카오 호텔들에 재앙이 될 것은 당연하다. 마카오 호텔주는 중국 기업에 투자하지 않고도 중국 호황기에 한몫 톡톡히 챙길 수 있는 투자처다.

메리어트, 힐튼 같은 범세계적 호텔 체인도 물론 마카오에 지점을 운영 중이다. 그러나 이들은 워낙 영업 규모가 커 전체 매출에서 마카오 지점의 비중이 상대적으로 작다. 초대형 호텔 체인에는 마카오 실적 호전이 '욕조에 물 한 컵 더 붓는 것'처럼 작용할 수 있다. 마카오 효과를 온전히 누리고 싶은 투자자는 일반적인 대형 체인보다는 카지노 호텔 체인에 투자해야 한다.

기업명	영문명	심볼	마카오 소재 호텔
라스베이거스 샌즈	Las Vegas Sands	LVS	Venetian 외 3개
윈 리조트	Wynn Resorts	WYNN	Wynn Macau 외 1개
MGM	MGM Resorts	MGM	MGM Macau 외 1개
멜코 리조트	Melco Resorts & Ent.	MLCO	Altira 외 4개

표 4-9 마카오 소재 호텔 소유 기업

3. 광업 기업

중국 경제의 폭발적인 성장은 타의 추종을 불허하는 제조업 생산력, '메이드 인 차이나' 신화가 있었기에 가능했다. 중국은 특히 경공업이나 중화학 공업 같은 전통적 제조업에 강한 국가다. 전통 제조업의 특징은 석탄이나 금속과 같은 광물 자원을 대량으로 소비한다는 것이다. 중국은 전 세계 원자재 시장을 좌우하는 최대의 소비 시장이다. 중국 경제가 호경기를 제조업 생산이 증가하면 외국에서 수입하는 광물의 양도 비례하여 증가한다. 광업 기업들의 매출은 중국 경제에 달려 있다고 봐야 한다. 국가 경제에서 광업 비중이 큰 호주와 캐나다는 아예 국가 경제 전체가 중국에 좌우된다. 중국 경제 성장에 베팅한다면 광업 기업도 좋은 옵션이다. 높은 배당 수익률은 덤이다.

기업명	영문명	심볼	주요 생산 광물
BHP 빌리턴	BHP Billiton	BHP	철, 석탄, 구리 등
리오 틴토	Rio Tinto	RIO	알루미늄, 철, 구리 등
서던 코퍼	Southern Copper	SCCO	구리, 아연, 은

표 4 - 10 미국 상장 대형 광업 기업

4 포브스, 2019. 4. 26

5 CNBC, Warren Buffett bought his first Berkshire Hathaway shares for $7.50 each, 55 years ago today, 2017. 12. 2.

6 Gurufocus, Warren Buffett's Portfolio, 2018. 12. 31.

7 Consulting.com, The Top 50 Consulting Firms in 2019

STOCK EXCHA

PART
05

기업의 이력서 & 자소서:
재무제표와 사업보고서

01

펀더멘탈 분석하기 :
주가 배율 / 성장성 지표 / 안정성 지표

펀더멘탈Fundamental이란 기업의 현 상태를 점검할 수 있는 객관적 지표를 뜻한다. 기초 체력이 부실한 운동선수가 오래 갈 수 없듯이, 펀더멘탈이 부실한 기업은 아무리 기막힌 사업 아이템을 갖고 있어도 내일을 장담하기 어렵다. 주가수익배율, 성장성 지표, 안정성 지표 등이 펀더멘탈 분석 방법으로 주로 이용된다. 재무제표 등을 통해 직접 계산하는 방법도 있지만, 요즘은 Zacks와 같은 주식 분석 사이트 등에서 자동으로 계산한 값을 제공하므로 누구나 쉽게 확인할 수 있다.

1. 주식의 가성비, 주가수익배율(PER, P/E Ratio)

요즘은 상품을 소개할 때 '가성비'라는 말이 흔히 쓰인다. '가격 대 성능비'의 준말인 가성비는 물건이 가격에 비해 얼마나 좋은 효용을 주는지를 평가하는 척도다. 비싸고 좋은 물건이나 싸고 조악한 물건은 시장에 차고 넘치지만 적당한 가격에 좋은 품질의 물건은 흔치 않고 그런 물건은 '가성비가 좋다'라는 호평을 받는다. 주식 역시 돈을 주고 사는 것이니 가성비를 측정할 수 있을까? 만일 가성비가 있다면 무엇이 성능을 결정하는가?

주식은 기업의 소유권을 나눈 조각이다. 주식을 사는 것은 곧 그 기업의 일부를 소유하는 것과 같다. 기업의 목적은 돈을 버는 것이니 주가에 비해 돈을 잘 버는 기업이 가성비가 좋은 주식이라 할 수 있을 것이다. 이처럼 주가 대비 1주당 순이익을 측정하기 위한 지표가 바로 주가수익배율, PER^{Price/Earnings Ratio}이다.

$$PER(주가수익배율) = \frac{Stock\ Price(주가)}{EPS(1주당\ 순이익)}$$

PER은 Stock Price(주가)를 EPS(1주당 순이익)으로 나눈 값이다. 예컨대 A기업의 주가가 현재 $450이고 1주당 연간 순이익이 $15라면 이 기업의 PER은 450/15 = 30이다. A기업의 주가는 이 기업이 매년 버는 순이익의 30배라는 뜻이다. PER을 바라보는 새로운 관점도 있다. 주식 투자가 아니라 기업을 인수한다는 관점으로 보는 것이다. 만일 $450을 주고 인수한 기업이 매년 $15를 벌어들인다면, 순이익 성장이 없다고 가정 시 투자 원금을 회수하는 데 30년이 걸린다는 뜻으로도 해석할 수 있다.

저PER주	특징	고PER주
배당주	기업의 성격	성장주
정체 & 쇠퇴하는 산업	산업의 성격	미래 산업
작음	주가 변동	큼
오래됨	설립연도	비교적 최근

표 5-1 저PER주와 고PER주 특징 비교

PER이 낮은 주식은 순이익에 비해 주가가 싼 주식이다. 그렇지만 PER이 낮을수록 좋은 주식인 것은 아니다. 만일 PER이 낮을수록 좋은 주식이라면 엑셀로 주식의 PER만 정렬하여 제일 낮은 주식만 골라서 매수하면 될 것이다. PER에는 기업의 미래 순이익에 대한 전망이 함께 반영된다. 즉 전망이 좋은 기업의 주식은 현재 순이익이 낮더라도 비싼 값에 팔릴 수 있다.

현재 주식 시장의 평균 PER은 대략 20~25다. 기업 순이익에 변동이 없을 경우 시가총액만큼 돈을 버는 데 20~25년 정도가 걸린다는 뜻이다. 순이익이 성장하는 기업은 현재 PER보다 훨씬 빠른 기간 안에 시가총액만큼 벌어들일 수 있다. 시장에는 PER이 100 이상인 기업도 많다. 바보가 아닌 이상 투자금을 회수하는 데 100년이 걸리는 기업을 매수할 사람은 없을 것이다. 이런 고PER주는 많은 사람들이 이익이 빠르게 성장할 것이라고 기대하는 기업이다.

아마존Amazon은 유통 업계에서 독보적으로 PER이 높은 기업이다. 2019년 현재 PER이 94에 이른다. 경쟁 업체인 이베이Ebay는 17.3으로 주가 대비 순이익으로만 보면 이베이가 아마존보다 5.4배나 좋은 기업이다. 그럼에도 불구하고 아마존에 투자하려는 사람이 훨씬 많다. 투자자들이 이베이보단 아마존의 전망이 훨씬 밝다고 생각하기 때문이다. 이익이 빠르게 성장한다면 연간 순이익의 94배나 되는 돈을 주고 주식을 사더라도 결과적으론 이득이다. 반면 순이익이 지속적으로 감소할 기업의 주식은 매수 시점의 PER이 낮더라도 결코 좋은 주식이라고 할 수 없다. 그래서 PER은 산업이나 기업에 대한 미래 전망을 엿볼 수 있는 창구다. 대체로 성장주에 속하는 산업은 PER이 높으며, 반대로 배당주에 속하는 산업은 PER이 낮다. 시장 평균 PER은 20-25지만 IT 섹터에서는 50이 넘어가는 주식도 흔하다. 가속도가 붙기 시작하면 무섭게 성장하는 IT 산업의 특성이 반영된 수치다.

2. 주가 상승의 원천, 성장성 지표

우리는 매수 버튼을 누를 때마다 기원한다. 내가 산 주식이 날개를 달고 올라가기를, 그리고 지금보다 배당을 아주 많이 지급하기를! 기업의 주가가 오르고 배당을 확대하려면 필요한 것이 있다. 기업이 지금보다 더 많은 돈을 버는 것이다. 기업은 이익을 내기 위한 집단이다. 지속적으로 이익이 성장하는 기업은 자연스레 가치가 상승한다. 기업이 전년도보다 얼마나 더 많은 돈을 벌었는지 퍼센트(%)로 표기한 것이 바로 성장성 지표다. 대표적인 성장성 지표는 매출 성장률Sales Growth과 이익 성장률Earnings Growth이다.

(1) 매출 성장률(Sales Growth)

$$매출\ 성장률 = \frac{올해\ 매출 - 작년\ 매출}{작년\ 매출} \times 100$$

매출 성장률은 매출이 성장한 크기를 보여주는 지표다. 매출 성장률을 참고하면 작년보다 올해 매출이 얼마나 늘어났는지 쉽게 체감할 수 있다. 무섭게 성장 중인 넷플릭스는 2017년 116억 달러, 2018년 157억 달러의 매출을 기록했다. 넷플릭스의 2018년 매출 성장률을 계산하면 다음과 같다.

$$넷플릭스의\ 매출\ 성장률 = \frac{157억 - 116억}{116억} \times 100 = 35.34\%$$

약 35%의 매출 성장률을 기록했다는 것을 알 수 있다. 대체로 성장 초기에 있는 기업은 사업 확장을 위한 투자 때문에 순이익이 많이 나올 수 없다. 그러므로 매출 성장률을 활용하여 성장성을 확인하는 것이 바람직하다.

(2) 이익 성장률(Earnings Growth)

$$이익 성장률 = \frac{올해 순이익 - 작년 순이익}{작년 순이익} \times 100$$

이익 성장률은 기업의 이익이 전년도보다 얼마나 성장했는지 나타내는 지표다. 기업의 성장이 어느 정도 이루어지고 나면 매출 성장의 정체기를 맞게 된다. 이 시점부터는 이익 성장률이 중요해진다. 비슷한 매출이라도 비용을 효율적으로 관리해서 이익을 늘리는 기업이 유능한 기업이다. 오래된 산업에서 활동하는 기업이라면 이익 성장률을 유지하고 있는지 확인하는 것이 유용하다.

3. 안정성 지표

지금은 사라진 대우그룹은 부채 관리의 중요성을 알려주는 사례다. 대우그룹 김우중 전 회장은 샐러리맨 출신으로 재계 서열 2위의 대우그룹을 만든 신화적 기업인이었다. 대우의 초고속 성장은 김우중 회장의 차입 경영 전략 덕분에 가능했다. 은행에서 돈을 빌려 다른 회사를 인수하고, 인수한 회사가 번 돈으로 차입금을 갚아나가는 것이다. 이런 차입 경영 전략은 IMF 외환 위기 이전 고속 성장 중인 대한민국 경제에선 최고의 경영 전략이었다.

1997년 외환 위기 당시에도 대우그룹은 오히려 사업 확장을 택했다. 2조 원의 부채를 떠안으며 쌍용자동차를 인수했다. '돈은 빌리면 된다'라는 생각이었지만 은행도 쓰러지는 초유의 경제 위기에 돈 구하기가 쉬울 리 없었다. 설상가상으로 외국 통화로 차입한 부채는 환율 폭등으로 상환 부담이 배로 늘어났다. 결국 재계 서열 2위의 대우그룹은 부채를 이기지 못하고 2000년 4월 해체했다.

차입 경영 전략은 속칭 '외발자전거 경영'이라고 불린다. 외발자전거에서 넘어지지 않기 위해서는 계속 달려야 한다. 차입 경영을 하는 기업은 성장이 멈추는 순간 그동안 끌어다 쓴 부채에 짓눌려 쓰러진다. 안정성 지표란 기업이 현재 감당할 만한 수준의 부채를 유지하고 있는지 확인할 수 있는 지표다. 기업 안정성의 핵심은 부채 관리다. 경영 환경이 좋지 않더라도 부채만 갚아나갈 수 있다면 기업은 사업을 계속할 수 있다.

(1) 부채 비율(Debt-to-Equity Ratio)

$$부채\ 비율 = \frac{총부채(Total\ Liablities)}{총자본(Total\ Equity)} \times 100$$

부채 비율은 기업이 현재 기업 규모에 비해 빚을 얼마나 끌어다 쓰고 있는지 확인할 수 있는 지표다. 모든 부채가 나쁜 것은 아니지만 적정 규모를 넘어선 부채는 기업을 한순간에 부도 위기로 내몰 수 있다. 대체로 200% 이내는 안정권, 200~400%는 보통, 400%를 초과하면 위험 수위로 판단한다.

부채 비율 관리에 대한 인식이 없었던 IMF 이전 대한민국에서는 앞서 소개한 대우와 같이 부채를 최대한으로 늘려서 사업 확장을 하는 것이 흔했다. 부채 비율 1,000%가 넘는 기업도 많았다. 한국 정부에서 적극 개입하여 기업들의 부채 비율을 관리하기 시작한 것은 외환 위기 이후다.

항공사들은 대부분 항공기를 소유하지 않고 리스사로부터 빌려서 운항한다. 임차한 항공기들이 부채로 평가되므로 부채 비율이 타 산업보다 훨씬 높다. 항공기 리스로 인한 부채는 현금 상환을 목적으로 한 부채가 아니므로 부채 비율 계산 시 감안할 필요가 있다.

> ▶ 자산, 자본, 그리고 부채
> - 자산(Asset): 기업이 소유한 금전적 값어치가 있는 모든 것. 자산 = 자본 + 부채
> - 자본(Equity): 기업의 자산 중 주주가 출자한 금액 및 기업의 활동으로 벌어들인 것들. 즉 '내 돈'
> - 부채(Liabilities): 기업의 자산 중 타인으로부터 조달하여 언젠가 원금과 이자를 갚아야 할 것들. 즉 '남의 돈'

(2) 유동 비율(CurrentRatio)

$$유동 비율 = \frac{유동 자산(Current\ Asset)}{유동 부채(Current\ Liabilities)} \times 100$$

회계에서 유동Current이란 만기가 현시점에서 1년 이내인 상태를 가리킨다. 유동 자산은 1년 이내 현금화시킬 수 있는 자산, 그리고 유동 부채는 1년 이내 갚아야 할 빚이다. 유동 비율은 '1년 이내 현금화시킬 수 있는 자산으로 1년 이내 갚아야 할 부채를 모두 갚을 수 있는가' 여부를 판단할 수 있는 지표다. 반드시 100% 이상을 유지해야 한다.

개발제한구역의 부동산이나 특수 목적용 중장비는 사는 것보다 파는 것이 훨씬 어려운 자산이다. 기업이 이런 자산을 아무리 많이 갖고 있어도 당장 갚아야 할 부채를 갚지 못해 파산할 수 있다. 그러므로 유동 비율의 관리는 다른 어떤 지표보다 기업의 존속에 필수적이다.

02

기업의 이력서,
재무제표 읽기

"재무제표? 사업보고서? 그게 뭐죠?"

기업에서 직원을 채용할 때, 구직자에게 항상 요구하는 두 가지가 있다. 이력서와 자기소개서다. 이력서와 자기소개서를 통해 구직자는 자신의 장점을 어필하고, 기업은 구직자가 어떤 사람인지 채용 전에 살펴볼 기회를 갖는다. 주식을 매수하는 것은 투자자가 그 기업을 포트폴리오로 '채용'하는 것이나 다름없다. 직원 수 만 명 규모의 대기업이 사원 한 명을 채용할 때도 이력서, 자기소개서 등 온갖 스펙을 요구한다.

우리도 기업의 주식을 매수하기 전에 기업이 직접 기술한 기업 정보를 받아볼 권리가 있다. 투자자를 위해 기업이 공개하는 기업 정보가 바로 재무제표Financial Statement와 사업보고서Annual Report다. 재무제표와 사업보고서 모두 매 분기마다 발표한다. 증권사 리포트 등 다른 기관에서 작성한 기업 정보도 있지만, 재무제표와 사업보고서는 기업이 직접 작성한 1차 자료라는 점에서 다른 자료와 가치를 달리한다. 적어도 재무제표와 사업보고서는 투자하기 전에 간략하게라도 확인해야 한다.

1. 재무제표와 사업보고서 열람하기

재무제표와 사업보고서는 다음의 경로로 열람할 수 있다.

(1) SEC Filings

SEC(미국증권거래위원회)는 한국의 금융 감독원과 같은 역할을 하는 미국의 공공기관이다. 미국의 모든 상장 기업은 자사의 공시 내용을 SEC에 보고할 의무를 갖는다. 특별한 사유가 없어도 매 분기마다 재무제표와 정기보고서를 제출해야 하며, 매 년마다 더 자세한 내용의 연간보고서를 제출해야 한다. 기업이 SEC에 제출한 모든 보고서는 SEC의 인터넷 사이트(www.sec.gov)의 Company Filings 검색을 통해 언제나 열람 가능하다.

그림 5 - 1 SEC 사이트 하단의 Company Filings 검색 창

SEC 사이트 하단의 EDGAR라는 검색창에 기업명 또는 심볼을 입력하면 해당 기

업이 SEC에 지금까지 제출한 모든 보고서를 확인할 수 있다. 물론 연간보고서(10-k, Annual Report)와 분기보고서(8-k, Quarterly Report)도 이곳에서 확인 가능하다.

(2) 기업 IR(Investor Relations) 페이지

기업 홈페이지 안에 있는 IR 페이지, 혹은 Investor 페이지는 기업의 주주들을 위한 정보만을 모아 놓은 공간이다. 재무제표, 사업보고서, 주주총회 정보 등의 기업 정보를 IR 페이지에서 확인할 수 있다. 기업 규모와 관계없이 어느 주식 시장이든 상장한 기업이라면 대부분 IR 페이지를 운영한다. IR 페이지에 접속하는 방법은 간단하다. 구글에 "기업 이름 +IR" 이라고 검색하면 검색 결과 최상단에 IR 페이지가 뜬다. 예를 들어 주식회사 페이스북의 IR 페이지를 찾고 싶다면 검색창에 "Facebook IR" 이라고 쓰고 검색해보자. 페이스북의 IR 페이지(https://investor.fb.com)가 바로 나올 것이다.

IR 페이지엔 보통 'Financial Statements' 또는 'Financials' 메뉴가 있다. 재무제표를 열람할 수 있는 메뉴다. 기업마다 IR 페이지의 생김새가 다르지만, 연간보고서와 분기보고서는 거의 모든 IR 페이지에 주요 메뉴로 올라가 있다. 쉽게 찾을 수 있을 것이다.

2. 손익계산서와 재무상태표

어떤 사람이 경제력이 있는지를 평가할 때, 우리는 두 가지의 방법으로 이를 표현할 수 있다.

A : 철수는 32세인데 연봉이 벌써 8천만 원이다.

B : 철수는 지금 시가 6억 5천만 원인 아파트를 한 채 소유하고 있다. 그 집을 사면서 철수는 은행 대출 2억 원을 받았다.

A는 철수의 연 수입, 즉 돈 버는 능력을 말하고 있다. B는 철수의 재산 상태를 통해 철수의 경제력을 표현하고 있다. 철수는 32세에 연 8천만 원을 벌며, 은행 대출금을 제외하더라도 4억 원의 부동산을 갖고 있다. A와 B의 말을 들어보면 우리는 철수가 같은 나이의 평균적인 사람보다 경제력이 좋은 사람임을 안다. 흔히 '능력 있다'라는 말을 듣는 사람들이다.

소득과 재산, 두 가지 방법으로 사람의 경제력을 표현하듯이, 기업의 소득과 재산을 알 수 있다면 그 기업의 실력을 가늠할 수 있다. 소득과 재산을 주식 시장에서는 조금 더 고상하게 영업 성과와 재무 상태라고 한다. 재무제표는 기업의 영업 성과와 재무 상태를 보여주는 문서다. 매 분기(3개월)가 끝날 때마다 직전 분기 재무제표가 발행되고, 한 해가 끝날 때마다 직전 연도 재무제표가 발행된다.

재무제표의 종류는 매우 다양하다. 가장 중요한 2가지는 손익계산서와 재무상태표다. 손익계산서Income Statement, Statement of Operations는 기업이 '특정 기간' 동안 거둔 수익과 비용을 나타낸 표다. 재무상태표Balance Sheet는 기업이 '특정 시점'에 보유한 자산, 부채, 자본의 상태를 나타낸 표다. 손익계산서는 '기간'을, 재무상태표는 '시점'을 나타낸다는 것을 주목하라. 예컨대 2019년 재무제표에서, 손익계산서는 2019년 1월 1일부터 12월 31일까지 해당 회사가 거둔 수익과 비용, 그리고 순이익을 보여준다. 재무상태표는 12월 31일, 즉 해당 연도 마지막 날의 자산, 부채, 자본 내역을 보여준다.

재무제표를 통해 해당 기업이 돈을 얼마나 잘 버는지, 그리고 현재 재산은 얼마나 있는지 속속들이 알 수 있다. 여러 기업의 재무제표를 비교하면 어떤 기업이 더 효율적으로 돈을 버는지 알 수 있다. 가령 매출 대비 순이익 비율을 비교하면 어떤 기업이 비용을 적게 쓰고 큰 이익을 내는지 바로 확인할 수 있다.

▶ 재무제표 핵심 용어 해설

- 매출 (Sales or Revenue)
  - 기업이 자신의 상품과 서비스를 팔고 받은 돈의 총합
- 매출 원가 (Cost of Sales or Cost of Revenue)
  - 기업이 상품을 생산하거나 서비스를 제공하는 데 직접적으로 투입한 비용
    예) 코카-콜라의 매출 원가: 음료의 원료 구매 비용 등
- 매출 총이익 (Gross Profit)
  - 매출 총이익 = 매출 - 매출 원가
- 관리비 (Selling/General/Admin. Expenses)
  - 기업이 영업 활동에 사용한 비용 중 상품 생산에 직접 투입된 비용을 제외한 나머지 비용.
    예) 출장비, 마케팅비, 접대비 등
- 경상 비용 (Operating Expense)
  - 경상 비용 = 매출 원가 + 판매비와 관리비 등 영업 비용
  - 기업이 영업 활동을 하면서 지출한 비용의 총합
- 영업이익 (Operating Income)
  - 영업이익 = 매출 - 경상 비용
  - 기업이 영업 활동을 하여 창출한 이익. 기업이 영업 활동으로 돈을 벌 수 있는 능력이 있는지 확인할 수 있는 가장 확실한 지표
- 당기순이익 (Net Income)
  - 당기순이익 = 영업이익 + 영업 외 손익 - 법인세
  - 기업의 영업이익에 영업 외 손익(예: 토지 판매, 주식 투자 등)을 더한 다음 법인세 지출을 반영한 순이익. 기업이 특정 기간 동안 창출한 실질적 이익

3. 재무제표 비교 분석 시 주의할 점

한 기업의 재무제표를 분석할 때 다른 기업의 재무제표와 비교하는 방법이 유용할 때가 있다. 그러나 기업의 재무제표를 비교 분석 시 주의해야 할 점이 있다. 반드시 같은 산업, 적어도 비슷한 성질의 산업 안에 있는 기업들의 재무제표를 분석해야만 유의미한 분석이 가능하다는 것이다.

계정	GM	페이스북
매출액	166,380	27,638
매출 원가	-145,125	-3,789
판매비와 관리비	-11,710	-11,422
영업이익	9,545	12,427
기타 수익/비용 + 법인세	-118	-2,210
당기순이익	9,427	10,217

표 5 - 2 GM과 페이스북의 2016년 손익 비교

2016년 GM의 매출액은 페이스북의 5배가 훨씬 넘는 1,663억 달러다. 그러나 GM은 매출 원가 비중이 매우 높아 무려 매출의 87%가 원가로 투입된다. 페이스북의 매출 원가 비중은 그에 비해 미미한 수준이다. 매출에서 각종 비용을 적용시킨 영업이익과 당기순이익에서 페이스북은 오히려 GM을 앞섰다. 이 두 회사의 손익을 비교하여 얻을 수 있는 것은 무엇일까? 정답은 "아무것도 없음"이다. 두 회사의 사업 구조가 너무나 다르기 때문이다. 손익 내역만 보면 일견 GM의 비즈니스가 매우 비효율적으로 보인다. 그러나 다른 자동차 제조사와 비교하면 GM의 매출 원가율은 평균적인 수준이다.

2016년 경쟁사인 포드는 원가율 88%, 피아트 크라이슬러는 86%다. GM과 별 차이가 없다. 비교적 원가 절감을 잘한 현대와 토요타의 원가율도 약 80%다. 원가율이 이렇게 높은 것은 자동차 산업의 특성이 한몫한다. 부품 가격은 자동차 제조 원가의 대부분을 차지한다. 자동차 부품 중 메이커가 직접 생산하는 것은 극히 일부다. 대부분 전문 부품 제조사에서 공급받아 조립한다. 제조 원가엔 부품 제조사의 마진이 포함된다. 그래서 자동차 산업의 원가율은 제조업 평균보다 더 높다. 생산이 아닌 구매한 부품이 대부분이기에 대량 생산 시에도 1대당 제조 원가 절감에는 한계가 있다.

페이스북과 같은 인터넷 미디어 산업의 주 수입원은 광고이며, 광고 수익의 원천은 사용자 수와 평균 사용 시간이다. 사용자 수가 늘어나면 페이스북이 추가로 부담해야 할 비용은 무엇일까? 데이터 센터 등의 증설 비용이 대부분이다. 데이터 센터 증설 비용은 페이스북 정도의 기업에 큰 부담이 되지 않는 수준이다. 사용자 수 증가로 인한 증설 비용 부담보단 광고 매출액이 성장하는 속도가 훨씬 빠르다. 그래서 페이스북의 매출 원가율은 이미 낮지만, 해마다 더 낮아지고 있다. 2015년 16%였던 원가율이 16년에는 14%, 17년엔 13%까지 낮아졌다.

기업 간 재무제표를 비교하는 것은 '어떤 기업의 성장세가 더 빠른가?', '어떤 기업이 더 비용을 효율적으로 지출하는가?'와 같은 질문의 답을 구하는 것이 목적이다. GM의 CEO에게 페이스북의 손익계산서를 들이밀며 왜 GM은 페이스북처럼 원가를 적게 쓰지 못하냐고 물으면 어이없다는 반응을 보일 것이다. '원가율이 높을 수밖에 없는' 자동차와 '성장할수록 원가율이 더욱 낮아지는' 인터넷 서비스를 동일 선상에 놓은 바보 같은 질문이니 말이다. 이처럼 성질이 전혀 다른 기업의 재무제표를 비교하는 것은 유의미한 답을 얻기 어렵다.

4. 손익계산서는 기업의 가계부

손익계산서Income Statement는 기업이 특정 기간 동안 벌고 쓴 돈을 망라한 문서다. 쉽게 말해 기업이 쓰는 가계부다. 기업의 경영 성과를 가장 확실하게 보여주는 표로 재무제표 중에서도 중요도가 첫 손에 꼽힌다. 다음 〈표 5-3〉은 영문 손익계산서의 항목별 한국어 해석이다.

영문	국문
Revenue / Sales	매출
Total Revenue / Total Sales	**총매출**
Cost of Revenue / Cost of Sales	**매출 원가**
Gross Profit	매출 총이익 (매출- 매출 원가)
Selling / General / Admin. Expenses	**판매비와 관리비**
Research & Development	**연구 개발비**
Depreciation	유형 자산의 감가상각
Amortization	무형 자산의 감가상각
Interest Expense(Income)	영업 이자 비용(수익)
Unusual Expense (Income)	비정기적 영업 비용(수익)
Operating Income	**영업이익**
Interest Income(Expense),	비영업 이자 수익(비용)
Gain (Loss) on Sale of Assets	자산 매각으로 인한 이익(손실)
Income Before Tax	법인세 차감 전 순이익
Income After Tax	법인세 차감 후 순이익
Minority Interest	소수 주주 지분
Equity In Affiliates	비지배 주주 귀속 순이익
Accounting Change	회계 변경(회계 기준 변경에 따른 변동)
Discontinued Operations	사업 폐지 부문
Extraordinary Item	임시 항목
Net Income	당기순이익

표 5 - 3 손익계산서 항목별 한국어 해석

처음 보는 용어들이 많이 나와 당황스럽지만, 회계사가 아니라면 이 항목 전부를 면밀히 분석할 필요는 없다. 표 중에서 굵은 글씨로 강조된 내용은 손익계산서 분석에 특히 중요한 항목이다.

손익계산서 분석 시 체크포인트

□ **총매출(Sales / Total Sales)**

총매출은 기업의 매출이 상품 매출과 서비스 매출로 구분된 경우 총액을 계산하기 위해 쓴다. 매출은 기업의 영업 능력을 가장 확실하게 보여주는 지표다. 특별한 사유가 없는 한 매출이 내리막을 걷는 기업은 투자 대상에 포함할 이유가 없다.

□ **매출 원가(Cost of Sales)**

상품 생산과 판매에 직접 투여되는 비용이다. 같은 산업 내 다른 기업과의 매출 원가 비교를 통해 현재 원가가 적정한지 확인할 수 있다. 제품 생산에 천연 자원 비중이 큰 경우 자원 가격에 따라 매출 원가의 변동성이 크다.

□ **판매비와 관리비(Selling/General/Admin. Expenses)**

제품 생산 외 투여되는 비용으로 같은 매출이라면 판매비와 관리비는 적을수록 효율적인 경영이라고 할 수 있다.

□ **연구 개발비(Research & Development)**

신제품과 신기술 개발에 투입한 비용이다. 흔히 R&D 비용이라 부른다. 손익계산서에 비용으로 간주하지만 사실 투자의 성격이 강하다. 연구 개발비는 다른 비용과 다르게 쓰고 나면 사라지는 비용이 아니다. 연구 개발의 결과 획득한 기술은 특허 등의 지적 자산으로 전환된다. 타 산업에서도 중요하지만, IT 산업에서의 연구 개발비는 사업 성패를 가르는 요소다. 신제품 경쟁이 가장 치열한 산업인 IT 산업에서는 대체로 연구 개발비를 더 많이 쓰는 기업이 더 좋은 신제품을 만들기 때문에, 연구 개발비는 IT 기업의 장래를 예측하는 중요한 지표다.

□ 영업이익(Operating Income)

기업의 영업 활동으로 발생한 이익을 말한다. 기업의 수익 창출 능력을 평가하는 가장 중요한 기준이다. 영업이익에 영업외손익을 더한 것이 당기순이익인데, 영업외손익은 속된 말로 부업으로 창출한 소득이다. 영업외손익은 외부 변수가 많고 불규칙하여 기업의 미래를 보장할 수 없다. 기업의 실제 영업 능력은 당기순이익보다 영업이익에서 더욱 선명하게 나타난다.

또한 영업이익은 매출과 함께 기업의 수익성을 가늠하는 데 활용된다.

$$\text{영업이익률} = \frac{\text{영업이익(Operaring Income)}}{\text{총매출(Sales)}} \times 100$$

영업이익률은 총매출에서 영업이익이 차지하는 비율이다. 예컨대 A기업의 2019년 매출이 1,000만 달러, 영업 활동에 지출한 비용이 950만 달러인 경우, 영업이익은 1,000만 달러에서 950만 달러를 뺀 50만 달러다.

$$\frac{\$50만}{\$1000만} \times 100 = 5\%$$

이때 A기업의 영업이익률은 5%다. 영업이익률은 절대적인 수치보다 비교를 통한 상대적인 평가가 중요하다.

▶ 경쟁사와의 영업이익률 비교

사업 구조가 비슷한 경쟁사들은 대체로 영업이익률도 비슷한 수준을 갖는다. 경쟁사에 비해 영업이익률이 높다면 해당 기업의 영업 능력이 높다고 평가한다. 이따금 영업이익률이 산업 내 독보적으로 높은 기업이 있다. 토요타가 좋은 사례다. 토요타는

'Just in Time'으로 유명한 극한의 생산 비용 절감으로 늘 자동차 업계 영업이익률 선두를 지킨다.

최근 부진한 미국 자동차 제조사들과 비교하면 차이가 선명하다. 오늘날 미국 자동차 회사들이 자동차 한 대 팔면서 2~3%씩 남길 때 토요타는 무려 8%씩 마진을 가져간다. 미국 자동차 제조사들이 안방인 미국 시장을 토요타에게 내준 결정적 원인이다. 영업이익률이 업계에서 눈에 띄게 높은 기업에 주목해야 하는 이유이기도 하다.

▶ 과거 영업이익률과의 비교

같은 기업의 기간별 영업이익률 추이를 비교하는 것도 의미 있는 분석이다. 영업이익률이 낮아지고 있다면 그 이유를 알아야 한다. 생산 비용 상승과 경쟁 심화가 대부분의 영업이익률 감소 원인이다. 사업보고서Annual Report를 참고하면 영업이익률 감소의 원인을 찾을 수 있다.

5. 재무상태표는 기업의 자산보고서

재무상태표Balance Sheet는 기업의 재산 상태를 보여주는 문서다. 자산, 부채 및 자본의 상세 내역을 확인할 수 있다. 손익계산서가 기업의 돈 버는 능력, 즉 수익성을 보여준다면, 재무상태표는 기업의 안정성을 확인하는 척도로 기능한다. 다음은 재무상태표의 항목별 한국어 풀이다.

자산(Assets)	
영문	국문
Cash & Equivalents	현금 및 현금성 자산
Short Term Investments	단기 투자 자산
Accounts Receivable	외상 매출금

Prepaid Expenses	선지급금
Current Assets	유동 자산(1년 내 현금화 가능한 자산)
Property/Plant/Equipment	부동산/시설/장비 등의 유형 자산
Accumulated Depreciation	누적 감가상각
Goodwill	영업권
Intangibles	무형 자산
Long Term Investments	장기 투자 자산
Total Assets	총자산

부채(Liablities)	
영문	국문
Accounts Payable	외상 매입금
Accrued Expenses	미지급금
Notes Payable / Short Term Debt	지급 어음 / 단기 부채
Current Portion of Long Term Debt	금년에 갚아야 할 장기 부채
Accrued Income Tax	이연소득세(납부가 유예된 소득세)
Current Liabilities	유동 부채(만기 1년 이내인 부채)
Long Term Debt	장기 부채
Capital Lease Obligations	자산 리스
Pension and Postretirement Benefits	퇴직 급여 충당 부채
Other Liabilities	기타 부채
Total Liabilities	총부채

자본(Shareholder's Equity)	
영문	국문
Preferred Stock	우선주
Common Stock	보통주

Additional Paid-In Capital	자본 잉여금
Retained Earnings	이익 잉여금
Accumulated Deficit	누적 결손금
Treasury Stock	자기 주식
Total Equity	총자본

표 5 - 4 재무상태표 항목별 한국어 해석

재무상태표 분석 시 체크포인트

재무상태표의 항목이 손익계산서보다 훨씬 많지만 확인해야 할 내용은 오히려 더 적다. 기업의 안정성을 확인할 수 있는 지표들이니 꼼꼼히 체크하자.

□ 유동 비율과 부채 비율

기업이 현재 부채를 감당할 만한 수준으로 유지하고 있는지 확인할 수 있는 비율 지표다. 적정 유동 비율은 100% 이상, 적정 부채 비율은 500% 이하로 간주한다. 다만, 항공기를 대부분 리스로 운용하는 항공 산업처럼 부채 비율이 자연스레 높을 수밖에 없는 몇몇 산업이 존재한다. 부채 비율 평가 시 동종 산업 중 다른 기업의 부채 비율을 참고해야 한다.

□ 자사주 매입(Share Repurchase)

자사주 매입이란 주식회사가 주주들로부터 자사 주식을 사들이는 것을 말한다. 배당과 함께 주식회사의 이익을 주주에게 환원하는 방법 중 하나다. 자사주 매입 후 소각을 통해 자사 주식 수가 감소하면, 주식 1주의 가치는 상승한다. 보유 주식의 가치가 상승한 만큼 기존 주주들이 혜택을 보니, 기업의 이익이 주주들에게 돌아간 셈이다.

배당과 비교하자면, 배당은 한번 시작하면 규칙적으로 중단 없이 지급해야 한다. 그러나 자사주 매입은 기업이 매입 시기와 규모를 선택할 수 있다. IT 기업 등 수익이 불규칙한 기업에는 매년 배당을 지급하는 것이 부담스럽다. 신생 IT 기업들은 배당보다 여유가 있을 때 자사주를 매입하는 것을 선호한다.

재무상태표의 Treasury Stock은 주식회사가 취득한 자기 주식을 나타낸다. 전년도보다 Treasury Stock이 증가했다면, 회사가 올해에 자사주를 매입한 것으로 간주한다. 투자하고 싶은 기업에 현금 배당이 없어서 망설이고 있다면, 대신 자사주 매입을 착실히 하고 있을 수도 있으니 재무상태표를 확인해보자!

03

기업의 자기소개서, 사업보고서 읽기

기업에서 채용 시 지원자에게 반드시 요구하는 것이 자기소개서다. 지원자에 대해 제일 잘 아는 사람은 바로 지원자 자신이다. 그러므로 지원자가 어떤 사람인지 알기 위해서는 자기소개서를 읽어보는 것이 가장 효과적이다. 우리가 어떤 기업의 주식을 매수한다는 것은 나 대신 돈을 벌어줄 기업으로 그 기업을 채용하는 것과 같다. 그러므로 우리도 기업의 주주가 되기 전에 응당 그 기업이 직접 쓴 자기소개서를 요구할 권리가 있다. 지금부터 소개할 사업보고서는 기업의 자기소개서라고 할 수 있다.

그 기업에 대해 제일 잘 아는 것도 바로 기업 자신인 법이다. 각종 금융 기관에서 제공하는 분석 보고서들이 있지만, 기업을 제대로 분석하기 위해 1순위로 읽어야 할 것은 기업이 직접 쓴 사업보고서다.

재무제표와 사업보고서를 비교한다면, 재무제표는 이력서와 자기소개서 중 이력서에 가깝다고 할 수 있다. 이력서는 오로지 과거의 이력만 기록할 수 있고, 팩트만 작성해야 하므로 작성자의 주관적 서술이 개입될 여지가 없다. 재무제표엔 많은 항목이 있지만, 기업이 기재할 수 있는 것은 결국 재무적 지표, 즉 숫자가 전부다.

반면 사업보고서는 수치와 함께 수치에 대한 해석, 그리고 앞으로의 사업 방향 등 다양한 내용을 쓸 수 있다. 그만큼 투자자에게 줄 수 있는 정보가 더 구체적이다. 예컨대 재무제표에서는 단순히 영업이익이 감소한 사실을 확인할 수 있다면, 사업보고서에서는 기업이 자체 진단한 영업이익 감소의 원인이 무엇인지 파악할 수 있다. 상세한 서술과 미래 계획까지 제공한다는 점에서 사업보고서는 자기소개서에 더욱 가깝다.

이력서	비교 대상	자기소개서
간단함	길이	자세함
과거 행적만 기록	기록 내용	과거 & 미래 계획 기술
객관적 서술	객관성	주관적 서술 포함

표 5 - 5 이력서와 자기소개서의 비교

재무제표	비교 대상	사업보고서
간단함	길이	자세함
작성 시점의 재무 상황	기록 내용	재무 상황 & 경영 현황 및 미래 전략
재무적 사실만 제공	객관성	재무적 사실에 근거한 해석 & 미래 계획까지 제공

표 5 - 6 재무제표와 사업보고서의 비교

미국 주식 시장 상장 기업은 미국증권거래위원회SEC에 분기별 1번씩 분기보고서 Quarterly Report, 8-k를, 1년에 1번씩 연간보고서Annual Report, 10-k를 제출해야 한다. 모든 사업보고서는 SEC 홈페이지와 기업의 IR페이지에서 열람할 수 있다. 사업보고서 중에서도 가장 정보가 많고 내용이 충실한 것이 연간보고서인 Annual Report다. SEC 규정상 연간보고서의 고유 양식 번호는 10-k다. 그래서 연간보고서를 10-k 보고서라고도 한다.

연간보고서를 처음 읽어보려는 사람은 엄청난 분량에 의욕을 상실할 것이다. 일반적인 10-k 보고서의 분량은 A4 100페이지가 훨씬 넘는다. 그림 같은 것은 일절 없이 깨알 같은 글씨로 빽빽한 100페이지다. 사업 분야가 다양해서 쓸 얘기가 많은 3M은 무려 180페이지에 육박한다. 이런 보고서를 처음부터 끝까지 읽는 것은 사실상 고문이며 매우 비효율적이다. 그런 식이라면 필자도 사업보고서 분석하는 것을 권하지 않을 것이다.

일반 투자자는 방대한 사업보고서의 내용을 전부 읽을 필요가 없다는 것이 필자의 입장이다. 이 책에서는 사업보고서에서 골라 읽어야 할 부분이 어디인지를 소개하려고 한다.

연간보고서는 목차와 목차의 각 항목별 제목이 정해져 있다. 그러므로 일부 외국 상장 법인을 제외한 대부분의 미국 기업의 사업보고서는 완전히 똑같은 구성이다. 연간보고서는 총 4개의 파트Part, 16개의 아이템Item으로 구성되어 있다.

파트	아이템
PART 1	Item 1, 1A, 1B, 2, 3, 4
PART 2	Item 5,6, 7, 7A, 8, 9, 9A, 9B
PART 3	Item 10, 11, 12, 13, 14
PART 4	Item 15, 16

표 5 - 7 각 파트별 아이템 구성

4개의 파트 중 투자자에게 실제로 분석의 주요 대상이 되는 부분은 파트 1와 파트 2다. 파트 3과 4는 형식적인 내용 위주라 건질 만한 내용은 별로 없다.

연간보고서(10-k)의 목차 - 파트 2까지

- PART 1 -

Item 1. Business

Item 1A. Risk Factors

Item 1B. Unresolved Staff Comments

Item 2. Properties

Item 3. Legal and Regulatory Proceedings

Item 4. Mine Safety Disclosures

- PART 2 -

Item 5. Market for Registrant's Common Equity, Related Stockholder Matters and Issuer Purchases of Equity Securities

Item 6. Selected Financial Data

Item 7. Management's Discussion and Analysis of Financial Condition and Results of Operations

Item 7A. Quantitative and Qualitative Disclosures about Market Risk

Item 8. Financial Statements and Supplementary Data

Item 9. Changes in and Disagreements with Accountants on Accounting and Financial Disclosure

Item 9A. Controls and Procedures

Item 9B. Other Information

연간보고서 파트 2까지의 목차다. 어떤 기업의 연간보고서를 봐도 목차는 위와 같을 것이다. 굵게 강조한 아이템들은 중요한 정보가 많아 분석 시 꼼꼼히 읽어봐야 할 항목이다. 이제 아이템 1부터 아이템 9B까지 각 항목들을 알아보자. 아이템 9 이후의 항목과 파트 3, 4는 투자자에게 중요한 것이 별로 없기 때문에, 아이템 9까지의 내용만 봐도 무방하다. 일부 기업은 내용이 긴 법적 분쟁 등에 대한 설명을 사업보고서 마지막에 첨부하는 경우가 있으니 주의하자.

(1) 아이템 1 비즈니스(Business)

사업보고서의 첫 항목인 아이템 1, 비즈니스는 이 기업의 사업 내용을 요약 정리한 항목이다. "이 기업은 어떤 기업일까?"라는 질문에 대한 답을 찾고 싶을 때 연간보고서의 아이템 1만 읽어도 대부분의 궁금증을 해소할 수 있다. 아이템 1에서는 기업 소개, 사업 분야, 사업 구조 및 경영 전략 등을 확인할 수 있다. 기업에 적용되는 각종 규제 사항도 아이템 1에 기재된다. 아이템 1의 내용은 언론이나 웹서핑으로도 알 법한 것들이 대부분이기 때문에 투자자들은 대충 읽고 다음으로 넘어가려 할 수도 있다. 특히 '잘 아는' 기업일수록 아이템 1을 지나치기 쉽다.

그러나 사업의 단위, 즉 세그먼트Segment를 확인하는 것은 이후 분석을 위해서 중요하다. IBM이나 애플처럼 사업 분야가 다양한 기업은 보통 분야별로 세그먼트를 나누고, 스타벅스처럼 사업 분야가 단순한 기업은 지역별로 세그먼트를 구분한다. 다음은 2018년 연간보고서 아이템 1에서 발췌한 애플의 사업 분야다.

제품	운영체제(OS)
- 아이폰 - 아이패드 - 맥	- iOS - macOS - watchOS - tvOS
서비스	기타
- 디지털 콘텐츠&서비스 - 앱스토어 - 아이클라우드 - 애플 케어 - 애플 페이	- 애플 TV - 애플 워치 - 기타(에어팟 등)

표 5 - 8 애플의 4가지 사업 분야[8]

애플을 모르는 사람은 없지만, 애플의 무수한 비즈니스를 정리하기는 쉽지 않다. 아이템 1을 참고하면 누구나 애플의 사업 분야를 이렇게 표 하나로 정리할 수 있다. 애플은 자사의 비즈니스를 총 4개의 세그먼트로 구분했다. 이 중 운영체제는 사실상 각 제품에 딸려가는 것으로 단독 매출이 발생하지 않는다. 그래서 애플의 실제 사업은 총 3개 단위로 구성된다. 사업 단위를 나누는 것은 사업 단위별 실적을 평가하기 위함이다. 이를 통해 어떤 사업부가 실제로 기업의 핵심 사업 분야인지 알 수 있다. 이후 연간보고서의 "아이템 7"에서는 아이템 1에서 구분한 사업 단위를 근거로 단위별 실적이 공개된다.

▶ 아이템 1A 위험 요소(Risk Factors)

아이템 1A에서는 기업의 비즈니스에 위협이 될 만한 요소들을 다룬다. 원료 가격 상승, 거래처와의 분쟁, 천재지변 등 잠재적으로 사업에 타격을 줄 수 있는 요인들은 모두 이곳에 기재된다. 경쟁 상품도 아이템 1A에 나열된다. 때로는 위험 요소와 더불어 그 기업이 해당 위험 요소를 극복하기 위한 방법이 제시되기도 한다. 주식을 매수하는 것은 아주 작은 부분이나마 그 기업을 인수하는 것이다. 기업을 인수하면서 그 기업의 위험 요소를 살펴보지 않을 사람은 없을 것이다. 당연히 연간보고서의 아이템 2는 자세히 읽어야 한다. 다만, 위험 요소의 경중을 나눌 필요는 있다. 예컨대 아마존처럼 사업 분야가 다양한 기업은 위험 요소만 수십 개나 되는데, 해당 기업에 치명적인 위험 요소와 어떤 기업에나 해당될 법한 위험 요소를 구분하여 치명적인 위험 요소를 더욱 주의할 필요가 있다.

결제 서비스 시장의 개척자인 페이팔Paypal은 연간보고서에서 자신의 경쟁 상품을 위험 요소로 작성해 놓았다.

페이팔의 경쟁 상품	
- 현금과 수표 결제	- 직불 카드와 은행 송금
- 신용 카드	- 유통 업체의 자체 결제 시스템
- NFC 기술을 활용한 휴대폰 결제	
- 전화번호나 이메일을 통한 P2P 송금 서비스	
- 온라인이나 오프라인 상점에서 결제할 수 있는 전자 지갑 서비스	
- 분산 원장 기술로 발행된 가상 화폐 등	

표 5-9 페이팔의 경쟁 상품들[9]

소비자들이 송금이나 결제 시 페이팔 대신 쓸 수 있는 것이라면 어떤 것이든 페이팔에겐 경쟁 상대이며, 또한 위험 요소일 수밖에 없다. 다만 경쟁자가 많다는 것은 그만큼 페이팔이 잠식할 파이가 아직 많이 남았다는 것으로도 해석할 수 있다. 성장 잠재력이 아직도 크다는 뜻이다. 경쟁 상품을 확인한 후 투자자가 해야 할 일은? 바로 페이팔과 경쟁 상품의 장단점을 비교해보는 것이다! 페이팔이 시장의 승자가 될 만한 특별한 장점이 있는지 자문하는 과정이 필요하다. 장점이 별로 없거나 쉽게 따라 할 수 있는 장점이라면 투자할 가치가 사라진다.

아이템 1A에서 단순히 위험 요소를 확인하는 데 그칠 것이 아니라, 과연 극복 가능한 위험 요소인지 분석하는 것이 핵심이다.

▶ 아이템 1B. 미해결된 지적 사항(Unresolved Staff Comments)

사업보고서를 제출받은 후 SEC는 보고서를 검토하여 미흡한 부분을 지적하고 해당 기업에 보완을 요청한다. 충분한 기간 이후에도 지적 사항이 해결되지 않으면 아이템 1B에 해당 내용이 기재된다. 즉 이 파트는 기업이 작성하는 곳이 아니라 SEC가 작성하는 파트다. 특별히 숨길 의도가 아니라면 SEC의 요청을 무시할 이유가 없다. 아이템 1B의 내용은 "None." 한마디로 끝나는 것이 정상이다.

(2) 아이템 2. 부동산(Properties)

기업이 보유한 부동산 내역을 나열한 파트다. IT 기업들은 대규모 부동산을 소유할 필요가 없기 때문에 영업에 필요한 부동산은 대부분 임차해서 사용하며 부동산의 규모도 별 볼 일 없다. 반면 호텔 체인 및 에너지 기업들은 부동산이 곧 사업의 원천이기 때문에 소유 부동산 규모가 어마어마하다. 미국 최대의 석유 기업 엑손 모빌Exxon Mobil은 보유 부동산 내역만 나열해도 무려 몇 페이지에 달한다. 호텔이나 에너지 기업에 투자할 땐 해당 기업이 어떤 부동산을 소유하고 있는지 아이템 2에서 살펴봐야 한다.

(3) 아이템 3. 진행 중인 소송들(Legal Proceedings)

해당 기업의 주요 민사 및 형사 소송과 현재 진행 상황이 기재된다. 기업에는 그다지 밝히고 싶지 않은 내용이겠지만 투자자에게는 매우 중요한 내용이다. 특히 지적재산권 시비에 자주 휘말릴 수밖에 없는 기술 기업들에게는 몇조 원이 걸린 소송도 흔히 발생하니 체크하는 것이 좋다. 미국의 몇 안 되는 강력한 기업 규제인 반독점법 때문에 인수합병이 좌절되는 경우가 종종 발생한다. 이와 관련된 내용도 아이템 3에서 확인할 수 있다. 많은 소송을 진행하고 있거나 내용이 복잡한 경우 소송 내용을 사업보고서 말미에 주석으로 첨부하는 경우가 많다.

(4) 아이템 4. 광업 안전성 공시(Mine Safety Disclosure)

광업 회사들이 광산 운영상 보건 및 안전 관리에 대한 보고를 하는 항목이다. 광산을 운영하지 않는 대다수의 기업에는 전혀 관계없는 항목이기 때문에 'Not Applicable (해당 없음)'이란 문구만 쓰여 있다.

(5) 아이템 5. 해당 기업의 보통주, 주주 및 자사주 매입 관련 사항(Market for Registrant's Common Equity, Related Stockholder Matters and Issuer Purchases of Equity Securities)

해당 기업의 '주식'에 관한 사항을 명시한 항목이다. 그다지 중요하진 않지만, 주주의 숫자가 몇 명인지도 아이템 5에서 알 수 있다. 해당 연도 자사주 매입 내역도 이곳에 기재된다. 향후 자사주 매입에 관한 기업의 입장 역시 확인 가능하다.

(6) 아이템 6. 재무 데이터 요약(Selected Financial Data)

롯데제과의 '셀렉션Selection'이라는 아이스크림이 있다. 딸기 맛과 초코 맛 아이스크림이 한 갑에 5개씩 들어 있는 팩이다. 셀렉션은 영어로 '엄선한 것'이란 뜻이다. 필자가 어렸을 때 셀렉션은 부의 상징이었다. 셀렉션의 이름처럼 잘 사는 친구 집 냉장고에만 있어서 놀러 갔을 때만 한 번씩 먹은 기억이 있다. 수제 아이스크림이 흔한 요즘에야 추억이 된 얘기다. 아이템 6는 재무제표의 데이터 중 가장 핵심만 엄선한 항목이다. 총매출, 당기순이익, 1주당 순이익EPS 등을 한눈에 볼 수 있다. 물론 이것들은 재무제표에서도 확인할 수 있는 데이터다. 재무제표를 이미 확인했다면 아이템 6는 구태여 볼 필요가 없다.

(7) 아이템 7. 재무 상황과 경영 성과에 대한 경영진의 분석(Market for Registrant's Common Equity, Related Stockholder Matters and Issuer Purchases of Equity Securities)

사업 현황에 대한 세부 사항과 경영진의 분석이 주된 내용이다. 전체 사업보고서를 통틀어 가장 중요한 항목이다. 다른 항목은 못 봐도 아이템 7은 반드시 봐야 한다. 재무제표만 보면 알 수 있는 것은 그저 '총매출Net Sales' 뿐이다. 어떤 사업부가 잘나가는지 알 방법이 없다. 그 답을 구할 수 있는 곳이 바로 아이템 7이다. 아이템 1에서 구분한 사업 단위는 대부분 아이템 7에서 단위별 매출을 구하는 데 활용된다. 앞서 구분한 애플의 사업 단위별 실적을 확인해보자.

(단위: 1백만 달러)

제품별 매출	2018년	2017년	성장률
아이폰	$166,699	$141,319	18%
아이패드	$18,805	$19,222	-2%
맥	$25,484	$25,850	-1%
서비스	$37,190	$29,980	24%
기타	$17,417	$12,863	35%
합계	$265,595	$229,234	16%

표 5 - 10　애플의 2017~2018년 제품별 매출액10

애플의 2018년 총매출은 16% 성장했다. 애플의 규모를 생각하면 큰 성장이다. 그러나 각 상품별 매출의 명암은 선명하게 엇갈린다. 특히 아이폰을 제외한 하드웨어 부문의 부진이 눈에 띈다. 아이패드는 무려 2년 연속 매출이 감소 중이다. 확연히 내리막을 타고 있다고 할 만하다. 반면 서비스 매출은 성장세가 돋보인다. 전통적으로 애플의 성장을 견인한 것은 하드웨어 매출이고, 서비스 매출은 부가적인 성격이 강했다. 2018년 각 부문의 성장률을 보면 애플의 사업 구조에도 변화의 시기가 오고 있다는 것을 느낄 수 있다.

(단위: 1백만 달러)

아이폰의 매출과 판매고	2018년	2017년	성장률
매출액	$166,699	$141,319	+18%
판매량	2억 1,772만 대	2억 1,675만 대	+0.45%

표 5 - 11　2017~2018년 아이폰 매출과 판매량11

지금의 애플을 있게 한 1등 공신, 아이폰의 매출 성장률은 아직 건재한 듯하다. 그러나 판매 대수를 분석해 보면 다시 고개를 갸웃하게 된다.

2018년 아이폰의 매출액은 18% 성장했다. 반면 판매량은 겨우 0.45% 늘어났다. 판매량이 거의 늘지 않았는데 매출만 늘었다면 한 대당 매출, 즉 가격의 상승이 원인임을 알 수 있다. 이 사실은 여러 가지로 해석이 가능하다. 우선, 가격을 올려도 판매량의 감소가 없었다는 것을 강조하면 아이폰이 그만큼 경쟁력 있는 상품이라는 근거가 된다. 한편 판매량 증가 둔화에 초점을 맞추면 애플의 미래가 비관적으로 보인다. 적어도 예전만큼 폭발적으로 성장하는 단계는 지났다고 보는 것이 합리적이다.

이 사실을 알고 나서 2019년 애플의 행보를 보면, 애플이 얼마나 필사적으로 새로운 먹거리를 찾고 있는지 실감할 수 있다. 특히 신규 서비스 런칭에 적극적이다. 애플은 올해 골드만 삭스와 함께 '애플 카드'를 출시하며 금융업에 진출했고, 곧이어 넷플릭스를 겨냥한 동영상 서비스 '애플TV 플러스'를 준비 중이다. 하드웨어 비즈니스의 성장이 둔화된 상황에서 이런 행보는 하드웨어 위주의 사업 구조에서 탈피하려는 노력으로 보인다. 지난 10년이 완벽한 애플의 시대였다면, 앞으로 10년도 애플의 시대로 만들기 위해서는 새로운 성장 동력이 절실하다. 애플 카드와 애플 TV 등의 신규 서비스의 성패가 중요한 이유다.

주주총회를 가보는 것도 사실상 불가능하고, 기업 탐방을 나가볼 수도 없어 정보에 목마른 한국인 주주들에게 사업보고서는 오아시스 같은 존재다. 특히 아이템 7의 내용은 다른 이가 아닌 기업이 직접 밝힌 수치이므로 가장 신뢰할 만한 출처다. 매출은 왜 감소했는지, 비용은 왜 증가했는지, 재무제표로는 해결되지 않는 많은 물음에 대한 답을 경영진이 아이템 7에 작성해 놓았으니 기업을 분석할 때 꼭 읽어보기 바란다.

(8) 아이템 8. 재무제표 일람(Financial Statements and Supplementary Data)

기업의 연간 재무제표를 모두 수록한 항목이다. 다른 곳에서 재무제표를 찾을 수 없었다면 이곳에서 확인하고, 이미 재무제표를 찾았다면 아이템 8에서 굳이 다시 볼 필요가 없다.

(9) 아이템 9. 회계감사 법인의 변동 사항(Changes in and Disagreements with Accountants on Accounting and Financial Disclosure)

해당 기업의 회계감사를 맡은 회계법인이 최근 1년 사이에 계약이 해지되거나 바뀐 사항이 있다면 이 항목에 반드시 기재해야 한다. 아무 이유 없이 기업의 회계법인을 바꾸는 경우는 극히 드물다. 회계상의 문제가 있는 기업이 이를 은닉하고자 회계법인을 바꾸는 경우가 많다. 그러므로 회계법인의 변동은 일종의 경고 신호다. 회계법인을 바꿨다고 반드시 회계 부정이 있는 기업은 아니지만, 적어도 투자자들은 회계법인의 변동 사항에 대해 제공받을 권리가 있다. 이 항목도 'None'이 적혀 있어야 정상이다.

....

8   Apple, Form 10-k Annual Report, 2018
9   Paypal, From 10-k Annual Report, 2018
10   Apple, Form 10-k Annual Report, 2018
11   Apple, Form 10-k Annual Report, 2018

STOCK EXCHA

PART
06

투자에 필요한 도구
100% 활용하기

01

앱과 HTS 활용법

자연에서 순수한 신체 능력으로는 별 볼 일 없는 인류가 온갖 맹수를 물리치고 먹이사슬의 정점에 오른 것은 바로 도구 덕분이었다. 전 세계의 주목을 받는 미국 주식 시장은 투자를 도와줄 수 있는 도구가 많이 개발되어 있다. 무료로 활용할 수 있는 도구도 물론 많다. 이 장에서 소개하는 앱과 프로그램, 사이트를 활용해 종목 분석 및 투자를 보다 효율적으로 해보자.

1. 포트폴리오와 관심 종목 확인, 앱으로 3초 만에 편리하게 : 인베스팅(Investing)

내가 투자한 미국 주식, 오늘은 얼마나 올랐을까? 수익률 한 번 보려고 HTS에 접속하는 건 너무 번거롭다. 그냥 오늘의 포트폴리오 수익만 확인하고 싶은데, 방법이 없을까?

스마트폰 앱 인베스팅Investing은 바로 이런 투자자들을 위한 앱이다. 앱에 내 포트폴리오 매수 종목 수량과 매수 평균가를 등록해 두면 현재가와 연동하여 자동으로 내 포트폴리오의 실시간 수익이 표시된다. 또한 관심 종목 리스트를 만들어 두고 관심 종목들의 주가 추이를 쉽게 관찰할 수도 있다. 인베스팅의 우월한 점은 한글을 지원하여 접근성이 높다는 점이다. 일부 오역은 아쉽지만, 익숙해지면 큰 문제가 되지는 않는다. 스토어에서 인베스팅을 설치 후 접속하면 다음과 같은 화면이 나올 것이다.

그림 6 - 1 인베스팅 첫 화면

그림 6 - 2 인베스팅 포트폴리오 화면

인베스팅 앱은 종목 정보 검색, 뉴스, 이벤트 알림 등 전 세계 각종 자산 투자에 대한 정보를 모두 제공한다. 물론 미국 주식 투자 정보도 풍부하다. 인베스팅 앱 하단에서 포트폴리오 탭을 선택한 다음, 포트폴리오 만들기 버튼을 눌러 내 포트폴리오를 등록해보자. 인베스팅 회원만 포트폴리오를 등록할 수 있다.

그림 6 - 3 관심 종목 목록 만들기

그림 6 - 4 보유 종목 목록 만들기

관심 종목 목록과 보유 종목 목록을 구분해서 만들 수 있다. 관심 종목은 말 그대로 아직 거래하지 않은 종목을 관찰하기 위한 목적이다. 보유 종목 목록은 내가 실제 보유한 종목을 등록하여 실시간 수익과 수익률을 확인할 수 있다. '내 보유 종목'이란 이름으로 보유 종목 리스트를 생성하고, 내가 투자한 종목을 등록해보자.

그림 6-5 보유 종목 등록 화면

그림 6-6 내 포트폴리오 조회 화면

보유 종목 리스트를 생성한 직후엔 당연히 목록에 아무런 종목이 없다. 보유 종목 리스트를 선택 후 화면 우측 상단 '+'버튼을 클릭하면 종목 검색 화면으로 이동한다. 종목의 이름이나 심볼을 검색 후 '금액'란에 매수 수량을, '가격'란에 매입 평균가를 입력하고 포지션 추가를 누르면 내 포트폴리오에 보유 종목이 등록된다. 만일 매입 평균가를 모른다면 증권사 HTS의 잔액 조회 창 또는 거래 내역 창에서 확인 가능하다. 이후 포트폴리오 화면에서 보유 종목의 실시간 주가와 수익률이 표시될 것이다.

2. HTS 거래 방법, 한국 주식과 미국 주식은 어떻게 다를까?

HTSHome Trading System는 인터넷이 연결된 곳이면 어디서든 증권 거래를 할 수 있게 해주는 컴퓨터 프로그램이다. 해외 주식 거래를 제공하는 증권사의 HTS에서는 물론 미국 주식 거래도 할 수 있다. 다만 한국 주식만 거래했던 투자자에게 낯선 부분들이 몇 가지 있기 때문에 익숙해지는 과정이 필요하다. 본 책에서는 이베스트투자증권의 HTS인 eBEST Pro의 화면을 예시로 설명한다. 각 증권사 HTS마다 고유의 메뉴 배치가 다를 수 있으므로 유의해야 한다.

(1) 환전

(자료: 이베스트투자증권)

⦿ 원화 → 외화(외화매수)	○ 외화 → 원화(외화매도)		
통화코드	USD(미국 달러)	▼	
환율		1,181.25	100 x 우대고객
환전금액(₩)		5,000,000	
환전금액(USD)		4,232.88	
대상출금금액(₩)		4,999,995	
전 매수금			
후 매수금			
	외화로 환전 [외화매수]		

그림 6 - 7 HTS의 환전 신청 화면

해외 주식 거래를 위해서는 해당 국가 통화로의 환전 과정이 필수다. 우리는 미국 주식 거래를 하는 것이니 당연히 미국 달러USD가 필요하다. 그러므로 계좌에 입금한 원화를 달러로 환전해야 한다. 해외 주식 거래가 가능한 HTS에서는 환전 기능이 있다. 이베스트투자증권 HTS 기준으로 온라인 창구 〉 외화 환전 〉 [7108] 환전 신청 순으로 실행한다. 업무 가능 시간은 대한민국의 평일 9시~16시다. 외화 매수에 체크하고, 거래 통화를 미국 달러로 지정한 다음 환전 금액을 입력하면 예상 환전 금액이 계산되어 나온다. 외화로 환전 버튼을 클릭하여 환전이 완료된다. 주식 매도 대금을 원화로 출금할 때는 외화 매도를 체크하여 동일한 과정을 거친다.

최근 일부 증권사에서는 달러 없이도 계좌의 원화 잔액에 상응하는 미국 주식을 매수할 수 있게 해주는 '통합 증거금 서비스'를 개시했다. 매수 체결 시 동일 금액의 원화를 출금 정지시키고, 이 원화를 다음 거래일에 증권사에서 달러로 자동 환전하여 출금하는 방식이다. 미리 달러를 환전할 필요가 없어 편리하지만, 급격한 환율 변동 시 예상보다 훨씬 많은 금액이 출금될 수 있다는 점은 주의해야 한다.

(2) 15분 지연 시세

그림 6 - 8 미국 주식 거래 화면

해외 주식 주문 화면은 국내 주식 주문과 별 차이가 없다. 주식 거래를 해본 적 없더라도 가격만 알고 있다면 거래하는 데는 전혀 어려울 게 없다. 단 하나, 미국 주식 거래를 할 때 주의할 점은 HTS에서 보는 현재가는 실제 현재가가 아니라는 점이다. 주문 창의 어딘가 '15분 지연 시세'라는 문구가 반드시 있을 것이다. 즉 우리가 HTS에서 보는 현재가는 뉴욕 주식 시장에서 이미 15분 전에 지나간 가격이다. 민영 기업인 미국 증권 거래소들은 실시간 시세 데이터를 유료로 제공하며 수익을 올린다. 실시간 시세 비용을 증권사에서 비용을 부담하지 않는 한 HTS에서는 15분 지연 시세를 제공할 수밖에 없다.

HTS에서 실시간 시세를 보려면 유료 서비스를 신청해야 한다. 거래소 1개당 월 2달러 안팎이니 NYSE와 나스닥만 신청해도 실시간 시세를 보는 데 월 4달러가 든다. 주식 시세를 보면서 돈을 낸다는 생각은 일절 해본 적이 없으니 약간 손해 보는 느낌이다.

실시간 시세를 보면서 거래하고 싶지만, 유료 서비스가 부담된다면 대안이 있다. 실시간 시세를 제공하는 무료 사이트를 이용하는 것이다. 가장 간편한 방법은 인베스팅 앱이다. 인베스팅 앱에서 표시되는 가격은 모두 미국 주식 시장의 실시간 가격이다. 인베스팅 앱을 켜 둔 스마트폰으로 가격을 확인하면서 HTS를 거래한다면 실시간 시세 서비스를 이용하는 것과 같은 효과를 누릴 수 있다. 주식 거래를 자주 하지 않는 투자자라면 이 방법이 효율적이다.

(3) 양도소득세 신고

미국 주식 투자자는 주식 매매로 양도소득이 연 250만 원 초과 발생 시 양도소득세 신고를 해야 한다. 매년 5월 양도소득세 신고 기간에 전년도 1월부터 12월 말까지 해외 주식 거래에 대한 양도소득 계산 내역을 국세청에 신고하도록 되어 있다. 증권사들은 양도소득을 편리하게 신고할 수 있도록 HTS에서 양도소득 계산 내역을 제공한다. 이곳에서 자료를 다운받아 국세청 홈택스Home Tax에서 해외 주식 양도소득 신고 절차를 진행하면 된다.

일부 증권사에서는 자사 고객에게 양도소득세 신고 대행 서비스를 제공한다. 양도소득세 신고 기간 전에 대행 서비스를 신청하면 세무 전문가가 신고를 맡아서 처리해준다. 투자자는 확정된 세금만 납부하면 되니 훨씬 편리하다. 증권사에 신고 대행 서비스가 있는지 확인해보고 꼭 신청하자.

02

거시 경제 지표 투자에
활용하기

"지난밤 뉴욕 증시는 미국 경제 지표와 기업 실적 호조에 힘입어 3대 주요 지수
모두 상승 마감했습니다."

한국 언론에서 미국 증시에 관한 소식을 읽다 보면 경제 지표라는 단어를 자주 접한
다. 경제 지표는 한 국가의 경제 상황을 가늠할 수 있는 지표를 말한다. 국내 총생산
의 증가율을 뜻하는 경제 성장률은 경제 지표 중의 꽃이다. 유명한 경제 지표인 경제
성장률, 고용률, 금리 등 외에도 수천, 수만 가지의 경제 지표가 매년 생산되고 있다.
전 세계를 기준으로 하면 수십만 가지나 된다. 경제 지표들을 많이 아는 것도 좋지만,
사실 투자자에게 정말 중요한 건 어떤 경제 지표가 어떻게 시장에 영향을 미치는지를
아는 것이다. 이 책에서는 경제 지표를 쉽게 열람할 수 있는 사이트인 FRED와 투자
에 활용할 수 있는 경제 지표의 사례를 소개한다.

1. 미국 경제 지표의 보물 창고 FRED

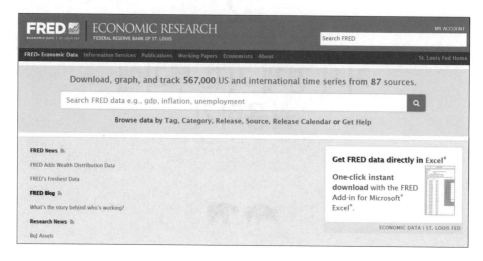

그림 6 - 9 FRED의 웹사이트

FRED$^{Federal\ Reserve\ Economic\ Data}$는 연방준비은행 세인트루이스 지점$^{Federal\ Reserve}$ $^{Bank\ of\ St.\ Louis}$에서 운영하는 경제 지표 데이터베이스다. 일반인에겐 생소하지만, 국내 금융 기관과 연구소에서는 상시 활용하는 곳이다.

FRED의 웹사이트(https://fred.stlouisfed.org/)는 전 세계 80여 개 국가의 56만 개 이상의 최신 경제 지표를 보유하고 있다. 방대한 양의 데이터를 읽기 쉬운 차트로 보여준다는 것도 FRED의 특징이다. 미국의 국내 총생산$^{Gross\ Domestic\ Product}$을 검색하면 무려 1947년부터 현재까지의 미국 GDP 추이를 그래프로 확인할 수 있다. 그래프는 이미지, PDF 파일로 내려받을 수 있고, 엑셀 파일로 원본 데이터까지 제공한다. 경제 지표 데이터가 필요한 사람들에겐 그야말로 '혜자' 노릇을 하는 웹사이트다.

2. 경제 지표 활용하기(기본)

(1) 미국 기준금리(Effective Federal Funds Rate)

URL: https://fred.stlouisfed.org/series/FEDFUNDS

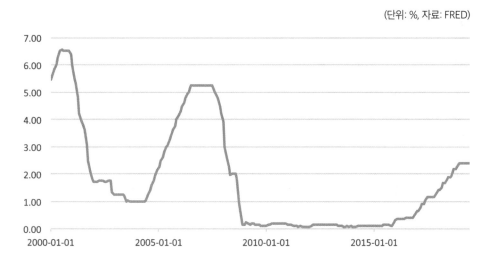

(단위: %, 자료: FRED)

그림 6 - 10 미국 기준금리 (1954~2019)

연방준비은행Fed의 FOMC가 결정하는 미국의 기준금리를 말한다. 기축 통화인 미국 달러의 통화량이 결정되는 지표인 만큼 FOMC가 개최되는 날은 전 세계 금융시장이 촉각을 곤두세운다. 금리 상승은 통화량 감소, 금리 하락은 통화량 증가를 뜻한다. 통화량 증가 시 주식 시장 자금 유입도 활발해지므로, 일반적으로 금리는 하락할수록 주식 시장엔 호재다. FRED에서는 1954년 이후 월별 금리 추이를 확인할 수 있다. 2008년 금융 위기 이후 미국은 사실상 제로 금리를 유지해 오다가, 경기 회복세가 명확해진 2015년 말부터 점진적으로 금리를 올리고 있다.

(2) 고용률(Civilian Employment-Population Ratio)

URL: https://fred.stlouisfed.org/series/EMRATIO

(단위: %, 자료: FRED)

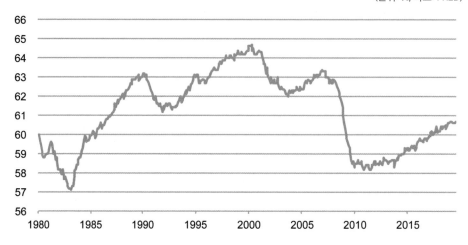

그림 6 - 11 미국 총 인구 대비 고용률 (1980~2019)

15세부터 64세까지의 미국 시민 중 직업이 있는 사람의 비율을 보여주는 지표다. 기업들의 내수 매출이 성장하려면 고용되어 소득이 있는 사람이 많아져야 한다. 일자리를 잃으면 소득이 없고, 소득이 없으면 할 수 있는 것은 생존에 필요한 최소한의 소비가 전부다. 일자리의 감소는 기업들의 입장에서는 매출 감소로 연결된다. 물론 주식 시장에서도 매우 민감하게 반응하는 지표 중 하나이며, 매달 발표된다.

4차 산업 혁명의 중요성이 더욱 강화되고 있는 지표이기도 하다. 인공지능의 발달로 사람의 역할을 기계가 대체하는 현상이 세계 곳곳에서 나타나고 있다. 기계로 대체된 노동력만큼 일자리는 줄어들 게 뻔하다. 각국 정부는 4차 산업 혁명이 고용 시장에 주는 충격을 최소화시키기 위해 안간힘을 다하고 있다. 가장 근본적인 해결 방안은 노동자들이 새 시대에 필요한 경쟁력을 갖추도록 하는 것이지만 말처럼 쉽지 않다.

대부분의 단순 노동을 기계가 대체하는 시대가 도래하면 고용률을 유지하기 더욱 어려워질 것이다. 기계가 대체할 수 없는 고부가가치 노동력을 많이 보유한 국가가 4차 산업 혁명 시대의 승자가 될 가능성이 높다.

(3) 국제 유가(Crude Oil Prices: West Texas Intermediate (WTI))
URL: https://fred.stlouisfed.org/series/WCOILWTICO

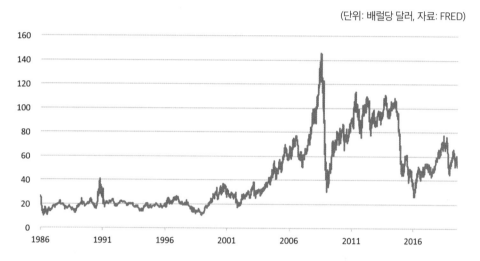

(단위: 배럴당 달러, 자료: FRED)

그림 6 - 12 국제 WTI 유가 (1986~2019)

WTI는 미국 서부 텍사스 지역에서 생산되는 석유다. WTI는 국제 석유 가격을 결정하는 가격 지표로 활용되고 있다. 산업 생산량이 증가할수록 석유의 수요도 늘어 유가가 상승한다. 산업 생산량 증가는 경제 성장이 원활하게 되고 있다는 증거이므로, 대체로 경기 사이클과 유가는 비슷하게 움직이는 경향이 있다. 다만 이 관계는 항상 일치하지는 않는다. 석유 공급에 있어 OPEC이나 셰일 가스 등 변수가 많기 때문이다.

OPEC(석유 수출국 기구)의 석유 생산량 관리는 가장 큰 변수다. 산유국들의 국제 기구인 OPEC은 회원국들의 이익 증진을 위해 석유 공급량을 조절하여 유가를 관리하고 있다. OPEC의 노력은 석유 수요가 일시적으로 감소하더라도 유가가 유지될 수 있게 하였다. 그러나 최근 셰일 가스 공급으로 OPEC의 석유 시장에 대한 영향력은 크게 감소했다.

셰일 가스의 발견은 또 하나의 경제 성장과 유가와의 상관관계를 무력화하는 원인이다. 2010년대부터 본격적으로 미국에서 개발되기 시작한 셰일 가스로 인해 석유 공급이 폭발적으로 증가했다. 석유 공급량은 경제 성장에 따른 수요 증가분보다 훨씬 많았다. 그에 따라 2010년대 중반, 호경기에 도리어 유가가 하락하는 기현상이 나타나고 있다.

석유 가격에 민감하게 반응하는 산업에 투자 시 매우 주의 깊게 관찰해야 할 지표다. 특히 에너지 섹터는 사실상 주가가 유가와 직결된 산업이다. 곡물로 연료를 생산하는 그린 플레인Green Plains 등의 바이오 에탄올 산업도 물론 유가 등락에 민감하다.

(4) 월간 자동차 판매량(Total Vehicle Sales)
URL: https://fred.stlouisfed.org/series/TOTALSA

미국에서 한 달간 판매된 자동차 대수의 총합을 나타낸 지표다. 자동차는 가계 소비 총액 중 큰 비중을 차지하는 상품이다. 자동차 판매량의 증감은 소비 심리와 경제 상황을 관측하는 데 좋은 자료다. 자동차 한 대에는 무려 2만여 개의 부품이 필요하다. 완성차 업체뿐 아니라 부품 업체에서 유발되는 고용 효과도 지대하다. 그래서 자동차 산업은 경제에 미치는 연관 효과가 가장 큰 산업으로 꼽힌다. 자동차 판매량이라는 지표를 활용하기 좋은 이유는 하나 더 있다. 인플레이션의 효과가 상쇄된다는 점이다. 대부분의 상품은 시간에 따른 물가 상승 때문에 자연스럽게 가격이 오른다. 그러므로 같은 수량을 팔아도 매출은 점점 커진다. 그러나 '판매량'을 기준으로 하면 인플레이션 영향 없이 소비 상황을 나타낼 수 있다.

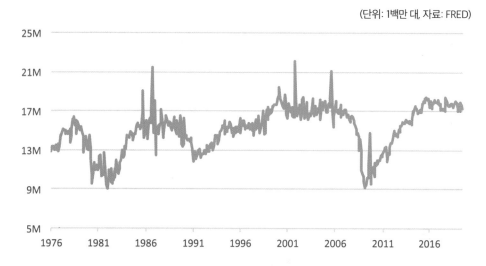

(단위: 1백만 대, 자료: FRED)

그림 6 - 13 미국 월간 자동차 판매량 (1976~2019)

(5) 계속 실업 급여 청구 건수

URL: https://fred.stlouisfed.org/series/CCSA

실업 급여는 자신의 의지와 관계없이 직업을 잃은 노동자에게 지급하는 수당이다. 자발적으로 직장을 그만둔 사람은 대상에서 제외된다. 실업 급여를 청구하는 사람들은 대부분 경제 악화로 실업자가 된 사람들이므로, 실업 급여 청구 건수는 고용 상황을 그대로 보여주는 지표다. 공공 근로 등으로 통계 마사지(?)가 가능한 실업률 통계와 달리, 그런 정부의 꼼수가 잘 통하지 않는다는 점이 이 지표의 가치를 더한다.

실업 급여를 청구하는 노동자들은 이미 일할 능력과 의지가 있는 사람들이다. 경제가 좋았다면 어딘가에서 이미 일하고 있을 사람들인데, 실업 급여 청구자가 늘어나는 건

순전히 경제 상황 때문이라 볼 수 있다. 현재 미국의 실업 급여 청구 건수는 1980년대 이후 최저 수준으로, 180만 명 밑으로 내려왔다. 39년간 인구 증가분을 감안하면 실제 고용 상황은 이전보다 훨씬 더 좋을 것이다. 그야말로 '완전 고용'이 가까워지고 있다고 할 수 있다. 한국을 비롯한 세계 상당수 선진국이 청년 실업 문제를 안고 있는 것을 생각하면 부러움이 앞선다.

(주기: 1주, 단위: 천 명, 자료: FRED)

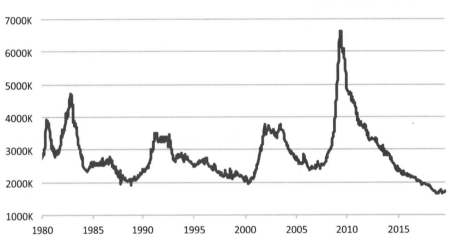

그림 6 - 14 미국 계속 실업 급여 청구 건수

(6) 생산자 물가 지수(Producer Price Index)

URL: https://fred.stlouisfed.org/series/PCUOMFGOMFG

생산자 물가 지수PPI는 생산자가 국내 시장에 출하하는 상품의 평균적 가격 변동을 측정한 지수다. 특정 시점을 기준으로 기업 간 거래되는 상품들의 물가가 얼마나 올랐는지 확인할 수 있다. 미국 PPI는 1984년 100으로 시작했다. 2019년 7월 현재 PPI는 198.1이다. 35년간 98% 상승한 것을 확인할 수 있다. 소비자들에게 물가 상

승은 결코 반가운 소식이 아니다. 그러나 국가적 경제의 관점에선 물가 상승보다 하락이 훨씬 위험하다.

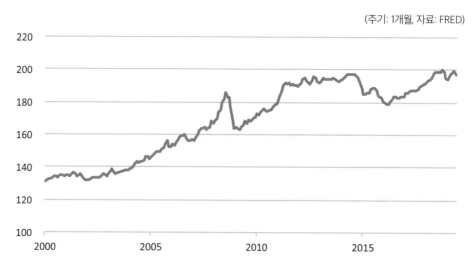

(주기: 1개월, 자료: FRED)

그림 6 - 15 생산자 물가 지수 (2000~2019)

선진국에서 공급 가격 하락의 원인은 대부분 과잉 생산에 있다. 기술력 향상으로 생산은 계속 증가하는데, 소비가 이를 받쳐주지 못해 가격이 하락하는 것이다. 공급 과잉인 상황에서 생산자는 필연적으로 생산을 줄인다. 이는 일자리 감소를 의미한다. 일자리가 감소하면 소비는 더욱 감소하는 악순환이 발생한다. 이것이 각국 중앙은행이 가장 경계하는 디플레이션Deflation 상황이다. 그러므로 적절한 수준의 생산자 가격 상승이 가장 양호한 경제 상황을 나타낸다고 볼 수 있다.

생산에서 소비로 연결되기까지의 간격 때문에 생산자 가격 변동이 더 먼저 발생하고, 소비 가격 변동이 뒤따르는 경향이 있다. 이 때문에 생산자 가격이 향후 경제를 예측하기에는 더 유리하다.

(7) 내구재 수주

URL: https://fred.stlouisfed.org/series/DGORDER

(단위: 달러, 자료: FRED)

그림 6 - 16　월간 내구재 수주 (1992~2019)

내구재 수주는 한 번 구입하면 최소 3년 이상 사용하는 내구재(자동차, 통신장비, 중장비, 항공기 등)의 월간 주문 총액이다. 내구재의 쓰임새를 생각해보면 이 지표가 왜 중요한지 알 수 있을 것이다. 내구재의 주요 매출처는 산업 현장이다. 내구재 매출의 증가는 제조업 업황이 좋다는 것을 의미한다. 더 많은 내구재를 주문한 기업은 더 많은 생산을 하고, 이것은 더 많은 일자리 창출로 이어질 것이 분명하다. 그러므로 내구재 주문은 경제 성장을 먼저 전망할 수 있는 창구 역할을 한다.

03. 경제 지표 활용하기(응용)

현재 경제 상태를 가늠할 수 있는 몇 가지 지표들을 알아보았다. 이제 현황 파악을 넘어서 미래의 주식 시장을 예측할 수 있는 단계까지 경제 지표를 응용해보자. 연체율

Delinquency Rate은 예측을 도와줄 훌륭한 자료 중 하나다.

연체란 채무자에게나 채권자에게나 가장 피하고 싶은 단어다. 그러나 현대 금융 시스템에서 필연적으로 발생하는 것이기도 하다. 일시적으로 현금이 부족하거나 상환 기일을 깜빡해서 며칠 연체가 될 수는 있다. 그러나 30일 넘게 연체한다는 것은 분명 채무자의 경제 상황에 심각한 문제가 있다고 봐야 한다. 연체율 집계에는 30일 이상 채무 상환을 연체한 대출자만 포함된다. 연체 중인 채무자들의 제1순위 목표는 빚 갚는 것이다. 즉 연체자들은 소비를 극단적으로 줄여야 하는 상황에 놓인다. 먹고 싶은 것을 못 먹고, 사고 싶은 것을 못 사는 사람들(연체자들)이 많아지니 연체율 상승은 민간 소비 감소로 이어진다. 바꿔 말하면, 연체율 상승은 경기 침체의 선행 지표 중 하나다.

(자료: FRED, Board of Governors of the Federal Reserve System (US))

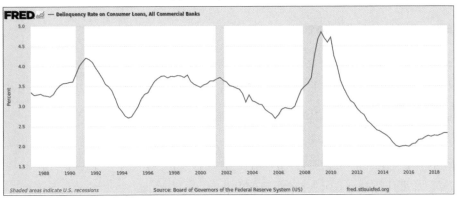

그림 6 - 17 미국 가계 대출 연체율(1987~2019)
※ 출처: https://fred.stlouisfed.org/series/DRCLACBS

〈그림 6-17〉은 미국의 가계 대출 연체율Delinquency Rate on Consumer Loans을 나타낸 그래프다. 회색으로 음영이 들어간 부분은 경기 침체 기간을 의미한다. 1987년부터

2019년까지 총 3번의 공식적 경기 침체가 있었다. 첫 번째는 빌 클린턴의 대통령 당선을 이끈 1990~1991년 경기 침체다. 두 번째는 2000년 말부터 2001년 초까지 닷컴 버블 붕괴 시기다. 가장 유명한 세 번째는 서브프라임 모기지 사태로 시작된 2008년 금융 위기다. 3번의 경기 침체 상황을 보면 모두 가계 대출 연체율이 경기 침체 전부터 상승하고 있었다. 경기 침체 전에 연체율이 상승하는 것이야 사실 놀라울 것은 없다. 더욱 재미있는 것은, 3번의 경기 침체의 직전 연체율이 매우 유사하다는 것이다.

	경기 침체 직전 분기	연체율
1990~1991년 침체	1990년 2분기	3.61%
2001년 침체	2001년 1분기	3.63%
2008~2009년 침체	2007년 4분기	3.40%
평균		3.55%

표 6 - 1 경기 침체 직전 가계 대출 연체율

3번의 경기 침체 모두 가계 대출 연체율이 3.5%에 근접해 있을 때 발생했다. 종합해 보면, 3번의 경기 침체 직전의 공통적인 연체율 상황은 다음과 같다.

첫째, 가계 대출 연체율이 지속적인 상승 중이다.
둘째, 가계 대출 연체율이 3.5%에 근접한다.

3번의 경기 침체는 공교롭게도 모두 2개의 조건이 충족되는 상황 하에서 발생했다. 87년부터 현재까지 2개의 조건에 맞는 상황은 4번 있었는데, 그중 경기 침체가 발생하지 않은 것은 96년 딱 한 번밖에 없다. 경제 상황에 영향을 주는 것은 무한히 많기 때문에, 몇 가지 변수가 마치 패턴처럼 보인다 하더라도 미래에도 동일하게 적용할 수는 없다. 그러므로 연체율만으로 무조건 경기 침체를 예단해서는 안 된다.

그러나 연체율을 투자자에게 주는 '침체 주의보'로 활용하는 것은 충분히 가능하다. 일기예보가 100% 맞는 것은 아니지만, 비가 온다는 예보를 듣고 사람들이 우산을 챙기는 것처럼 말이다. 연체율이 지속적으로 상승 중이고, 수치가 3.5%에 근접하고 있다면 다른 지표들을 함께 참고하며 경기 침체에 대비하는 건 나쁠 게 없다. 다행히도 2019년 현재 가계 대출 연체율은 2.5% 미만 수준을 유지하고 있다. 다만 2016년을 시작으로 점진적인 상승 중이기 때문에 연체율 추이를 주시해야 한다고 생각한다.

이상으로 거시 경제 지표를 응용하여 향후 경제 상황을 예측할 수 있는 하나의 사례를 소개했다. 독자 여러분께서도 경제 지표들을 활용해 투자에 활용하는 방법을 얼마든지 개발할 수 있다. 지표들과 경기의 상관관계를 찾아가는 과정은 생각지 못한 재미를 준다. 꼭 한번 시도해 보기 바란다.

다만 주의할 것은, 어떠한 조건과 경기 사이의 패턴을 발견했다 하더라도 무조건 투자에 활용해서는 안 된다. 반드시 조건과 경기의 상관관계를 설명할 수 있을 때만 투자에 활용해야 한다. 연체율 상승과 경기 침체의 관계처럼 말이다. 조금 황당하지만, 미국 주식 시장엔 이런 패턴도 있다. 나스닥 지수가 개발된 1970년 이후로, 1975년에서 2015년까지 숫자 '5'로 끝나는 해의 나스닥 지수는 모두 상승했다. 그러나 이런 패턴을 이용해 2025년 나스닥 지수 상승을 예측할 수는 없다. 5로 끝나는 해와 나스닥 지수의 상관관계를 그 누구도 설명할 수 없기 때문이다. 둘 간의 상관관계를 설명할 수 있는 사람은 아마 금세기 안으로 나타나지 않을 것이다.

03

스탯 투자와
스토리 투자

입시 제도에 대한 논란이 뜨겁다. 입시 제도와 전혀 무관한 삶을 사는 사람은 거의 없기 때문에 입시 제도에 관한 토론은 늘 격렬하다. 좋은 대학에 들어갈 인원은 한정되어 있는데, 어떤 평가 방법으로 학생을 선발할 것인지가 논란의 핵심이다. 정시 확대와 수시 확대, 보다 구체적으로 말하면 정량 평가와 정성 평가를 두고 의견이 양립하고 있다.

수능은 가장 확실한 정량 평가 방법이다. 전국의 학생들이 1년에 단 한 번, 똑같은 문제지로 시험을 응시한 다음, 그 점수로 줄을 세워 가고 싶은 대학을 선택할 수 있게 하는 것이다. 부정이 개입될 여지가 거의 없고 효율적이라는 장점이 있는 반면, 학생들의 다양한 재능과 잠재력을 수능 하나로 평가할 수 없다는 한계가 있다. 수시는 학과 점수와 함께 자기소개서, 활동 경력 등을 평가한다. 특정 분야에 재능 있는 학생들에게 기회를 주려는 취지였지만, 공정성 논란이 크다. 자기소개서나 활동 경력은 객관적으로 평가하기 어려워 자의적 요소가 개입될 여지가 있어서다.

한정된 모집 인원을 두고 선발 방법을 고민하듯이, 우리도 개인마다 한정된 투자금을 어느 주식에 배분해야 할지 머리를 싸매야 한다. 주식을 평가하는 방법은 수천, 수만 가지 이상이지만 결국 정량 평가와 정성 평가 두 갈래로 나뉜다. 기준은 바로 '숫자로 셀 수 있는가'다. 숫자로 셀 수 있는 지표를 통해 기업을 평가하는 것은 스탯Stat 투자, 숫자로 셀 수 없는 기업의 잠재력을 분석해 투자할 기업을 선별하는 것은 스토리Story 투자라 부른다.

1. 스탯 투자

매출 성장률, 부채 비율, PER 등의 지표는 모두 숫자로 표현되는 지표다. 이런 숫자 지표를 가지고 좋은 기업을 선별하는 것이 스탯 투자다. 고금을 막론하고 숫자의 미덕은 높고 낮음이 확실하다는 데 있다. 즉 특정한 스탯 지표로 기업을 비교하면 스탯이 좋은 기업과 나쁜 기업을 빠르게 가릴 수 있다. 스탯은 주관이 개입될 여지가 없는 객관적 지표라는 점도 장점이다.

반면 스탯 투자는 한계가 뚜렷하다. 인터넷이 발달한 요즘은 웬만한 스탯은 공개되자마자 5분 만에 전 세계인이 다 볼 수 있다. 내가 볼 수 있는 스탯은 다른 사람도 볼 수 있다. 스탯이 좋은 기업은 이미 주가도 올라 있을 가능성이 높고, 그러므로 스탯 투자만으로 고수익을 거두긴 어렵다. 다만 나쁜 기업을 걸러내는 용도로는 더욱 효과적으로 사용할 수 있다.

2. 스토리 투자

맥도날드는 미국에서 어린이들을 데리고 외식을 하기에 최적화된 공간이다. 우선 점포마다 주차장이 완비되어 있어 어린이들을 데리고 멀리 걸어갈 필요가 없다. 또 어린이들이 먹을 해피밀 세트를 장난감과 함께 제공한다. 미국의 많은 맥도날드는 놀이방 시설을 갖추고 어린 자녀들이 넘치는 에너지를 분출할 동안 부모가 휴식을 취할 수 있게 하고 있다.

이런 장점들 때문에 오늘도 미국 가정들은 어린 자녀들을 데리고 맥도날드에서 외식을 한다. 어린이들이 올려주는 당장의 매출도 눈에 띄지만, 맥도날드의 어린이 대상 마케팅의 효과는 훨씬 장기적으로 나타난다. 어린이들이 부모들과 맥도날드에 가서 행복한 시간을 보낼수록 어린이들의 뇌 속의 맥도날드는 '행복한 곳'으로 각인된다. 각인된 어린이들은 성인이 되어서도 맥도날드를 선호할 가능성이 높다. 이런 성인들이 가정을 이루면 다시 자녀들을 데려올 테니, 대대로 충성스러운 고객을 만드는 셈이다. 이 전략으로 맥도날드는 세계 최고의 외식 산업체 위치를 굳건히 지키고 있다. 오늘도 맥도날드에서 어린이들이 가져가는 행복한 기억은 맥도날드의 무엇과도 바꿀 수 없는 자산이다. 그러나 숫자로 표현할 수는 없다. 재무제표에도 '행복한 기억'이란 자산 항목은 없지 않은가? 이처럼 숫자로 표현할 수는 없지만, 기업의 흥망을 결정하는 잠재 요소를 분석하는 것이 스토리 투자다.

기업의 스토리는 쉽사리 눈에 띄지 않는다. 그 기업에 관심을 가져야 하고, 상품 분석이나 사업 구조 분석도 하는 과정이 필요하다. 그러므로 기업 하나를 분석하는 데 훨씬 시간이 많이 든다. 자기가 현업에 종사하거나 관심이 많은 산업일수록 어떤 기업이 잘 될지(혹은 잘못될지) 판단하기 쉽다. 그 방면에 대한 경험 덕분에 스토리가 더욱 잘 보이는 것이다. 그래서 자기가 잘 아는 산업에서 투자할 때 성공률은 다른 산업보다 훨씬 높다.

기업의 스탯은 확인하기 쉽지만, 기업의 스토리를 제대로 아는 사람은 적다. 그러므로 잘 분석한 기업의 스토리는 고수익을 얻는 데 훨씬 유리하다. 다만 객관성을 잃은 스토리 분석은 큰 손실을 야기할 위험도 있다.

스탯 투자	스토리 투자
장점	장점
- 빠른 시간에 많은 기업 분석 - 객관적 평가 쉬움	- 고수익 기회 많음 - 투자자의 경험을 활용할 기회
단점	단점
- 스탯 투자만으로 고수익 기업 - 찾기 어려움	- 평가의 객관성을 잃기 쉬움 - 분석에 많은 시간 소요

표 6 - 2   스탯 투자와 스토리 투자 장단점 비교

3. 효율적으로 기업 평가하기

스탯 투자와 스토리 투자는 각자의 장단점이 있다. 투자 종목을 선정할 땐 두 가지 방법을 모두 사용해야 한다. 스탯 분석은 나쁜 기업을 거르는 데 유용하다. 반대로 스토리 분석은 소수의 기업 중에서 투자할 종목 하나를 고를 때 적합하다. 그러므로 효율적인 종목 선정 과정은 다음과 같이 정리할 수 있다.

첫째, 스탯 분석으로 투자하면 안 될 기업을 걸러내고,

둘째, 스토리 분석으로 투자할 기업을 고른다.

예컨대 10개의 기업 중에서 매수 종목 하나를 고르는 경우를 생각해보자. 이 경우 스탯 분석으로 좋은 기업 3개를 추려낸 다음, 스토리 분석을 통해 최종 매수 종목을 결정하는 것이 효율적이다. 때에 따라서는 역순으로 기업을 분석하는 것도 가능하다. 어딘가에서 스토리가 좋은 기업을 발견했다면 주저 없이 스탯을 확인해보라. 스탯마저 좋다면 포트폴리오에 넣지 않을 이유가 없다.

04

스탯 분석하기

1. 잭스, 스탯 분석의 보물 창고

미국 주식 정보 사이트인 잭스(www.zacks.com)는 스탯 분석에 유용한 자료를 보기 쉽게 제공하는 사이트다. 관심 종목이 '착한 남자 주식'인지 확인하고 싶다면 다음의 URL을 입력해보라.

https://www.zacks.com/stock/research/종목 코드/earningsannouncements

링크는 Zacks의 기능 중 하나인 'Earnings Announcements'다. URL에서 붉게 표시한 종목 코드 부분에 검색할 종목의 코드를 입력해보라. 해당 기업의 약 6~7년간 실적 발표 내역이 보기 좋게 정리되어 나올 것이다. 종목 코드에 다음과 같이 스타벅스의 심볼인 'SBUX'를 채워 넣고 접속하면 〈그림 6-18〉과 같은 화면이 표시된다.

https://www.zacks.com/stock/research/SBUX/earnings-announcements

(자료: Zacks)

Earnings Announcements　Enter Symbol　Research for SBUX　Analyst　Snapshot

Earnings | Transcripts | Revisions | Splits | Dividends | Guidance

Search:

Date	Period Ending	Estimate	Reported	Surprise	% Surprise	Time
7/25/2019	6/2019	$0.72	$0.78	+0.06	+8.33%	After Close
4/25/2019	3/2019	$0.56	$0.60	+0.04	+7.14%	After Close
1/24/2019	12/2018	$0.65	$0.75	+0.10	+15.38%	After Close
11/1/2018	9/2018	$0.59	$0.62	+0.03	+5.08%	After Close
7/26/2018	6/2018	$0.60	$0.62	+0.02	+3.33%	After Close
4/26/2018	3/2018	$0.53	$0.53	0.00	0.00%	After Close
1/25/2018	12/2017	$0.57	$0.65	+0.08	+14.04%	After Close
11/2/2017	9/2017	$0.55	$0.55	0.00	0.00%	After Close
7/27/2017	6/2017	$0.55	$0.55	0.00	0.00%	After Close
4/27/2017	3/2017	$0.45	$0.45	0.00	0.00%	After Close

Showing 1 to 10 of 41 entries　Previous 1 2 3 4 5 Next

Show 10 entries

그림 6-18 스타벅스의 실적 발표 내역

착한남자주식 개념을 안다면 이 표가 익숙할 것이다. 스타벅스가 전형적인 착한남자 주식이라는 것을 한눈에 알아볼 수 있다. 우측 상단의 검색창에 다른 기업명을 검색하면 해당 기업의 실적 발표 기록으로 바로 이동한다. 스탯 분석의 꽃인 재무제표 분석도 잭스에서 가능하다. SEC나 IR 페이지에 접속할 필요 없이 웹사이트에서 여러 기업의 재무제표를 빠르게 볼 수 있다는 장점이 있다. 다음 <표 6-3>은 잭스에서 제공하는 유용한 스탯 분석 기능들의 링크다.

기능	URL
실적 내역	www.zacks.com/stock/research/종목 코드/earnings-announcements
재무 지표 종합	www.zacks.com/stock/quote/종목 코드/financial-overview
손익계산서	www.zacks.com/stock/quote/종목 코드/income-statement
재무 상태표	www.zacks.com/stock/quote/종목 코드/balance-sheet

표 6 - 3 분석 기능들

05

스토리 분석하기

1. 시킹 알파(https://seekingalpha.com/)

스토리 분석의 핵심은 객관성을 잃지 않는 것이다. 특히 선입견을 갖고 주식을 대할 때 객관성을 잃기 쉽다. 예컨대 우리가 나쁜 인상을 갖고 어떤 기업을 분석할 때, 부정적 스토리는 크게 보이고 긍정적 스토리는 무의식중에 과소평가한다. 짠맛을 잃은 소금은 아무 쓸모가 없듯이 객관성을 잃은 분석은 가치가 사라진다. 시킹 알파는 분석가들이 쓴 종목별 리포트Analysis를 제공하는 사이트다. 리서치 그룹, IT 전문가, 아마추어 투자자 등 다양한 배경을 가진 분석가들이 모인 곳이라 생각지 못한 관점을 발견할 수 있다는 것이 가장 큰 장점이다. 필자는 종목 분석을 어느 정도 진행한 후 시킹 알파를 참고하는 것을 추천한다. '나는 이렇게 생각하는데, 다른 사람들은 어떻게 생각할까?'라는 마음을 갖고 리포트들을 참고하는 것이다. 내 분석과 시킹 알파 리포트들을 비교하며 스토리 분석의 완성도를 높여보자.

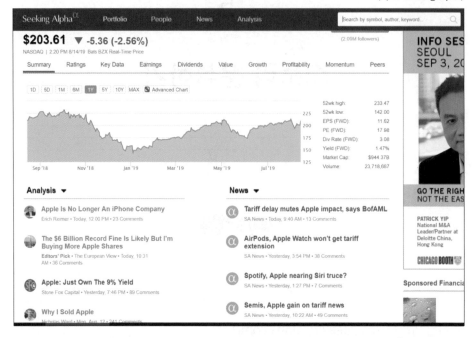

그림 6 - 19 시킹 알파의 종목 페이지

▶ 시킹 알파에서 보고서 읽기

① 시킹 알파 화면 우측 상단에 있는 검색창에서 종목을 검색, 종목 페이지로 연결

② 종목 페이지 좌측 하단 Analysis(분석) 항목의 분석 보고서를 클릭하여 읽기

2. 피어인사이트(https://www.gartner.com/reviews/home)

오라클Oracle은 데이터베이스 관리 시스템에서 독보적인 점유율을 가진 기업이다. 세계 각국의 어지간한 대기업과 금융 기관, 정부의 데이터베이스는 모두 오라클이 납품하고 있다. 안정적으로 확보한 매출처가 많아 꾸준한 이익 성장을 보여주는 기업이

다. 시가총액은 무려 인텔과 비슷한 기업인데 일반인에게 인지도는 낮다. 개인이 구매하는 제품이 거의 없어서다. 주로 기업에만 납품하여 인지도가 낮은 우량 IT 기업들이 미국 시장에 꽤 있다. 통신 장비 제조업체 시스코Cisco와 고객 관리 솔루션 제조업체 세일즈포스Salesforce 등이 좋은 예다.

기업의 제품을 직접 사용해 보는 게 가장 좋은 스토리 분석 방법이지만, 기업용 IT 솔루션들은 관련 업계에 있지 않은 이상 써볼 일이 거의 없다. 주변인에게 평가를 구하기도 쉽지 않다. 하지만 그냥 무시하기엔 아까운 기업들이다.

피어인사이트Peerinsights는 가트너가 운영하는 기업용 IT 소프트웨어 리뷰 사이트다. 현업에서 직접 IT 솔루션을 다루는 전문가들의 평가를 확인할 수 있다. 오라클처럼 유명한 소프트웨어엔 최소 수백 개에서 많게는 1천 개가 넘는 리뷰가 등록되어 있다. 리뷰가 많아질수록 집단 지성의 힘이 발휘되어 평가의 신뢰성이 높아진다. 경쟁사들의 제품 리뷰들을 비교하면서 어떤 기업의 제품이 경쟁력 있는지 참고할 수 있는 좋은 자료다.

최근 거대 IT 기업들이 앞다퉈 기업용 클라우드 시장에 진출하고 있다. 아마존의 주요 영업이익은 클라우드 서비스인 AWS가 책임진다고 봐도 될 정도다. 아마존에 투자하면서 AWS를 전혀 모른다면 큰 문제가 아닐 수 없다. 직접 운용할 정도는 못 되더라도 시장의 평가는 들어볼 필요가 있다. AWS를 실제로 사용하는 사람들에게 평가를 들을 수 있는 기회가 있는데 놓쳐서야 되겠는가? 기업용 IT 솔루션 제조사에 투자하기 전에 이 사이트를 반드시 참고해보자.

STOCK EXCHA

PART

07

2020년 주식 시장 키워드
스트리밍 & 헬스케어

01

스트리밍

1. 넷플릭스의 성공과 스트리밍 시장의 성장

(자료: Statista, Felix Richter)

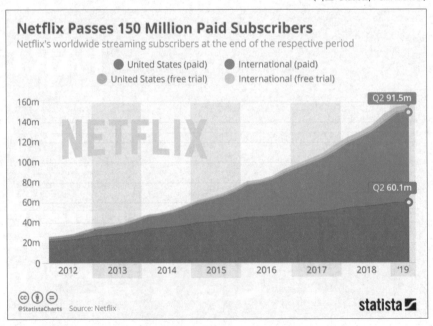

그림 7 - 1 넷플릭스 가입자 현황 (2012~2019)

넷플릭스의 유료 구독자가 2019년 1분기 기준 드디어 1억 5천만 명을 넘어섰다. 매출은 2018년 기준 157억 달러나 된다. 미국 내에서는 이미 성장세가 잦아들고 있지만, 대신 미국 외 지역에서 매우 빠른 성장 속도를 보이고 있다. DVD 우편 대여 사업을 하던 작은 기업은 이제 세계 미디어 시장의 큰손이 되었다. 2019년 스트리밍 시장의 전체 규모는 약 248억 달러다. 이중 절반 이상의 파이를 넷플릭스가 차지하고 있다. 눈덩이처럼 커지고 있는 스트리밍 시장을 넷플릭스가 혼자 먹고 있으니 미디어 기업들이 눈독을 들이지 않을 수 없다.

스트리밍 업계의 제왕 넷플릭스는 이미 몇 차례 방어전을 치렀다. 가장 위협적이었던 상대는 훌루Hulu였다. 디즈니, 타임 워너, 뉴스 코퍼레이션, 컴캐스트가 합작 투자한 스트리밍 사이트다. 넷플릭스를 겨냥해

그림 7 - 2 훌루

훨씬 저렴한 구독료를 앞세워 경쟁했지만 결국 넷플릭스에 한참 못 미치는 2천만 명의 유료 구독자를 유치하는 데 그쳤다. 넷플릭스가 훌루를 넘어설 수 있었던 비결은 바로 '오리지널 콘텐츠'다.

그림 7 - 3 넷플릭스 오리지널 콘텐츠

오리지널 콘텐츠는 스트리밍 기업이 자체 제작한 영화와 드라마를 말한다. 오직 넷플릭스에서만 볼 수 있는 오리지널 콘텐츠 때문에 넷플릭스 구독을 계속하는 사람들이 많다. 자체 제작 콘텐츠가 하나도 없던 상태에서 시작한 넷플릭스는 콘텐츠 제작에 엄청난 돈을 쏟아부었다. 〈하우스 오브 카드〉, 〈나르코스〉 등 넷플릭스 오리지널 시리즈들의 연이은 성공은 넷플릭스의 성공에 큰 역할을 했다. 넷플릭스의 콘텐츠 예산은 업계의 상식을 벗어난 수준이다. 넷플릭스의 2019년 콘텐츠 제작 예산은 150억 달러다. 2018년 총 매출이 157억 달러다. 작년 매출 전액을 고스란히 콘텐츠 제작에 투자하고 있는 것이다.

넷플릭스의 투자는 일반적인 기업 경영의 관점으로 보면 터무니없이 과도하다. 당장의 수익성보다는 콘텐츠 경쟁에서 우위를 확보하겠다는 전략이다. 넷플릭스도 자신들이 콘텐츠에 과도한 지출을 하고 있다는 것을 수긍하며 '돈을 태우고 있다Burning Cash'라는 표현을 썼다. 훌루는 넷플릭스의 엄청난 물량 공세 앞에 무릎을 꿇고 말았다. 넷플릭스는 매출 전부를 콘텐츠 제작에 쓰고 있는데, 매출이 훨씬 적은 훌루가 넷플릭스만큼의 투자가 가능할 리 없었다. 돈 태우기 전략은 넷플릭스가 업계 선두 자리를 지키는 가장 간단하고 확실한 전략이었다.

2. 스트리밍 세계 대전

2019년 미디어산업 시가총액 1위 기업 월트 디즈니The Walt Disney Company가 스트리밍 서비스 '디즈니 플러스'Disney+ 런칭을 발표했다. 상당 기간 스트리밍 업계에서 사실상의 독점적 지위를 누려왔던 넷플릭스가 처음으로 진짜 맞수를 만난 격이다. 100년 역사의 디즈니가 보유한 오리지널 콘텐츠는 자체 제작을 시작한 지 갓 10년 된 넷플릭스를 압도한다. 그동안 넷플릭스는 돈의 힘으로 상대를 꺾어 왔는데, 디즈니가 직접 나선다면 자금력에서도 넷플릭스가 우위에 설 수 없게 된다.

(단위: 10억 달러, 자료: 각 사업보고서)

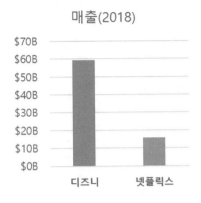
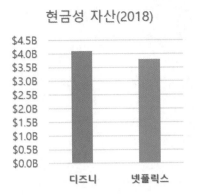

그림 7 - 4　디즈니와 넷플릭스의 매출 및 현금성 자산 (2018)

디즈니의 매출은 넷플릭스보다 3배 이상 많고, 현재 보유한 현금성 자산도 근소하게 앞선다. 넷플릭스와 '돈 태우기 경쟁'이 가능한 기업이다. 사실 100년간 누적된 자체 제작 콘텐츠 덕분에 넷플릭스처럼 오리지널 콘텐츠를 만들기 위해 제작비를 쏟아붓지 않아도 되는 유리한 상황에 있다. 디즈니, 픽사, 마블, 스타워즈, 내셔널 지오그래픽. 디즈니가 갖고 있는 메이저 프랜차이즈만 5개다. 각 프랜차이즈 1개만으로도 상장 기업 1개를 만들 수 있을 정도로 파급력이 큰 브랜드들이다. 디즈니는 앞으로 5개 프랜차이즈의 콘텐츠를 다른 스트리밍 사이트에 공급하지 않고 오직 디즈니 플러스에서만 상영하겠다고 밝혔다. 현재 디즈니는 넷플릭스에도 어벤져스 등 일부 콘텐츠를 공급하고 있다. 2019년을 끝으로 디즈니 작품의 넷플릭스 공급은 중단할 예정이다.

그림 7 - 5 디즈니 독점 콘텐츠

넷플릭스의 자체 제작 비중이 높긴 하지만, 아직 넷플릭스 전체 시청 시간의 63%는 타사에서 공급받은 콘텐츠가 차지하고 있다. 특히 넷플릭스의 오리지널 콘텐츠는 성인들에게 평가가 높은 데 비해 저연령층을 위한 콘텐츠가 부족하다. 디즈니와의 파트너십은 넷플릭스의 취약점을 채워주는 좋은 장치였다. 아직도 넷플릭스의 어린이용 콘텐츠 중에서 디즈니와 픽사의 작품의 비중이 매우 크다. 내년부터 디즈니 작품들이 전부 사라진다면 넷플릭스 콘텐츠 생태계엔 상당한 손실이다. 자녀들과 함께 볼 목적으로 넷플릭스를 구독하는 부모들에게 매력이 떨어질 것이다. 넷플릭스로서는 대대적인 전략 수정이 필요하게 되었다.

디즈니는 시작에 불과했다. 넷플릭스에 불리한 환경이 조성되자 거대 기업들의 본격적인 스트리밍 시장을 향한 도전이 더욱 거세지고 있다. 공식적으로 스트리밍 세계대전에 참전을 선언한 기업은 6개다. 넷플릭스, 디즈니, AT&T, 아마존, 애플, 그리고 컴캐스트까지 하나같이 만만히 볼 수 없는 기업들이다.

도전을 받는 입장인 선발 주자 넷플릭스는 '더 비싸고 더 좋은 제품'을 추구하는 고급화 전략을 선택했다. 넷플릭스는 2019년 역대 가장 큰 폭의 가격 인상을 발표했다. 가장 인기 있는 스탠다드 플랜의 가격을 $11/

NETFLIX

그림 7 - 6 넷플릭스

월에서 $13/월로 인상했다. 이것은 스트리밍 업계에서 가장 비싼 가격이다. 넷플릭스는 가격 경쟁 대신 콘텐츠의 질을 높여 승부하려는 의지가 강하다. 넷플릭스는 세계 시장을 겨냥한 현지화에도 가장 적극적이다. 세계 6위 영화 시장인 한국 시장에도 일찌감치 안착했다. 엘지 U+와 제휴하여 TV에 넷플릭스 앱을 공급하고 있다. 또한 〈킹덤〉, 〈아이유의 페르소나〉 등 한국 배우들을 기용한 자체 제작 시리즈들을 선보이고 있다.

스트리밍 시장에서 넷플릭스의 강점은 가장 강력한 콘텐츠 생산력이다. 구독료가 비싼 만큼 제작비를 많이 들여 최고의 작품들을 뽑아내고 있다. 특히 성인용 시리즈들의 평가가 매우 좋다. 반면 넷플릭스의 장래를 어둡게 보는 시각도 상당히 많다. 넷플릭스는 이미 경쟁자들보다 2배 가까이 비싼 요금을 받고 있다. 지금과 같은 기세로 제작비를 퍼붓는다면 더 비싼 구독료를 받아야 하는데, 이 경우 소비자들에게 외면받을 가능성이 높다. 양질의 자체 제작 콘텐츠 확보와 합리적 가격 유지라는 두 가지를 모두 달성해야 하는 난감한 처지에 놓였다.

그림 7 - 7 디즈니 플러스

90년대의 어린이들은 〈디즈니 만화 동산〉을 보려고 일요일 아침 졸린 눈을 비비며 일어나야 했다. 2020년대의 어린이들은 인터넷이 되는 곳이면 어디서든 디즈니 만화를 마음껏 볼 것이다. 2019년 11월 디즈니 플러스를 오픈 예정인 디즈니는 넷플릭스에게 가장 위협적인 상대다. 이미 공개된 구독료는 $6.99/월이다. 넷플릭스의 거의 반값이다. 7달러에 5개 프랜차이즈의 콘텐츠를 무한 시청할 수 있다면 누구나 관심을 가질 것이다. 자체 제작 콘텐츠의 양도 엄청나다. 21세기 최고의 프랜차이즈인 마블 시네마틱 유니버스도 디즈니의 소유다. 현재는 넷플릭스에서도 어벤저스 시리즈를 볼 수 있지만, 내년부터는 디즈니 플러스에서만 볼 수 있다. 많은 전문가들은 스트리밍 전쟁의 최후의 승자가 디즈니가 될 것으로 전망한다.

디즈니의 강점은 전 연령 대상 콘텐츠가 매우 풍부하다는 것이다. 이 점에서는 스트리밍 시장의 모든 경쟁자들을 압도한다. 여러 스트리밍 사이트를 구독하는 것이 비용상 부담스러운 가정에서는 모든 연령이 볼 수 있는 디즈니 플러스를 선택할 것이다. 자체 제작 경험이 많아 효율적인 제작비 집행이 가능하다는 것도 디즈니의 유리한 점이다. 디즈니가 걱정해야 할 것은 오히려 디즈니 플러스의 성공에 따른 자기 시장 침식(카니발리제이션)이다. 디즈니의 주력 매출은 케이블 방송국 운영과 극장 개봉 수익이다. 디즈니 플러스는 이들의 훌륭한 대체재이기 때문에 디즈니 플러스가 성공할수록 케이블 채널과 극장 수익이 감소할 것으로 예상된다. 자칫하면 한쪽에서 벌고 다른 쪽에서 까먹는 상황이 되는 것이다. 디즈니 플러스의 성공이 곧 디즈니의 성공으로 이어질지 지켜봐야 할 대목이다.

그림 7 - 8 아마존 프라임 비디오

안 하는 게 없는 아마존. 못하는 게 없는 아마존. 비디오 스트리밍 서비스도 이미 예전부터 하고 있었다. 아마존의 유료 멤버십인 '아마존 프라임'을 구독하면 무료 배송, 음악 스트리밍, 무료 게임 다운로드 등과 함께 비디오 스트리밍 서비스인 '프라임 비디오'를 시청할 수 있다. 가격은 $12.99/월. 스트리밍 사이트로서는 비싼 가격이지만 다른 혜택이 많기 때문에 동일 선상에 비교할 수는 없다. 2016년에는 프라임 비디오만 시청할 수 있는 $5.99/월 멤버십도 추가로 개설했다.

아마존도 자체 제작 콘텐츠 확보에 많은 노력을 기울이고 있다. 2019년 약 70억 달러를 콘텐츠 제작에 투입할 예정이다. 현재 넷플릭스를 제외하면 가장 많은 투자를 하고 있다. 아마존에겐 프라임 비디오가 주력 사업이 아니라는 것을 감안하면 꽤 큰 지출이다. 프라임 비디오를 독자적인 사업 분야로 성장시키는 것까지 목표로 하는 것으로 보인다.

스트리밍 전쟁이 완전한 '돈 풀기 싸움'으로 번졌을 때 가장 무서운 기업은 현금 동원력이 강한 기업이다. 현금 동원력으로만 보면 아마존이 가장 강하다는 평가를 받고 있다. 현금성 자산은 애플이 더 많지만 마음대로 쓸 수 있는 현금은 그리 많지 않다. 애플의 사업 환경 때문이다. 애플의 주력 사업인 스마트폰 산업은 세계에서 경쟁이 가장 치열한 산업이다. 삼성이나 화웨이에 밀리지 않기 위해 천문학적인 개발비를 매년 지출해야 한다. 돈은 많지만 이미 쓸 곳이 정해져 있는 셈이다. 반면 아마존은 이미 유통업에서 독보적인 입지를 확보했기 때문에 경쟁 상대라 할 만한 기업을 찾기 어렵다. 경쟁사를 이기기 위해 주력 사업에 과한 투자를 할 필요가 없다. 스트리밍에 투자할 현금을 확보하는 데 한결 여유롭다.

프라임 비디오가 해외 시장 개척에 소극적인 것이 아쉬운 점이다. 프라임 비디오는 아직 해외 시장을 위한 현지화 콘텐츠가 매우 부족하다. 또한 외국어 자막 서비스가 거의 없고 오직 영어 자막만 제공한다. 빠르게 성장하는 해외 시장 선점을 위한 노력이 필요해 보인다.

그림 7 - 9 애플 TV

애플은 아이폰으로 대표되는 하드웨어 제조사의 이미지가 강했다. 그러나 최근 들어 서비스와 콘텐츠 부문을 강화하며 단순 하드웨어 제조사 이미지를 탈피하려고 시도하고 있다. 애플도 스트리밍 서비스 애플 TV+를 발표했다. 13억 명의 아이폰 사용자 수는 애플이 구독형 서비스를 시작했을 때 큰 이점으로 작용할 것이다. 아이폰 사용자의 10%만 스트리밍 고객으로 끌어들여도 단숨에 넷플릭스와 대등한 규모로 올라서게 된다.

애플은 이미 콘텐츠 제작에 수십억 달러를 제작비로 편성했다고 알려졌다. 현재 서비스 개시를 앞두고 초호화 캐스팅을 앞세운 기대작 〈모닝 쇼〉를 제작 중이다. 헐리우드 스타 제니퍼 애니스톤, 스티브 카렐, 그리고 리즈 위더스푼이 출연한다. 토크쇼의 여왕 오프라 윈프리, 거장 스티븐 스필버그가 참여한 작품들도 애플 TV+ 독점으로 공개될 예정이다.

막강한 자금력과 13억 아이폰 사용자는 애플 TV+의 든든한 뒷배경이다. 조건상으로는 실패할 가능성이 0에 가까워 보인다. 거의 유일한 단점은 헐리우드와 애플의 문화적 차이이다. 헐리우드의 제작자와 작가들은 투자자의 개입 없이 일하는 것을 선호한다. 애플의 기업 문화는 반대로 CEO인 팀 쿡이 모든 것을 챙기는 것이 일상화되어 있다. 제작자들 사이에서는 팀 쿡과 애플 임원들의 '과도한 개입' 때문에 불만의 목소리가 나온다.

애플과 일했던 한 프로듀서는 "애플은 수시로 작가들을 해고하고 새로 고용한다. 그들이 뭘 원하는지 명확하지 않다"고 밝혔다. 애플 경영진의 의견을 실시간으로 제작진에 전달하고, 그들의 입맛대로 내용을 바꾼다는 것이다. 경쟁사인 넷플릭스는 제작 도중 콘텐츠에 거의 개입하지 않는 것으로 유명하다. 유능한 제작자들은 제작 환경이 자유로운 넷플릭스 쪽으로 몰려들 가능성이 높다. 애플과 제작자들의 조화가 애플 TV+ 성공의 가장 큰 숙제다.

그림 7 - 10   AT&T HBO

미국 최대 통신사인 AT&T는 854억 달러(약 100조 원)에 워너미디어(타임 워너)를 인수했다. 워너미디어 자회사인 케이블 채널 HBO는 초대박 블록버스터 시리즈 〈왕좌의 게임〉 제작사다. AT&T도 HBO 브랜드를 이용한 스트리밍 사이트를 준비하고 있다. AT&T의 통신과 케이블 TV에 스트리밍을 결합한 요금제가 출시될 것으로 보인다.

다만 이쪽도 애플과 비슷한 진통을 겪고 있다. AT&T의 보수적인 기업 문화와 HBO의 개방적인 문화의 충돌이다. 과거 워너미디어는 수익성 높은 HBO에게 최대한 독립성을 보장해주었다. 하지만 워너미디어를 인수한 AT&T는 HBO를 강하게 통제하려고 한다. HBO의 전직 관리자는 "AT&T에는 지휘하고 통제하는 문화가 있다. 회의 시간 중 질문하거나, 상사에 반하는 의견을 내놓을 수 없다"라면서 협업하고, 반대 의견을 자유롭게 내는 HBO의 문화와 반대라고 꼬집었다. [13]

HBO의 작품들은 평균적인 퀄리티가 높은 것으로 유명하다. 날림으로 이것저것 많이 만들기보단 적은 숫자라도 하나하나 최선을 다해 만들겠다는 것이 HBO의 제작 철학이다. 〈왕좌의 게임〉은 그런 장인정신의 집대성이다. 그런데 당장 스트리밍 사이트를 열어야 하는 AT&T는 자체 제작 프로그램을 하나라도 더 찍어서 구색을 갖추고 싶은 입장이다. AT&T는 최대한 많은 작품을 적당한 예산으로 제작하라 지시하는데, HBO는 적은 작품에 제작비를 아낌없이 쓰기를 원하니 불협화음이 발생한다.

HBO의 고품질 소량 생산 전략이 스트리밍 사이트엔 적합하지 않다는 분석도 있다. 〈왕좌의 게임〉 같은 인기 시리즈가 끝난 후 구독자들을 어떻게 붙잡아 둘지가 문제다. HBO는 AT&T 인수 이전부터 자체 스트리밍인 HBO NOW를 운영했지만, 가입자 수는 5백만에 그치며 실패했다. HBO의 근본적 체질을 바꿔야 하는 문제다. AT&T는 이미 인수 자금으로 거금을 썼으니 여기서 물러설 수도 없는 노릇이다. HBO의 장인정신과 AT&T의 비즈니스 감각이 융화되지 못한다면 AT&T의 스트리밍 서비스의 전망은 밝지 않다.

그림 7 - 11 컴캐스트 NBC 유니버설

케이블 통신사인 컴캐스트도 자회사인 NBC 유니버설과 함께 스트리밍 서비스를 시작한다고 발표했다. 아직 가격 등 구체적인 사항은 나오지 않았다. 그러나 스트리밍 시장 참여만으로도 넷플릭스에게 큰 타격이 될 전망이다. 넷플릭스 최고의 인기 프로그램이 NBC의 스트리밍 사이트로 옮겨갈 예정이기 때문이다.

순위	제목	제작사
1	더 오피스	NBC
2	사브리나의 오싹한 모험	넷플릭스
3	프렌즈	워너
4	그레이 아나토미	ABC
5	하우스 오브 카드	넷플릭스
6	그레이트 브리티시 베이크 쇼	넷플릭스
7	데어데블	넷플릭스
8	나르코스 : 멕시코	넷플릭스
9	힐 하우스의 유령	넷플릭스
10	크리미널 마인드	CBS

표 7 - 1 2018년 11월 넷플릭스 시청 시간 순위

2018년 구독자들이 넷플릭스에서 가장 많이 시청한 작품은 NBC의 시트콤 〈더 오피스〉다. 전 세계에서 무려 520억 분52 Billion Minutes이나 재생되었다. 그러나 2021년을 끝으로 더 이상 넷플릭스에서 〈더 오피스〉를 볼 수 없다. 넷플릭스 최고의 히트작 〈더 오피스〉를 따라서 팬들이 이탈할 가능성이 크다. 〈더 오피스〉가 컴캐스트에서 독점 방영될 것은 거의 기정사실이니, 넷플릭스 입장에선 이래저래 난감한 상황이다.

스트리밍 전쟁의 결말을 현시점에서 예단하기는 어렵다. 한 가지 확실한 것은 현재 제작비 규모가 스트리밍 사이트에 수익에 비해 너무 커졌다는 것이다. 수익 대비 비용이 큰 상태가 오래 유지될 수는 없다. 머지않아 승자가 될 1~2개 스트리밍 사이트만 남고 나머지는 정리될 가능성이 높다.

3. 전쟁의 숨은 승자들

스트리밍 사이트들이 온갖 콘텐츠를 돈으로 싹쓸이해가면서, 기존 방송국들에겐 비상이 걸렸다. 시청자들을 확보할 수 있는 콘텐츠 가격이 천정부지로 올라버린 것이다. 프로스포츠는 방송국들에게 효자 콘텐츠다. 각 스포츠 구단이 확보한 팬들이 올려주는 고정 시청률이 존재하기 때문에 투자 대비 수익이 안정적이다. 그런데 콘텐츠 확보 경쟁이 치열해지며 인기 스포츠들의 중계권 가격이 천문학적으로 올랐다. 이제 예전에는 거들떠보지도 않던 스포츠들의 중계권 가격까지 오르고 있다.

그림 7 - 12 MLS

데이비드 베컴이 LA 갤럭시에 입단했을 때 미국에 프로축구리그가 있다는 걸 처음 안 사람들이 많았다. 전 세계 최고 인기 종목인 축구가 미국에서는 이상하게 인기가 없다. 미국 4대 스포츠인 미식축구, 야구, 농구, 아이스하키와는 비교가 안 될 정도다. 미국 프로축구리그 MLSMajor League Soccer의 TV 중계권은 과거엔 아주 헐값이었다. 2007년 시즌 전체 중계권료는 최저 1백만 달러, 한국 돈 10억이 조금 넘는다. 요즘 K리그도 팀 내 최고 연봉이 10억이 넘는 팀이 많다. 1년 중계권료가 선수 한 명 연봉만큼도 못하다는 게 미국 방송계에서 MLS가 받던 취급을 보여준다.

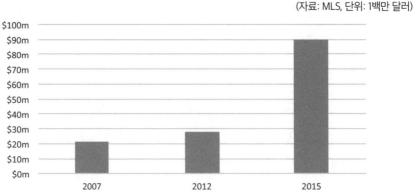

(자료: MLS, 단위: 1백만 달러)

그림 7 - 13 MLS 연도별 중계권 수익

넷플릭스의 등장과 함께 스트리밍 산업과 기존 방송국의 콘텐츠 확보 경쟁이 시작되자 기존에 외면받았던 콘텐츠들도 부르는 게 값이 되었다. 2015년 중계권료는 최저 1천 5백만 달러, 최고 7천 5백만 달러까지 올라갔다. 총 중계권료 수입은 2007년 2천 1백만 달러에서 2015년 9천만 달러로 네 배 이상 뛰었다.

스트리밍 사이트는 돈만 있으면 금방 만들 수 있지만, 그 안에 채워 넣을 인기 콘텐츠는 쉽게 만들 수 없다. 일단 확실한 시청자가 보장되는 스포츠의 몸값이 더 높아지는 건 당연한 현상이다. 일각에서는 거품이라는 말까지 나오는 스포츠 방영권 경쟁 속에서 스포츠 비슷한 것(?)인 프로레슬링도 예외는 아니었다.

프로레슬링 기업 WWE도 콘텐츠 경쟁의 뒤에서 조용히 큰돈을 벌고 있는 수혜자다. WWE는 프로레슬링 쇼 개최와 관련 부가 상품을 판매하는 종합 엔터테인먼트 기업이다. 2019년 8월 기준 시가총액 55억 달러의 NYSE 상장사다. WWE 레슬링 쇼는 전 세계에서 중계되는 인기 콘텐츠다. 한국에서도 케이블 채널에서 생중계되고 있다.

(자료: WWE)

그림 7 - 14 WWE 프로레슬링

WWE의 프로레슬링 쇼 RAW는 20년이 넘게 매주 방영한 장수 프로그램이다. 누적 에피소드가 1,000회에 달한다. WWE도 2000년대 이전엔 방영권을 판매하는 것이 아니라 오히려 WWE가 방송국에 돈을 주고 방송 시간을 샀다. 그러나 요즘은 중계권 재계약 때마다 방영권료 신기록을 경신하며 방송국들의 러브콜을 받고 있다.

프로레슬링은 격투기와 비슷하게 연출한 일종의 드라마라고 할 수 있다. 타 스포츠에 비해 방송국이 선호하는 특성을 갖고 있다. 우선 경기 시간을 조절할 수 있어 생중계를 하더라도 방송 편성에 지장이 없다. 둘째로 다른 스포츠는 1년 내내 할 수 없기 때문에 연중 휴식 기간이 필요하다. 그러나 프로레슬링은 비시즌이 없이 매주 방영된다. 마지막으로 각 경기 시간이 짧아 경기마다 광고를 넣을 수 있다. 이런 장점 덕에 유명 방송국들이 WWE의 방영권을 가져오기 위한 유치전이 치열하다.

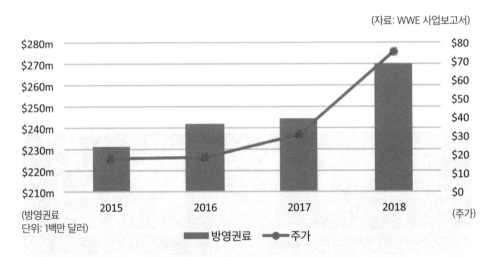

(자료: WWE 사업보고서)

그림 7 - 15 WWE TV 방영권 수익과 주가 (2015-2018)

중계권 수익과 함께 주가도 치솟는 중이다. 2015년 17.8달러였던 주가가 2018년 74.7달러로 마감했다. 지금은 아직 스트리밍 산업에서 스포츠 방영권 경쟁까지 불붙은 상황은 아니다. 순수 방송국들의 경쟁으로 스포츠 방영권료가 오른 것인데, 본격적으로 스트리밍 기업들이 방영권까지 탐내기 시작하면 방영권 가격은 한없이 오를 수 있다. 2020년에도 콘텐츠 제작사들은 스트리밍 전쟁의 뒤에서 숨은 승리자가 될 가능성이 높다.

02

헬스케어

1. 버니 샌더스의 두 번째 도전

미국의 45대 대통령 도널드 트럼프의 첫 번째 임기 마지막 해가 다가오고 있다. 지난 대선에서 사실상 도전자 입장이었던 트럼프가 이번 2020년 대선에선 도전을 받는 입장이 되었다. 미국 민주당은 이번 대선에서 트럼프와 맞설 후보를 지명해야 한다. 현재 유력 경선 후보들의 가닥이 잡히는 가운데, 안정적으로 10% 이상의 지지율을 확보한 상위권 후보는 3명으로 압축되고 있다. 선두 그룹은 조 바이든, 버니 샌더스, 엘리자베스 워런 3명이다.

선두인 조 바이든은 민주당 내 온건파 그룹의 대표적 인물이다. 오바마 행정부의 부통령을 지냈다. 여론조사마다 엎치락뒤치락하며 2, 3위를 형성한 버니 샌더스와 엘리자베스 워런은 강경 좌파 성향이라는 공통점을 갖고 있다. 버니 샌더스는 지난 대선에서도 출마해 힐러리와 민주당 후보 자리를 놓고 경합을 벌였다. 이번이 두 번째 도전인 버니 샌더스가 비장의 카드를 선보였다. 잠깐, 주식 책에서 웬 정치 얘기를 이렇게 길게 하냐고? 보기 싫다면 이후 내용은 넘겨도 좋다. 헬스케어 주식에 '전혀' 관심 없다면 말이다.

폭풍을 몰고 온 것은 버니 샌더스가 2019년 4월 10일 발의한 '메디케어-포-올 Medicare-for-All' 법안이다. 버니 샌더스는 법안을 발의하며 2020년 대선 공약으로 메디케어-포-올을 공식화했다. 이 법안을 이해하기 위해선 미국의 의료 제도를 알 필요가 있다. 미국의 의료 보장 제도는 크게 3가지로 구분된다. 메디케어, 메디케이드, 그리고 민영의료보험이다.

메디케어Medicare는 미국 연방 정부가 직접 운영하는 건강보험 프로그램이다. 65세 이상 또는 장애인인 미국 시민이 대상이다. 메디케어의 대상자들은 저렴한 의료보험료만 지불하고 의료비 보조 혜택을 받을 수 있다. 메디케이드Medicaid는 65세 미만의 저소득층을 위한 의료비 보조 제도이다. 메디케이드는 정부가 돈을 제공하고 운영은 민영 의료보험사가 위탁하는 경우가 많다. 65세 미만이며, 저소득층이 아닌 미국인들은 공공 의료 보장 범위 바깥에 있다. 이 사람들은 민영의료보험에 직접 가입해야 한다. 물론 보험료는 공영보다 훨씬 비싸다. 1인당 약 20~30만 원을 매월 납입해야 한다. 4인 가정 기준 의료보험료만 달마다 100만 원 가까이 지출하는 것이니 부담이 크다.

아무런 의료보험이 없는 사람들은 병원에서 의료비 폭탄을 맞는다. 한국에서 맹장수술은 특진비까지 합쳐 150만 원 이내면 받을 수 있다. 미국에선 맹장 수술이 무려 15,930달러, 우리 돈으로 2천만 원에 달한다.[14] 이마저도 기본 수술비만 계산한 것이다. 특진이 더 들어가면 치료비는 아득히 불어난다. 간단한 수술 한번 받고 수억 원의 청구서를 받았다는 사람들이 부지기수다. 미국 가계 파산의 70%가 의료비 때문이라는 연구 결과가 있을 정도다.

그림 7 - 16 1대1 가상 대결에서 도널드 트럼프를 꺾은 미국 민주당 경선 후보 버니 샌더스

버니 샌더스의 의료보험 공약인 메디케어-포-올은 이름 그대로 65세 이상에게만 제공되었던 메디케어 혜택을 전 국민에게 제공하는 것이다. 이 공약이 정조준하고 있는 것은 민영의료보험사들이다. 저렴한 전 국민 공공의료보험이 있는데 값비싼 민영보험에 가입할 사람이 몇이나 되겠는가? 이는 대한민국의 사례를 봐도 알 수 있다. 공공보험인 국민건강보험이 잘 시행되고 있어 민영의료보험 없이도 기본적인 치료를 저렴하게 받을 수 있다. 의료보험 보장 범위 외 질환을 보장해주는 실손의료보험도 월 1만 원 안팎으로 매우 저렴하다. 메디케어-포-올이 시행되면 민간보험은 공공보험에 사실상 통폐합될 전망이다.

버니 샌더스의 메디케어-포-올 공약은 발표 직후부터 엄청난 반향을 불러왔다. 의료보험은 남녀노소, 소득 수준과 관계없이 모든 사람에게 중요한 관심사이기 때문에 정치에 관심 없었던 유권자들까지 샌더스에 지지를 보내고 있다. 당내 또 다른 대선 주자인 엘리자베스 워런을 비롯한 민주당 내 진보 정치인들도 메디케어-포-올에 지지를 보탰다. 실제로 버니 샌더스의 지지율은 메디케어-포-올 발표 후 급상승했다. 일부 여론조사에서는 1위 조 바이든을 넘어서기도 했다. 트럼프와의 가상 대결에서도 앞서는 결과가 나왔다.

당내 온건파의 좌장인 조 바이든은 메디케어-포-올 대신 서민 가정에 대한 의료비 보조금 확대를 주장하고 있다. 조 바이든은 오바마 행정부 출신 인사답게 '오바마 케어'를 계승하는 데 무게를 뒀다. 미국 정부 예산으로는 메디케어-포-올이 미래에 가져올 막대한 지출을 감당할 수 없다는 것이 그의 주장이다. 민주당 주류는 조 바이든의 입장을 지지하며 메디케어-포-올의 비현실성을 우려하고 있다.

2. 버니 샌더스 vs 헬스케어 산업

버니 샌더스의 대통령 당선 가능성이 높아지자, 헬스케어 산업은 말 그대로 발등에 불이 떨어졌다. 미국 정부가 제아무리 돈이 많다 한들 의료보험에 지출할 수 있는 예산은 한정되어 있다. 샌더스의 공약대로 의료 보장을 실시하려면 의약품과 의료 장비에 대한 지불액을 가능한 한 낮춰야 한다. 그러므로 헬스케어 제품에 대한 가격 인하 압박이 이전보다 훨씬 강해질 것은 두말할 나위가 없다. 이러한 우려는 증시에서도 그대로 반영되었다.

메디케어-포-올이 발표된 2019년 4월은 미국 증시와 헬스케어의 희비가 크게 엇갈렸던 달이다. 4월 S&P 500 상승률은 3.9%로 큰 하락 없이 완만한 상승장이었다. 그러나 S&P 500 헬스케어 상승률은 -2.74%로 죽을 쒔다. 특히 민영 의료보험사들의 타격이 가장 컸다. 메디케어-포-올 발표 후 의료보험사들의 시가총액이 무려 300억 달러나 증발했다는 보도도 나왔다. 샌더스가 인기가 올라갈수록 의료보험사 주가는 내려가는 현상이 발생했다. 보험사들은 버니 샌더스의 당선을 사활을 걸고 막아야 하는 처지에 놓였다.

(자료: 인베스팅)

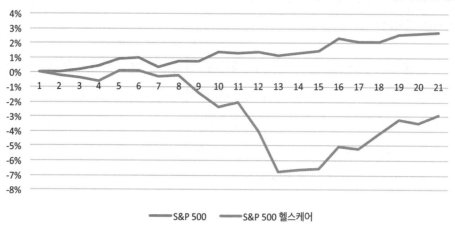

그림 7 - 17 2019년 4월 S&P 500과 S&P 500 헬스케어 지수 비교

미국 민영 의료보험의 정식 명칭은 매니지드 헬스케어Managed Healthcare다. 매니지드 헬스케어 산업은 주식 시장에서도 알짜 산업으로 유명하다. 세계 최고의 기업들만 들어갈 수 있는 S&P 500에만 의료보험사가 6개 기업이 올라 있다. 몰리나와 CVS의 자회사인 애트나까지 총 8개 보험사의 2018년 매출액 합계는 무려 5,789억 달러(한화 약 7,072조 원)다. 미국 시가총액 탑 3인 애플과 MS, 아마존의 매출을 합한 것과 맞먹는다.

간과하지 말아야 할 것은 매니지드 헬스케어는 사실상 모든 매출이 미국에서만 발생한다는 사실이다. 미국에서만 영업하는 8개 보험사 매출이 초거대 IT 기업 3개와 비슷하다는 건 미국 의료 시장의 크기를 짐작하게 한다. 아프거나 다치는 사람은 경제와 관계없이 늘 발생하기에 경기 변동에도 수익에 큰 타격이 없는 산업으로도 꼽힌다.

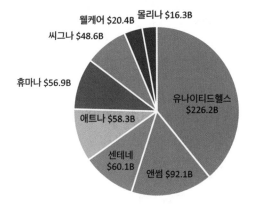

(자료: 각 기업 사업보고서, 단위: 10억 달러)

몰리나 $16.3B
웰케어 $20.4B
씨그나 $48.6B
휴마나 $56.9B
애트나 $58.3B
센테네 $60.1B
앤썸 $92.1B
유나이티드헬스 $226.2B

매출액 합계 $578.9B

그림 7 - 18 2018년 미국 8대 의료보험사 매출 통계
※ 애트나는 2017년 사업보고서 참고.

매출액 기준 3대 의료보험사인 유나이티드헬스Unitedhealth, 앤썸Anthem, 센테네 Centene 세 곳은 메디케어-포-올의 가장 큰 피해자가 될 것이 분명하다.

(자료: 인베스팅)

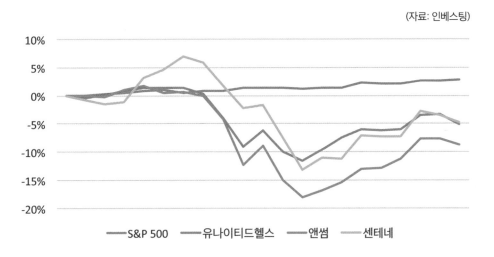

그림 7 - 19 2019년 4월, 3대 의료보험사 주가 비교

S&P 500	유나이티드헬스	앤썸	센테네
2.74%	-5.08%	-8.77%	-4.80%

표 7-2 월초 대비 주가 상승률

시장의 우려는 주가에 그대로 반영되었다. 3대 보험사 모두 월초 대비 폭락했다. 세 기업 모두 현재 실적은 매우 양호한 상태다. 올해의 주가 하락은 실적과는 관계없이 법적/정치적 위험에서 비롯된 것이다. 매니지드 헬스케어 업계에 전례 없는 위기가 닥친 셈이다. 의료보험 업계는 버니 샌더스의 당선을 막기 위해 상대 후보인 조 바이든의 후보 지명을 바라고 있다. 트럼프가 재선하는 것이 가장 이상적이지만, 차선으로 샌더스만은 막아보자는 계산이다.

3. 버니의 꿈은 현실이 될까?

메디케어-포-올이 헬스케어 산업에 가져올 파장은 핵폭탄과 같을 것이다. 헬스케어 투자자들은 메디케어-포-올의 실현 가능성을 예측하지 않을 수 없다. 메디케어-포-올이 실행되려면 우선 버니 샌더스(또는 메디케어-포-올을 지지하는 민주당 후보)가 대통령에 당선되어야 한다.

샌더스의 당선 가능성은 현시점에서 무시할 수 없다. 비록 현재 지지율은 1위 조 바이든보다 낮지만, 실제 경선에서 충분히 뒤집을 수 있는 격차다. 조 바이든의 대선 출마 경력도 샌더스에겐 호재로 작용할 가능성이 크다. 상대인 조 바이든은 1988년과 2008년 두 번이나 대선에 출마했지만, 경선에서 좌절한 경험이 있다. 민주당 지지자 입장에서 조 바이든을 현직 대통령인 트럼프를 꺾을 만한 후보로 선뜻 지지하기 어려운 이유다.

3위인 엘리자베스 워런도 변수에 한몫을 한다. 엘리자베스 워런 역시 메디케어-포-올을 지지하며 자신의 대통령 공약에도 포함시킨 상황이다. 워런을 포함한 진보주의 후보들도 뜻을 같이하고 있다. 만약의 경우지만 메디케어-포-올을 구심점으로 워런과 샌더스가 단일화에 성공한다면 상황은 급변한다. 현재 대부분의 여론조사에서 샌더스와 워런의 지지율의 합이 바이든보다 높게 나오는 상황이다. 약간의 이탈표를 감안하더라도 단일화 시 승산이 매우 클 것으로 예상된다.

경선을 뚫고 본선에 올라가더라도 쉽지 않은 상대가 기다리고 있다. 현직 대통령 도널드 트럼프는 지난 대선에서 엄청난 이변을 일으키며 승리한 사람이다. 대중을 사로잡는 카리스마는 보장된 트럼프인 만큼 실제 선거전에서 다시 한번 저력을 보여줄 것으로 기대된다. 또한, 미국 국민들은 대통령에게 큰 문제가 없으면 현직 대통령의 재선에 투표하는 경향이 있다. 많은 요소들이 트럼프의 재선에 무게를 실어주는 것은 사실이다.

그러나 샌더스 대 트럼프 1대1 가상 대결에서는 거의 모든 여론조사가 샌더스의 우세로 나오고 있다는 점은 조심스럽지만, 샌더스의 당선 가능성을 논할 수 있는 근거가 되고 있다. 물론 2016년 대선에서도 힐러리가 총득표수에서는 트럼프를 이겼지만 확보한 선거인단 수에서 트럼프에게 밀려 패배했다. 미국 민주당은 '득표에서 이기고 선거에서 지는' 상황이 자주 있어왔기에 여론조사가 곧 선거 결과라고 단정할 수 없다.

대통령 선거는 변수가 무한하다. 2016년 대선 1년 전 트럼프가 당선될 거라고 진지하게 주장하는 사람들은 비웃음을 샀다. 대선 전날까지도 돈을 걸라고 하면 누구나 힐러리에 걸었을 것이다. 그러나 예상을 뒤엎는 결과가 나오지 않았는가? 샌더스도 물론 불가능할 것은 없다. 적어도 샌더스가 미국인들의 가장 민감한 부분을 짚은 것은 분명한 것 같다. 미국인이 느끼는 현행 의료보험에 대한 문제의식은 매우 크다.

헨리 J. 카이저 재단의 설문 조사에서 미국인의 74%가 '누구나 가입할 수 있는 공공의료보험 제도'를 지지한다고 밝혔다. **15** 메디케어-포-올은 현재 미국 정치계를 통틀어 가장 뜨거운 이슈가 되었다. 법안에 대한 논쟁이 치열해질수록 공약의 당사자인 버니 샌더스에게로 이목이 집중될 수밖에 없고, 인지도 면에서 불리한 샌더스에게 이것은 전혀 나쁠 것이 없다.

만일 샌더스가 대통령이 된다면 과연 메디케어-포-올이 실현될 수 있을까? 이것은 또 다른 난관이다. 전문가들은 실현 가능성이 희박하다고 전망한다. 메디케어-포-올 전면 시행 시 향후 10년간 필요한 예산 추정치는 최소 25조 달러(2경 8,500조 원)에서 최대 35조 달러(약 4경 원)까지 나오고 있다. **16** 미국 상장 기업 전체 시가총액과 비슷한 금액이다. 미국 정부가 아무리 돈이 많다 한들 이 정도의 지출을 감당할 수 있을 리가 없다.

샌더스도 현실적 문제에 가로막혀 메디케어-포-올의 전면 시행은 어려울 것이다. 미국 대통령의 권한은 막강하기 때문에, 대통령이 의지를 갖고 끝까지 밀어붙인 정책은 거의 다 실현되었다. 샌더스의 핵심 공약이 메디케어-포-올인 만큼 정책의 핵심 목표인 저소득층에 대한 의료 복지 향상이라는 가치를 훼손시키지 않는 선에서 대안을 찾을 것이라 예상한다.

(자료: berniesanders.com)

- 메디케어-포-올(전 국민 대상 공공의료보험)
- JP 모건, BOA 등 초거대 은행 해체
- 글래스-스티걸 법 부활(상업은행과 투자은행 분리)
- 대출 이자 최고 15%로 제한
- ATM 수수료 제한
- 우체국에서 예금과 저금리 대출을 포함한 은행 서비스 제공
- 2030년까지 전기와 운송을 위한 연료를 100% 재생 에너지로 대체
- 진보적 부동산세(부동산 상속세) 부과
- 파업 근로자 해고 금지
- 기업 인수 합병 시 합병 이전 노조와의 합의 사항 이행 강제

표 7 - 3 버니 샌더스의 2020년 대선 공약(일부)

메디케어-포-올에 가려져 부각되지 않고 있지만, 샌더스의 다른 공약들도 미국 경제에 태풍을 몰고 올 공약들이다. 샌더스 공약 중 일부는 표 7-3과 같다.

버니 샌더스는 오래전부터 미국인들을 평생 빚에 허덕이게 만들면서 수십억 달러를 벌어들이는 '약탈적 금융 기업'들을 강도 높게 비판해 왔다. 대통령 샌더스에게 거대 금융 회사는 의료보험사와 함께 주요 타깃이 될 전망이다. 주요 공약의 상당 부분을 금융계에 대한 규제에 할애하고 있다. 버니 샌더스 공식 홈페이지에서 JP 모건, 뱅크 오브 아메리카, 웰스파고, 씨티그룹의 4개 대형 은행의 실명을 직접 거론하며 이런 대형 은행이 파산했을 때 미국 경제에 치명적인 피해를 입힐 수 있다고 경고한다.

그 해결책으로 상업은행과 투자은행의 겸업을 금지하는 '글래스-스티걸 법'의 부활을 주장한다. 이것은 사실상 거대 은행들의 강제 해체를 의미하기 때문에, 이것 역시 증시에 미칠 파장이 매우 클 것이다. 이 밖에도 샌더스는 진보적 부동산세(거액 부동산 상속세), 노조 우대 정책을 공약했다. 트럼프 행정부가 공들인 경제 활성화 정책과 완전히 반대되는 정책들이다. 평생을 민주사회주의자로 살아온 그의 소신을 보여주고 있다.

버니 샌더스가 당선되면 미국은 샌더스 이전과 전혀 다른 나라가 될 것이라는 점은 확실해 보인다. 대부분의 미국 주식 투자자들은 샌더스와 입장이 다를 것이다. 그러나 샌더스의 당선 가능성은 이미 무시할 수 없는 수준까지 올라왔다. 현재 민주당 지지층의 상당수가 메디케어-포-올 때문에 민주당을 지지하고 있다. 다른 후보가 지명되더라도 공약에서 완전히 배제하기는 어려울 것이다. 버니 샌더스가 대통령이 되면 타격을 받을 것으로 예상되는 산업에 투자 주의를 요한다.

그림 7 - 20 버니 샌더스 당선 시 실적 우려 산업

헬스케어
의료보험사 – 유나이티드헬스, 앤썸 등
제약사 – 화이자, 머크, 애봇 등
의료 장비 – 메드트로닉, 스트라이커 등

금융
은행 – JP모건, BOA, 웰스파고 등
신용카드 – 비자, 마스터, 아멕스 등
신용 평가 기관 – FICO 등

기타
에너지 – 엑손 모빌, 쉐브론 등
부동산 – 리츠, 부동산 서비스

10 Forbes, Netflix's Original Content Strategy Is Failing, 2019. 7. 19.

11 Business Insider, Apple is reportedly prepared to drop billions of dollars on its big push into TV, which is expected to launch in November, 2019. 8. 20.

12 New York Post, Apple's Hollywood venture marred by 'intrusive' execs, including Tim Cook, 2019. 3. 3.

13 뉴스핌, "AT&T, 타임워너 인수 이후 불협화음 이어져…HBO 독립성 지킬까" - FT, 2019. 5, 4,

14 KBS, 신용불량자로 전락하는 미국인…"비싼 병원비 때문", 2019. 08. 14.

15 Fortune, How 'Medicare for All' Could Mean Change for Everyone, 2019. 3. 30.

16 Associated Press, Sanders relaunches 'Medicare for All' with Dems divided, 2019. 4. 11.

PART

08

미국 핵심 IT 기업 리뷰

01

마이크로소프트 /
Microsoft(MSFT)

산업	시가총액	배당 수익률
시스템 소프트웨어	$1조 620억	1.32%

그림 8 - 1 마이크로소프트 주가

워싱턴주 레드몬드에 본사를 둔 마이크로소프트는 세계에서 가장 광범위한 소프트웨어 및 하드웨어를 개발하는 기업이다. 소프트웨어는 이 회사의 가장 중요한 수익원이지만 하드웨어와 온라인 서비스 사업도 겸하고 있다. 마이크로소프트의 사업 분야 대부분은 매우 치열한 경쟁에 노출되어 있다. 클라우드 서비스 분야에서는 아마존과 경쟁 중이며, 태블릿 부문에서는 애플의 아이패드와 경쟁하고 있다. 또한 게임 시장에서도 소니와 닌텐도라는 강력한 상대에 맞서고 있다.

1. 마이크로소프트 사업 분야

(1) 업무용 솔루션
- 생산성과 비즈니스 과정을 지원하는 제품과 서비스군
- 오피스365, 링크드인(Linkedin) 등

(2) 클라우드 서비스
- 애저(Azure)

(3) 운영체제 및 기타
- 윈도우(Windows)
- 서피스, PC 액세서리 등 하드웨어
- Xbox 및 게임 관련 제품

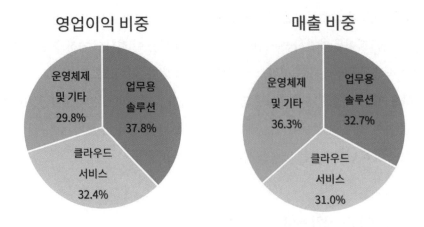

그림 8 - 2 마이크로소프트 영업이익 및 매출 비중

2. 긍정적 요소

▲ 마이크로소프트의 소프트웨어는 전 세계 PC 시장에서 지배적인 위치를 갖고 있다. 전 세계 대부분의 업무용 문서가 MS 오피스로 생산되고 있기 때문에 기업들은 계속해서 MS의 제품을 쓸 수밖에 없다.

▲ 빠르게 성장하고 있는 클라우드 시장에서 마이크로소프트의 애저는 아마존의 AWS와 함께 확실한 2강 체제를 구축했다.

▲ 마이크로소프트는 세계 게임 콘솔 시장의 3대 제조사 중 하나다. MS의 게임기 엑스박스Xbox는 다수의 인기 게임을 확보하고 있다. 최신 기종인 엑스박스 원은 윈도 10이 설치된 장치를 통해 게임 화면을 실시간 스트리밍할 수 있다. 엑스박스와 윈도의 결합은 게임 스트리밍 시장에서 MS의 입지를 더욱 높여줄 것으로 기대된다.

▲ 기업의 현금 보유량이 넉넉하여 타 기업을 인수하거나 신사업을 추진하는 데 무리가 없다.

3. 불안 요소

▼ 회사가 제공한 장비가 아닌 근로자 개인이 소유한 장비를 업무 공간에서 활용하는 BYOD^{Bring Your Own Device} 모델을 많은 기업이 채택함에 따라 기업용 시장에서 마이크로소프트의 독점적 지위가 흔들리고 있다. 근로자들이 모바일 디바이스를 업무에 활용하기 시작하며 애플과 구글의 기기가 점유율을 높여가는 중이다.

▼ 모바일 시장의 성장은 PC 시장에 타격을 주고 있다. PC 시장에 수익의 많은 부분을 의존하고 있는 MS로서는 모바일 시장, 특히 태블릿에서 윈도의 보급률을 확장해야만 사업 구조의 취약함을 만회할 수 있다.

▼ 구글과 겹치는 사업 분야가 많은데, 중요한 경쟁에서 마이크로소프트가 대부분 완패했다. 검색 광고 시장에서 구글과 MS의 빙^{Bing}의 입지는 하늘과 땅 차이다. 모바일 OS 경쟁에서도 구글의 안드로이드에 밀려 MS가 사업을 접어야 했다. 구글이 MS의 핵심 사업 분야에 진출할 경우 큰 위협이 될 것이다.

02

애플 /
Apple(AAPL)

산업	시가총액	배당 수익률
IT 하드웨어 및 기타	$9637억	1.44%

그림 8 - 3 애플 주가

애플은 캘리포니아 쿠퍼티노에 본사를 둔 모바일 기기 및 개인용 컴퓨터 제조사다. 애플의 사업 분야는 아이폰, 아이패드, 맥, 아이팟, 애플 TV 등 다수의 전자 기기와 서비스, 그리고 전문가용 소프트웨어를 포함한다.

1. 애플 사업 분야

(1) 완제품 & OS(Products & OS)
- 아이폰
- 아이패드
- 아이맥, 맥북 등

(2) 서비스(Services)
- 디지털 콘텐츠
- 아이클라우드
- 애플케어
- 애플페이

(3) 기타(Others)
- 애플 TV
- 애플 워치
- 액세서리 등

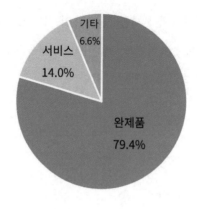

그림 8 - 4 애플 매출 비중

2. 긍정적 요소

▲ 비(非)아이폰 사업, 특히 서비스 부문의 성장이 빠르다. 작년 애플의 서비스 매출은 24% 증가했다. 13억 명의 아이폰 사용자는 애플이 서비스 사업을 성공시키는 데 큰 역할을 한다. 최근 발표한 스트리밍 서비스와 금융 서비스도 혜택을 입을 것으로 전망한다.

▲ 강력한 앱스토어 생태계를 갖고 있다. 2019년 1월 1일 애플 앱스토어 매출은 3억 3,200만 달러를 넘어 1일 매출 신기록을 넘어섰다.

▲ 유료 음악 스트리밍 애플 뮤직은 6천만 명의 가입자를 확보했다. 아이폰 제조사라는 점을 이용해 통신사와의 제휴 전략을 펴기 용이하다.

3. 불안 요소

▼ 사업 다각화를 위해 많은 노력을 하고 있지만, 아직도 아이폰이 애플 매출의 63%를 차지하고 있다. 전년도 가격 상승으로 아이폰 매출은 16% 증가했지만, 판매 대

수 증가분은 1%에 그쳤다. 스마트폰 배터리 수명이 길어지고 구형과 신형 아이폰과의 성능 격차가 작아져 구형 아이폰을 계속 사용하는 고객들이 많아지고 있다.

▼ 중국의 평균 소득이 증가하며 중국은 애플에게 매우 중요한 시장이 되었다. 그러나 최근 중국 경기 침체와 미중 무역 전쟁의 여파로 애플의 중국 시장 공략이 어려워지고 있다.

▼ 대화면 스마트폰의 성능이 향상되어 태블릿 PC의 수요를 잠식하고 있다. 아이패드는 전년도에 매출과 판매량 모두 감소했다.

03

아마존 /
Amazon(AMZN)

산업	시가총액	배당 수익률
인터넷 유통	$9637억	1.44%

그림 8 - 5 아마존 주가

아마존은 북미와 북미 외 지역에서 전자상거래 플랫폼을 제공하는 세계 최대의 온라인 유통업체다. 아마존의 클라우드 컴퓨팅 서비스인 아마존 웹 서비스AWS는 클라우드 시장에서 선두를 달리고 있다. 킨들, 파이어 태블릿, 알렉사 등의 스마트 기기도 제조하고 있다.

1. 아마존 사업 분야

(1) 북미 지역(Domestic)

(2) 북미 외 지역(International)

(3) 아마존 웹 서비스(AWS)

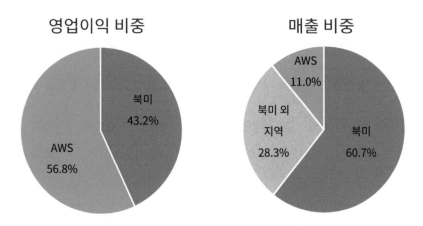

그림 8 - 6 아마존 영업이익 및 매출 비중

2. 긍정적 요소

▲ 아마존은 세계에서 가장 큰 전자상거래 기업이다. 사람들이 온라인에서 물건을 구매하는 비중은 점점 높아지고 있다. 아마존의 물류 능력과 IT 기술 수준을 모두 갖

춘 경쟁자가 없기에 시장에서의 지배적 위치는 당분간 지속될 것으로 예상된다.

▲ 유료 멤버십인 프라임Prime 고객에 많은 혜택을 제공하여 고객들이 아마존을 떠날 수 없도록 붙잡고 있다.

▲ 기업 고객을 위한 클라우드 서비스 AWS는 고객들이 가장 신뢰하는 클라우드 시장의 최강자다. 미국 국무부, 어도비, 스포티파이, 핀터레스트 등 많은 기관과 대기업들이 AWS의 고객이다. 클라우드 서비스는 매출 대비 마진이 매우 좋다는 점도 긍정적이다.

3. 불안 요소

▼ 미국 시장의 프라임 구독자는 현재 포화 상태다.

▼ 아마존은 현재 물류 센터, 스트리밍 서비스, AWS 등에 막대한 투자를 하고 있다. 이 때문에 글로벌 시장에서 12억 8천만 달러의 영업 손실을 기록했다.

▼ 아마존이 진입해야 할 거대 시장인 중국에 알리바바라는 강력한 경쟁자가 이미 자리 잡고 있다. 알리바바는 현재 미국 시장에 진출을 시도하고 있다. 아마존에게 더욱 어려운 경쟁 환경이 조성될 것이다.

▼ 글로벌 시장에서의 성공에 달러의 강세가 부정적 영향을 주고 있다.

알파벳(구글) /
Alphabet(GOOGL)

산업	시가총액	배당 수익률
인터랙티브 미디어	$8364억	배당 없음

그림 8 - 7 구글 주가

구글은 캘리포니아 마운틴 뷰에 본사가 있는 IT 기업이다. 구글은 검색 엔진, 광고, 지도, 소프트웨어, 모바일 OS, 콘텐츠, 기업용 솔루션, 그리고 하드웨어 제품을 생산한다. 알파벳은 구글을 소유한 지주회사다. 알파벳은 구글 외에도 '아더 벳Other Bets'이란 사업부를 별도로 운영하고 있다. 아더 벳은 당장은 수익이 미미하지만, 잠재력을 보고 투자한 미래 기술 비즈니스를 묶은 사업부다.

1. 알파벳(구글) 사업 분야

(1) 구글 광고 매출(Google Advertisement)

(2) 구글 기타 매출(Google Others)

(3) 아더 벳(Other Bets)

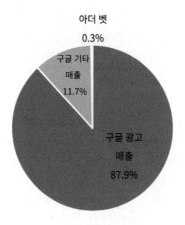

그림 8 - 8 구글 매출 비중

2. 긍정적 요소

▲ 구글은 세계에서 가장 강력한 검색 엔진이다. 구글은 전체 검색 시장 점유율 70% 이상을 확보하고 있다.

▲ 홈 어시스턴트 시장에서 구글 제품의 수요가 증가하고 있다. 구글은 2016년 음성 인식 홈 어시스턴트 구글 홈을 출시했다. 구글 홈은 음악 재생, 책 읽기, 캘린더 관리, 스마트 홈 제어 등 다양한 작업을 수행한다. 스마트 비서 시장의 성장은 구글에게 호재가 될 것이다.

▲ 구글은 IT 기업 중에서도 혁신적 기술 개발에 가장 적극적이다. 광고 사업으로 쌓아둔 많은 현금을 수익성이 검증되지 않은 신기술에 과감히 투자할 수 있다.

▲ 모바일 시장에서 애플 다음으로 강력한 주도권을 갖고 있다. 전 세계 10억 명 이상이 안드로이드 OS의 사용자다.

▲ 유튜브Youtube는 온라인 비디오 시장을 장악했다. 구글이 콘텐츠 제작비를 쓰지 않아도 광고비를 벌기 위해 전 세계 최고의 크리에이터들이 유튜브에 몰려든다. 최근 유료 구독 서비스인 유튜브 프리미엄을 발표하여 새로운 수익 모델을 창출했다.

3. 불안 요소

▼ 구글은 검색 시장에서의 독점적 지위로 인해 많은 반독점 소송에 걸려 있다. EU는 특히 구글에 가장 적대적이다. EU는 구글이 시장 지배력을 남용하여 경쟁자들을 말살했다는 이유로 2년간 3차례 총 82억 5천만 유로(약 10조 7천억 원)의 과징금을 부과했다.

▼ 간편 결제 기능인 구글 페이의 경쟁 환경이 애플보다 불리하다. 안드로이드 제조 사인 삼성, LG 등이 고유의 결제 기능을 개발했기 때문이다. 애플과의 경쟁도 벅찬데 같은 안드로이드 제조사끼리도 결제 시장을 두고 경쟁해야 하는 상황이다.

▼ 소셜 네트워크 시장의 주도권을 잡기 위한 많은 시도가 모두 실패했다. 사람들의 소셜 네트워크 사용 시간이 늘어날수록 구글 광고가 노출되는 시간은 줄어들며, 이 것은 구글 매출의 감소로 이어질 것이다.

05

페이스북 /
Facebook(FB)

산업	시가총액	배당 수익률
인터랙티브 미디어	$5349억	배당 없음

그림 8 - 9 페이스북 주가

페이스북은 인간관계를 연결하는 서비스를 중점적으로 개발하는 기업이다. 페이스북은 현재 페이스북, 인스타그램, 메신저, 왓츠앱, 그리고 오큘러스를 운영한다. 2019년 가상 화폐인 '리브라' 발행에 참여 계획을 발표하고 페이스북과 리브라의 연동 서비스를 준비 중이다.

1. 페이스북 사업 분야

(1) 광고 매출(Advertisements)

(2) 결제 수수료 및 기타(Payment fee & Others)
 - 페이스북 앱 결제 시 앱 개발자로부터 받는 수수료

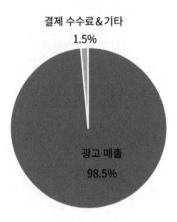

그림 8 - 10 페이스북 매출 비중

2. 긍정적 요소

▲ 페이스북은 온라인 및 모바일 광고 시장에서 인기가 높다. 특히 모바일 광고는 다른 매체 광고보다 효과가 좋아 수익을 빠르게 증가시키고 있다.

▲ 인스타그램은 최근 페이스북의 가장 중요한 캐시카우가 되었다. 인스타그램 사진 속의 상품을 바로 앱에서 결제할 수 있는 '체크아웃' 서비스는 더 많은 광고주들이 인스타그램을 광고 매체로 활용하도록 만들 것이다.

▲ 페이스북에는 하루에 수십억 개의 콘텐츠가 올라오지만 페이스북이 직접 투자한 콘텐츠는 거의 없다. 페이스북은 콘텐츠 투자 없이도 이용자들의 콘텐츠를 통해 돈을 버는 셈이다.

3. 불안 요소

▼ 유튜브는 광고 시장의 막강한 경쟁 상대다. 사람들의 유튜브 평균 사용 시간이 늘어날수록 페이스북과 인스타그램 사용 시간이 줄어들 것이다. 이는 광고 수입의 감소를 의미한다.

▼ 페이스북은 방대한 양의 개인 정보를 저장하고 있고 이것은 광고주들에게 아주 매력적이다. 그러나 이용자들의 개인 정보를 광고주들의 이익을 위해 이용할 경우 심각한 법적 제재를 받을 수 있다.

▼ 블록체인 기반 암호 화폐 리브라가 금융 당국으로부터 규제를 받고 발행이 연기된 상황이라 미래가 불투명하다.

06

넷플릭스 /
Netflix(NFLX)

산업	시가총액	배당 수익률
영화 & 엔터테인먼트	$1270억	배당 없음

그림 8 - 11 넷플릭스 주가

넷플릭스는 전 세계 50개 이상의 국가에서 약 1억 5천만 가입자에게 인터넷 TV 서비스를 제공하는 기업이다. 넷플릭스는 가입자들에게 드라마, 영화, 다큐멘터리, 그리고 넷플릭스 오리지널 프로그램을 제공한다. 넷플릭스의 목표는 언제, 어디서나 인터넷이 연결되는 곳이면 어디서든 원하는 프로그램을 볼 수 있게 하는 것이다.

1. 넷플릭스 사업 분야

(1) 국내 스트리밍 시장(Domestic Segment)

(2) 해외 스트리밍 시장(International Segment)

(3) DVD 대여 사업(DVD rental)

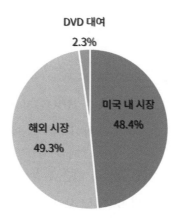

그림 8 - 12 넷플릭스 매출 비중

2. 긍정적 요소

▲ 넷플릭스의 가입자는 빠르게 증가하고 있다. 다양한 계층에서 다수의 가입자를 확보한 넷플릭스는 콘텐츠 제작에도 규모의 경제를 실현하여 더욱 많은 콘텐츠 구색을 갖출 수 있게 된다.

▲ 넷플릭스 독점 오리지널 시리즈의 연이은 성공으로 넷플릭스는 헐리우드의 유명 스튜디오 못지않은 제작 능력을 인정받았다. 넷플릭스는 마틴 스콜세지, 기예르모 델 토로, 마이클 베이 등 유명 감독들과 작업하고 있다.

▲ 해외 시장 개척에 매우 적극적이다. 대한민국을 포함한 아시아 시장에 일찍부터 진출해 현지 시장을 위한 오리지널 프로그램을 방영 중이다. 미국 내 가입자 수 증가 속도가 줄어든 대신 해외 가입자 수가 빠르게 늘고 있다.

3. 불안 요소

▼ 넷플릭스는 아마존 프라임, 유튜브, 훌루, HBO와의 치열한 경쟁 중이다. 2020년에는 AT&T, 애플, 그리고 디즈니가 이 박터지는 경쟁에 가세할 예정이다.

▼ 넷플릭스는 타사 대비 압도적인 제작비 지출로 경쟁에서 우위를 점해 왔다. 그러나 미래의 경쟁자들은 자금력이 넷플릭스보다 더 강하다. 넷플릭스의 '돈 태우기 Burning Cash' 전략이 더 이상은 통하지 않을 것으로 전망된다.

▼ 넷플릭스는 2019년에만 150억 달러를 콘텐츠에 지출할 예정이다. 2020년은 더욱 심한 경쟁이 예상되며 이에 따라 제작비 지출이 감당할 수 없을 정도로 늘어날 위험이 있다.

07

어도비 /
Adobe Systems(ADBE)

산업	시가총액	배당 수익률
응용 소프트웨어	$1383억	배당 없음

그림 8 - 13 어도비 주가

어도비는 세계 최대의 소프트웨어 회사 중 하나다. 어도비의 주 종목은 전문가용 소프트웨어다. 어도비의 제품은 세계 각국의 크리에이터, 마케터, 디자이너들에게 사랑받고 있다. 최근 IT 업계의 트렌드인 구독Subscription 모델을 소프트웨어 판매에 활용한 성공 사례로 평가받는다.

1. 어도비 사업 분야

(1) 디지털 미디어(Digital Media)
- 콘텐츠 제작 관련 소프트웨어
- 포토샵, 일러스트레이터, 프리미어 프로 등

(2) 디지털 익스피리언스(Digital Experience)
- 광고 및 마케팅 관련 솔루션
- 애드버타이징 클라우드, 마케팅 클라우드 등

(3) 출판(Publishing)

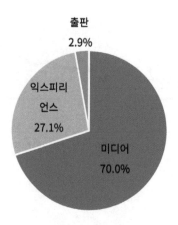

그림 8 - 14 어도비 매출 비중

2. 긍정적 요소

▲ 어도비는 디지털 미디어 소프트웨어 시장의 지배적 기업이다. 이미지 편집 툴인 포토샵과 일러스트레이터, 그리고 영상 편집 툴 프리미어 프로는 업계의 표준처럼 사용되고 있다. 소셜 미디어 시장, 특히 유튜브의 성장에 따라 가장 수혜를 입을 기업으로 기대된다.

▲ 어도비 어크로뱃Acrobat을 이용한 전자 계약Adobe Sign 솔루션을 채택하는 기업들이 증가하고 있다. 시간이 지날수록 종이 계약서의 비효율성 때문에 전자 계약을 사용하는 기업이 늘어날 전망이다.

▲ 전자 계약의 대중화는 서명한 계약서를 안전하게 저장해주는 어도비 다큐먼트 클라우드Adobe Document Cloud의 매출에도 긍정적이다.

3. 불안 요소

▼ 소수의 제품에 매출 의존도가 높다. 매출의 절반 이상이 디지털 미디어와 어크로뱃에서 창출된다. 해당 플랫폼에서 경쟁자가 진입할 경우 매출에 상당한 타격을 줄 것이다.

▼ PC 시장의 악화는 어도비의 성장에 치명적이다.

▼ 일반 소비자들이 어도비의 신제품을 돈을 내고 사용하는 것을 꺼린다.

08

AMD / Advanced Micro Devices(AMD)

산업	시가총액	배당 수익률
반도체	$331억	배당 없음

그림 8 - 15 AMD 주가

AMD는 글로벌 반도체 기업이다. 비메모리 반도체의 정점인 CPU 시장에서는 인텔과, 그래픽 카드 시장에서는 엔비디아와 경쟁 관계이다. 개인용 컴퓨터 CPU인 라이젠RYZEN과 서버용 CPU 에픽EPYC의 폭발적인 반응으로 큰 매출 성장을 기록했다. 가정용 게임기와 의료 기기에도 임베디드 방식으로 AMD의 반도체를 납품한다.

1. AMD 사업 분야

(1) 컴퓨팅 & 그래픽스(Computing & Graphics)

- 일반 컴퓨터용 CPU

- 그래픽 카드(GPU)

- APU

(2) 기업용, 임베디드, 세미-커스텀(Enterprise,Embedded and Semi-Custom)

- 서버용 반도체

- 임베디드

- 세미-커스텀

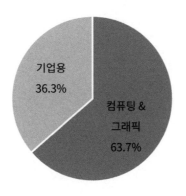

그림 8 - 16 AMD 매출 비중

2. 긍정적 요소

▲ PC용 신제품 라이젠Ryzen 시리즈의 대박으로 인텔에게서 시장 점유율 1위를 탈환했다.

▲ 고객의 요구에 맞춤 제작하는 반도체인 세미-커스텀Semi-Custom 시장 경쟁에서 인텔보다 앞서가고 있다. 소니와 MS의 게임 콘솔에 모두 AMD CPU와 그래픽 칩이 탑재된다.

3. 불안 요소

▼ CPU 시장에서는 인텔, GPU 시장에서는 엔비디아와 동시에 경쟁하고 있다. 두 회사와 동시에 경쟁해야 하지만 인텔이나 엔비디아보다 AMD의 규모가 훨씬 작다.

▼ 고객 편중도가 높다. MS와 소니 두 회사가 AMD의 전체 매출에서 차지하는 비중이 10%가 넘는다. 두 고객 중 하나라도 이탈한다면 AMD의 성장에 심각한 지장을 초래할 것이다.

PART

09

대표 ETF
라이브러리

주가지수 ETF

1. SPDR S&P 500 ETF Trust(SPY)

▶ 운용사: State Street Global Advisors

자산 규모	분배율	운용 보수	평균 PER
$2620억	연 1.85%	연 0.09%	22.04

▶ 기초 지수

S&P 500

▶ 분류

대형주Large Cap

▶ 경쟁 ETF

IVV, VOO, IWB, SCHX, VV

▶ 설명

SPY는 모든 ETF를 통틀어 가장 유명한 ETF다. 자산 규모와 거래 대금 순위에서 거의 항상 1등을 유지하고 있다. 미국의 대표 주가지수인 S&P 500이 이 펀드의 기초 지수다. 보유 주식에서 나온 배당금은 주식에 재투자하지 않고 전액 분배한다. 초대형 ETF라서 운용 보수도 매우 저렴하다. 투자 초보자부터 전문가까지 미국 주식 투자자라면 누구에게나 추천할 만한 ETF다.

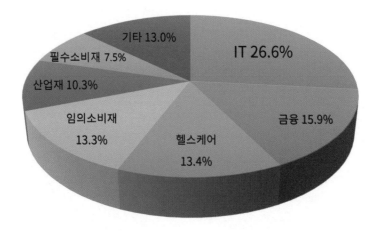

그림 9 - 1 SPY 섹터별 투자 비율

▶ SPY 보유 비중 상위 기업 10개

회사명	종목 코드	비율
마이크로소프트	MSFT	4.34%
애플	AAPL	3.75%
아마존	AMZN	3.03%
페이스북	FB	1.83%
버크셔 해서웨이	BRK.B	1.61%

알파벳 클래스 C	GOOG	1.5%
알파벳 클래스 A	GOOGL	1.47%
JP모건체이스	JPM	1.45%
존슨앤드존슨	JNJ	1.4%
비자 클래스 A	V	1.29%

2. Vanguard Total Stock Market(VTI)

▶ 운용사 : Vangard

자산 규모	분배율	운용 보수	평균 PER
$1155억	연 1.88%	연 0.03%	24.4

▶ 기초 지수

CRSP U.S. Total

▶ 분류

미국 주식 전체Total Market

▶ 경쟁 ETF

ITOT, SCHB, IWV, SPTM, IYY

▶ 설명

미국 주식 시장 상장 기업 전체를 대상으로 투자하는 ETF다. 시가총액에 가중치를
둬 시총이 높은 순서대로 투자한다. SPY는 상위 500개 대형주에만 투자하는 데 비
해 VTI는 작은 비중이나마 중형주, 소형주에 투자하기 때문에 변동성이 조금 더 높
다. 현재 자산 규모는 ETF 전체 3위다. 수수료를 조금이라도 아끼려는 알뜰한 투자
자에게 운용 보수 0.03% VTI는 좋은 선택이다.

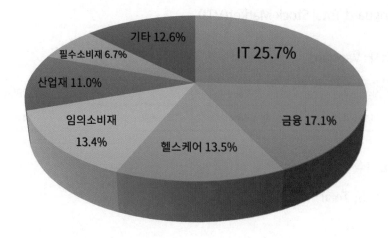

그림 9 - 2 VTI 섹터별 투자 비율

▶ VTI 보유 비중 상위 기업 10개

회사명	종목 코드	비율
마이크로소프트	MSFT	3.49%
애플	AAPL	2.95%
아마존	AMZN	2.62%
페이스북	FB	1.56%
버크셔 해서웨이	BRK.B	1.3%
알파벳 클래스 A	GOOGL	1.22%
알파벳 클래스 C	GOOG	1.21%
JP모건체이스	JPM	1.2%
존슨앤드존슨	JNJ	1.16%
엑손 모빌	XOM	1.05%

3. Invesco QQQ Trust(QQQ)

▶ 운용사: Invesco

자산 규모	분배율	운용 보수	평균 PER
$735억	연 0.79%	연 0.2%	25.4

▶ 기초 지수

NASDAQ 100

▶ 분류

대형주Large Cap

▶ 경쟁 ETF

QQEW, QQQE

▶ 설명

NASDAQ 상위 100개 주식으로 이루어진 NASDAQ 100을 기초 지수로 한다. 자산 규모는 5위. 나스닥 ETF 중에선 가장 크다. QQQ는 나스닥 100을 그대로 추종하는 대신 비금융기업에만 투자한다는 것이 특징이다. QQQ는 유명 IT 기업에 투자를 집중하고 싶은 투자자들에게 알맞다.

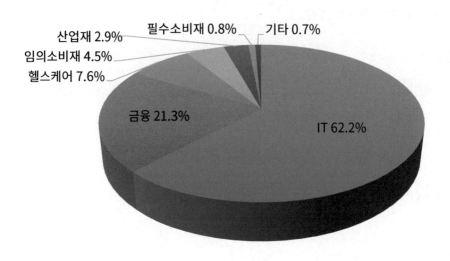

그림 9 - 3 QQQ 섹터별 투자 비율

▶ QQQ 보유 비중 상위 기업 10개

회사명	종목 코드	비율
마이크로소프트	MSFT	11.46%
애플	AAPL	10.41%
아마존	AMZN	9.52%
페이스북	FB	4.87%
알파벳 클래스 C	GOOG	4.53%
알파벳 클래스 A	GOOGL	3.98%
인텔	INTL	2.52%
시스코	CSCO	2.43%
컴캐스트	CMCSA	2.4%
펩시코	PEP	2.29%

02

배당주 ETF

1. iShares Select Dividend(DVY)

▶ 운용사: Blackrock

자산 규모	분배율	운용 보수	평균 PER
$170억	연 3.45%	연 0.39%	23.41

▶ 기초 지수

Dow Jones US Select Dividend Index

▶ 분류

배당주High Dividend

▶ 경쟁 ETF

VYM, SDY, FVD, DHS, PEY

▶ 설명

최근 5년간 배당금을 안정적으로 늘려온 기업 위주로 투자하는 ETF다. 배당 성장률, 배당 수익률을 종합적으로 고려한다. 부동산 투자회사REITs도 투자 대상에 포함한다.

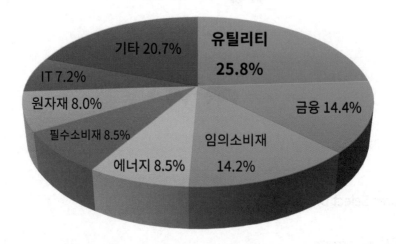

그림 9 - 4 DVY 섹터별 투자 비율

▶ DVY 보유 비중 상위 기업 10개

회사명	종목 코드	비율
AT&T	T	2.53%
포드	F	2.38%
퀄컴	QCOM	2.12%
ONEOK	OKE	1.89%
도미니언 리소스	D	1.66%
타깃	TGT	1.62%
알트리아	MO	1.62%

시게이트	STX	1.59%
에디슨 인터내셔널	EIX	1.56%
엔터지 코퍼레이션	ETR	1.56%

2. Vanguard High Dividend Yield ETF(VYM)

▶ 운용사: Vanguard

자산 규모	분배율	운용 보수	평균 PER
$244억	연 3.12%	연 0.06%	17.94

▶ 기초 지수

FTSE High Dividend Yield Index

▶ 분류

배당주High Dividend

▶ 경쟁 ETF

DVY, SDY, FVD, DHS, PEY

▶ 설명

특정 테마가 있는 ETF는 운용 보수가 일반 주가지수 ETF보다 높은 편이다. VYM
은 배당주 ETF임에도 운용 보수가 초대형 지수 ETF 수준인 0.06%로 낮다. 향후 12
개월간 예상 배당금이 높은 기업에 투자한다. 부동산 투자회사REITs는 투자 대상에서
제외한다.

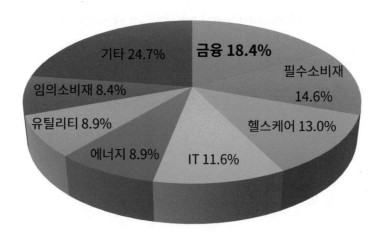

그림 9 - 5 VYM 섹터별 투자 비율

▶ VYM 보유 비중 상위 기업 10개

회사명	종목 코드	비율
JP모건	JPM	3.67%
존슨앤드존슨	JNJ	3.39%
엑손 모빌	XOM	3.09%
P&G	PG	2.86%
AT&T	T	2.44%
시스코	CSCO	2.39%
쉐브론	CVX	2.3%
버라이즌	VZ	2.24%
ONEOK	OKE	2.22%
HCP	HCP	2.12%

3. Invesco S&P 500 High Dividend Low Volatilit yETF(SPHD)

▶ 운용사: Invesco

자산 규모	분배율	운용 보수	평균 PER
$32억	연 4.31%	연 0.3%	16.82

▶ 기초 지수

S&P 500 Low Volatility High Dividend Index

▶ 분류

저변동성Low Volatility, 배당주High Dividend

▶ 경쟁 ETF

GSLC, FEX, JKD, CFO, CSM

▶ 설명

S&P 500 주식 중 변동성이 낮고 배당 수익률이 높은 기업 50개를 뽑아 집중 투자하는 ETF. 주가가 40$로 싼 편이라 다른 주식 매수하고 남은 달러로 한 주씩 사 모으는 용도로 쓰기에도 좋다. 변동성이 낮아서 상승장에서는 그다지 매력이 없지만, 하락할 때도 그만큼 덜 하락하기 때문에 S&P 500 수익률과 큰 차이는 없다. 안정 지향적인 투자자에게 적합한 상품이다.

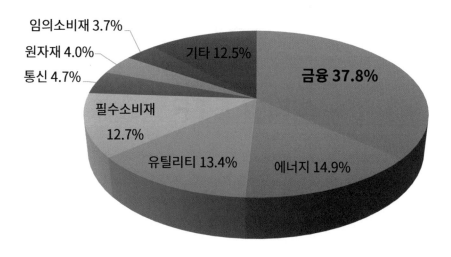

그림 9 - 6 SPHD 섹터별 투자 비율

▶ SPHD 보유 비중 상위 기업 10개

회사명	종목 코드	비율
아이언 마운틴	IRM	3.3%
AT&T	T	2.99%
알트리아	MO	2.79%
킴코 리얼티	KIM	2.78%
메이스리치	MAC	2.66%
웨이어휴저	WY	2.47%
옥시덴탈 페트롤리움	OXY	2.42%
PPL	PPL	2.40%
인텔	INTL	2.40%
화이자	PFE	2.36%

03

섹터별 ETF

1. IT 섹터

▶ Technology Select Sector SPDR(XLK)

자산 규모	분배율	운용 보수	평균 PER
$218억	연 0.95%	연 0.13%	23.24

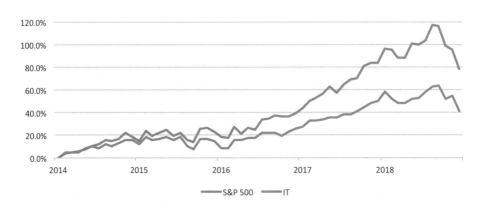

그림 9 - 7 S&P 500 vs IT(2014~2018)

▶ 설명

S&P 500 중 IT 기업에만 투자하는 ETF.

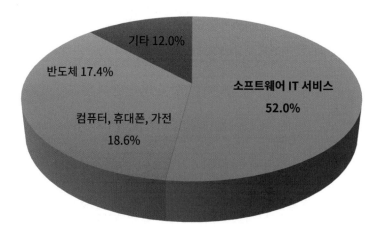

그림 9 - 8 XLK 섹터별 투자 비율

▶ XLK 보유 비중 상위 기업 10개

회사명	종목 코드	비율
마이크로소프트	MSFT	19.67%
애플	AAPL	16.98%
비자	V	5.86%
마스터카드	MA	4.70%
인텔	INTL	3.90%
시스코	CSCO	3.76%
어도비	ADBE	2.60%
세일즈포스	CRM	2.48%
페이팔	PYPL	2.39%
액센츄어	ACN	2.36%

▶ IT 섹터 보유 종목 소개

회사명	소개
마이크로소프트	PC용 운영체제 시장의 90% 이상을 점유한 윈도우(Windows)로 유명함. 최근 클라우드 시장과 게이밍 시장에도 성공적인 안착 중.
애플	2013년 이후 부동의 브랜드 가치 1위 기업. 아이폰에서 파생된 서비스 사업의 매출 성장세 뚜렷함. 애플 TV+로 스트리밍 사업에도 진출 본격화.
비자	다국적 디지털 결제 서비스 기업. 온라인 쇼핑의 성장과 해외 여행 활성화의 최대 수혜주.
마스터카드	비자와 함께 세계 결제 시장을 양분한 기업. 선두 기업인 비자에 비해 신기술 도입에 적극적이며 성장세가 강한 것이 특징.
인텔	세계 최대의 반도체 제조사. PC의 필수 반도체인 CPU 시장을 석권함. 최근 강력한 경쟁자 AMD의 도전으로 영업이익률 하락.
시스코	통신 장비를 주력으로 하는 하드웨어 기업. 가격 경쟁력으로 무장한 화웨이와 경쟁 중. 높은 신뢰성으로 대기업용 네트워크 시장에서 압도적 우세.
어도비	포토샵, 프리미어, 어크로뱃 등 업무용 소프트웨어로 유명한 IT 기업. 월 단위 구독 서비스로의 전환에 성공하여 안정적인 현금 흐름을 확보함.
세일즈포스	클라우드를 통한 고객 관리(CRM)이라는 신개념을 정착시킨 기업. 미국 외 인지도는 아직 낮은 편으로 성장 잠재력 높음.
페이팔	이베이의 결제 시스템에서 분리된 디지털 송금 및 결제 서비스. 느리고 불편한 미국 은행 송금에 비해 매우 편리한 송금 서비스로 미국의 개인 간 송금 시장을 석권함.
액센츄어	매출액 기준 세계 최고의 경영 컨설팅 기업. IT 관련 컨설팅에 강한 것으로 유명함.

2. 에너지 섹터

▶ Energy Select Sector SPDR(XLE)

자산 규모	분배율	운용 보수	평균 PER
$100억	연 2.71%	연 0.13%	19.06

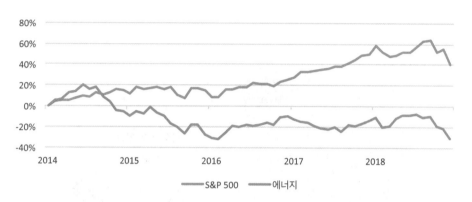

그림 9 - 9 S&P 500 vs 에너지(2014~2018)

▶ XLE 보유 비중 상위 기업 10개

회사명	종목 코드	비율
엑손 모빌	XOM	23.03%
쉐브론	CVX	21.91%
코노코필립스	COP	5.79%
슐럼버거	SLB	4.38%
EOG 리소스	EOG	4.23%
필립스 66	PSX	4.01%
킨더 모건	KMI	3.89%

옥시덴탈 페트롤리움	OXY	3.8%
마라톤 페트롤리움	MPC	3.15%
발레로 에너지	VLO	3.07%

▶ 설명

S&P 500 중 에너지 기업에만 투자하는 ETF.

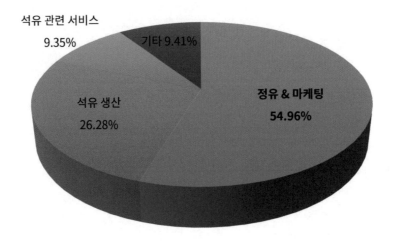

그림 9 - 10 XLE 섹터별 투자 비율

▶ 에너지 섹터 보유 종목 소개

회사명	소개
엑슨 모빌	석유왕 록펠러의 '스탠더드 오일'이 전신인 미국 최대의 석유 회사. 5%에 이르는 높은 배당 수익률로 미국의 전통적인 배당주로 유명함.
쉐브론	미국 2위 석유 회사. 부채 비율이 매우 낮아 재무 구조가 안정적인 것이 특징.
코노코필립스	석유 탐사 및 채굴 전문 기업. 배당 수익률이 낮은 대신 자사주 매입을 통한 주주 환원에 적극적인 기업.

슐럼버거	세계 최대의 유전 탐사 및 측정 서비스 제공 회사. 기술 발전으로 석유 회사들이 예전보다 적은 유전으로 많은 석유를 채굴할 수 있게 되어 매출 증가세 둔화.
EOG 리소스	최근 에너지 섹터에서 가장 공격적으로 사업 확장 중인 석유 기업. 상대적으로 높은 부채 비율은 우려되는 사항.
필립스 66	정유 및 석유 화학 기업. 2010년대 유가 하락으로 가격 경쟁력이 높아짐. 2010년 대에 지속적으로 주가가 상승한 몇 안되는 에너지 기업.
킨더 모건	송유관 및 에너지 운송 인프라 기업. 인프라 산업 특성 상 초기 투자 비용이 크고 이를 장기간에 걸쳐 회수하는 구조를 가짐. 다른 에너지 섹터 기업들에 비해 상대적으로 부채 비율이 높아 주의 필요.
옥시덴탈 페트롤리움	석유 생산 및 화학 기업. 전반적으로 실적이 부진한 에너지 섹터 평균보다 못한 성장률로 최근 주가 급락.
마라톤 페트롤리움	정유 및 주유소 체인 기업. 정유업과 주유소 매출 비중이 커 유가 하락에도 꾸준한 주가 상승. 매출 대비 수익성이 낮은 것이 단점.
발레로 에너지	정유 및 연료용 에탄올 제조사. 에탄올의 원료인 곡물, 특히 옥수수 가격에 따라 수익성에 영향이 클 것으로 전망.

3. 원자재 섹터

▶ Materials Select Sector SPDR(XLB)

자산 규모	분배율	운용 보수	평균 PER
$43억	연 1.49%	연 0.13%	28.43

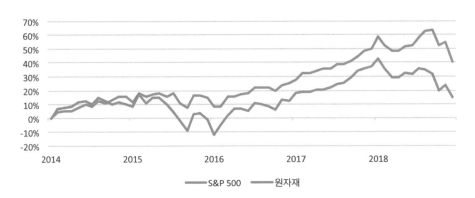

그림 9 - 11 S&P 500 vs 원자재(2014~2018)

▶ XLB 보유 비중 상위 기업 10개

회사명	종목 코드	비율
린데	LIN	15.54%
에코랩	ECL	8.01%
에어 프로덕츠 & 케미컬	APD	7.54%
듀퐁	DD	7.51%
셔윈-윌리엄스	SHW	6.50%
뉴먼 골드코프	NEM	5.14%
볼 코퍼레이션	BLL	4.21%
PPG 인더스트리	PPG	4.06%

다우	DOW	3.82%
코테바	CTVA	3.48%

▶ 설명

S&P 500 중 원자재/소재 기업에만 투자하는 ETF.

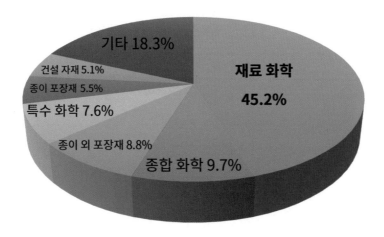

그림 9 - 12 XLB 섹터별 투자 비율

▶ 원자재 섹터 보유 종목 소개

회사명	소개
린데	독일 출신 세계 최대의 산업용 및 의료용 가스 제조사.
에코랩	종합 수자원 처리 솔루션 기업. 의료 기관부터 데이터 센터까지 물이 사용되는 분야에서는 최고의 경쟁력을 갖고 있다. 물 시장이 확장됨에 따라 빠른 성장 중인 기업.
에어 프로덕츠 & 케미컬	미국 산업용 가스 제조사. 린데에 비해 적극적인 인수 합병을 통한 성장 전략을 취하고 있다.

듀퐁	합성 섬유의 대명사 나일론을 개발한 화학 분야의 공룡. 전자, 농업, 건설 등 산업 현장에서 쓰이는 다양한 화학 물질을 생산한다. 주요 매출처의 업황에 따라 실적 변동이 크다.
셔윈-윌리엄스	미국 최대의 페인트 제조사. 최근 경쟁사인 발스파(Valspar) 인수를 통해 발스파의 강점인 자동차용 페인트 점유율을 크게 확대했다.
뉴먼 골드코프	금을 주력으로 채굴하는 초대형 광업 회사.
볼 코퍼레이션	캔 음료 및 통조림용 금속 제품 제조사. 플라스틱 사용 규제 강화로 금속 포장 수요가 증가하여 수혜를 입고 있다.
PPG 인더스트리	셔윈 윌리엄스의 경쟁 기업으로 코팅용 페인트가 유명하다.
다우	122년 전통의 화학 기업으로 2015년 듀퐁과 합병하여 다우듀퐁이 되었다가 2019년 다시 분리되었다.
코테바	다우듀퐁의 농업 파트를 분리하여 설립한 주식회사.

4. 커뮤니케이션 서비스 섹터

▶ Communication Services Select Sector SPDR(XLC)

자산 규모	분배율	운용 보수	평균 PER
$55억	연 0.7%	연 0.13%	25.7

▶ 설명

S&P 500 중 커뮤니케이션 서비스 기업에만 투자하는 ETF. 2018년 커뮤니케이션 섹터가 신설되면서 커뮤니케이션 섹터 ETF가 새로 개발되었다.

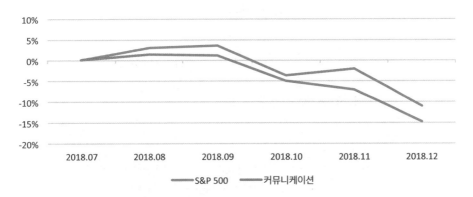

그림 9 - 13 S&P 500 vs 커뮤니케이션(2018.7~2018.12)

▶ XLC 보유 비중 상위 기업 10개

회사명	종목 코드	비율
페이스북	FB	18.45%
알파벳 클래스 C	GOOG	12.26%
알파벳 클래스 A	GOOGL	12.00%
액티비전 블리자드	ATVI	4.82%

AT&T	T	4.69%
컴캐스트	CMCSA	4.51%
차터 커뮤니케이션	CHTR	4.45%
트위터	TWTR	4.36%
버라이즌	VZ	4.29%
월트 디즈니	DIS	4.20%

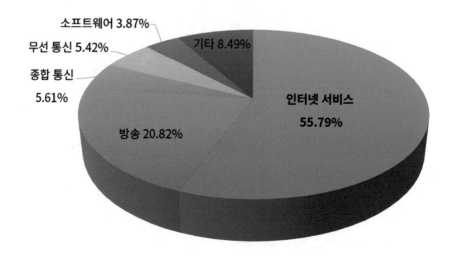

그림 9 - 14   XLC 섹터별 투자 비율

▶ 커뮤니케이션 서비스 섹터 보유 종목 소개

회사명	소개
페이스북	페이스북과 인스타그램을 소유한 세계 최대의 소셜 네트워크 기업. 블록체인 암호화폐인 리브라(Libra) 프로젝트의 핵심으로 참여.
알파벳	구글의 모기업. 인터넷 광고 비즈니스를 시작으로 모바일 OS와 클라우드 서비스로 사업 확장에 성공.

액티비전 블리자드	콜 오브 듀티, 스타크래프트, 캔디 크러시 등 세계 최고의 게임 프랜차이즈들을 소유한 홈 엔터테인먼트 기업.
AT&T	세계 최초의 상업 통신 회사 타이틀을 가진 미국의 국가 대표 배당주.
컴캐스트	케이블 TV 서비스와 방송국 NBC 유니버설을 소유한 미디어 기업. 자체 제작 콘텐츠들의 흥행으로 2019년 실적 호조.
차터 커뮤니케이션	미국 점유율 4위 케이블 TV 기업. 어닝 서프라이즈와 쇼크를 반복하는 나쁜남자주식의 전형.
트위터	도널드 트럼프가 애용하는 소셜 네트워크 서비스. 매출 구조가 너무 광고 사업에 편중되어 있어 분기별 순이익 변동이 심하다.
버라이즌	AT&T의 아성에 도전하는 미국 통신 업계의 신흥 강자. 5G 서비스를 앞두고 가장 적극적인 투자로 시장 선점 의지를 보이고 있다.
월트 디즈니	디즈니, 마블, 스타워즈 등 메이저 프랜차이즈를 거느린 미디어 거물. 2019년 넷플릭스를 겨냥한 스트리밍 서비스인 디즈니 플러스를 런칭했다.

5. 금융 섹터

▶ Financial Select Sector SPDR(XLF)

자산 규모	분배율	운용 보수	평균 PER
$210억	연 1.51%	연 0.13%	13.23

▶ 설명

S&P 500 중 금융 기업에만 투자하는 ETF.

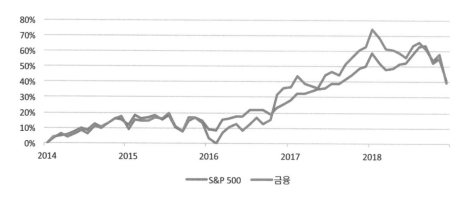

그림 9 - 15 S&P 500 vs 금융(2014~2018)

▶ XLF 보유 비중 상위 기업 10개

회사명	종목 코드	비율
버크셔 해서웨이	BRK.B	12.68%
JP모건 체이스	JPM	11.41%
뱅크오브아메리카	BAC	7.78%
웰스 파고	WFC	6.02%
시티그룹	C	4.76%
아메리칸 익스프레스	AXP	2.66%

US 뱅코프	USB	2.53%
CME 그룹	CME	2.49%
처브 리미티드	CB	2.32%
골드만 삭스	GS	2.23%

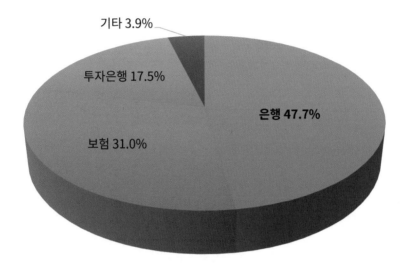

그림 9 - 16 XLF 섹터별 투자 비율

▶ 금융 섹터 보유 종목 소개

회사명	소개
버크셔 해서웨이	워런 버핏이 CEO로 재직 중인 금융 투자 회사. NYSE에 상장한 미국 기업 중 시가 총액 1위 기업.
JP모건 체이스	미국 은행 빅4의 맏형 격인 은행. 미국 역사와 함께하며 겪은 숱한 금융 위기들을 모두 이겨낸 위기 관리 능력이 최대의 강점.
뱅크오브아메리카	빅4 은행의 일원으로 자산 규모와 지점 수 기준 미국 2위 은행.
웰스 파고	미국에서 가장 지점이 많은 은행. 주택 대출과 소비자 금융에 강한 은행으로 꼽힌다.

씨티그룹	한국에도 진출한 씨티은행의 모기업. 160개국에서 약 2억 명의 고객이 이용 중이다. 미국 은행 중에서는 해외 수익 비중이 큰 기업.
아메리칸 익스프레스	워런 버핏이 극찬한 신용카드 결제 서비스 제공사. 경쟁사인 비자와 마스터카드에 비해 성장 잠재력이 크다는 평가를 받고 있다.
US 뱅코프	빅4 바로 다음가는 자산 규모 미국 5위 상업 은행.
CME 그룹	세계 최대의 선물 거래소인 시카고 상업 거래소의 모기업. 실적의 변동폭이 크지 않은 착한남자주식 중 하나.
처브 리미티드	세계 최대의 손해보험사로 수익 구조가 안정적인 금융 섹터 우량주.
골드만 삭스	세계 최고의 투자 은행으로 증권 발행, M&A 자문 업무에 강세. 최근 마커스(Marcus)라는 브랜드로 개인 금융 서비스에도 진출.

6. 임의 소비재 섹터

▶ Consumer Discretionary Select Sector SPDR(XLY)

자산 규모	분배율	운용 보수	평균 PER
$145억	연 0.92%	연 0.13%	26.27

▶ 설명

S&P 500 중 임의 소비재 기업에만 투자하는 ETF.

그림 9 - 17 S&P 500 vs 임의 소비재(2014~2018)

▶ XLY 보유 비중 상위 기업 10개

회사명	종목 코드	비율
아마존	AMZN	21.62%
홈디포	HD	11.2%
맥도날드	MCD	7.54%
스타벅스	SBUX	5.3%
나이키	NKE	4.8%

로웨스 컴퍼니	LOW	3.95%
부킹 홀딩스	BKNG	3.79%
TJX	TJX	3.01%
타깃	TGT	2.48%
제너럴 모터스	GM	2.18%

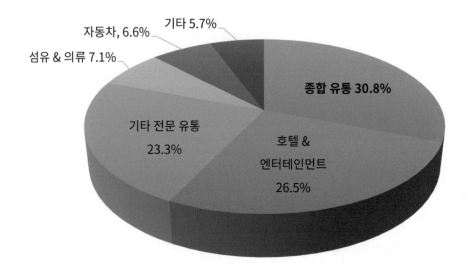

그림 9 - 18   XLY 섹터별 투자 비율

▶ 임의 소비재 섹터 보유 종목 소개

회사명	소개
아마존	전자 상거래와 클라우드 사업부 양쪽에서 세계 시장을 싹쓸이한 초거대 IT 기업. 두 사업부가 상호 보완 관계를 형성하여 튼튼한 사업 구조를 갖고 있다.
홈디포	미국 최대의 가정용 건축 자재 유통 회사. 온라인 스토어와 오프라인 매장의 상생 전략인 '원 홈디포'의 성공으로 최근 유통 업계에서 드물게 성장세를 유지 중.

맥도날드	매출액 기준 세계 1위 요식업 체인. 막강한 브랜드 파워로 제품 구성 변화로 왕좌를 유지함. 매출의 60% 이상이 해외에서 발생하여 달러 강세에 취약하다.
스타벅스	매출 세계 2위 요식업 체인. 스타벅스 카드 충전금으로 확보한 현금만 2019년 기준 약 16억 달러로 미국의 중형 은행과 비슷한 수준. 중국에서의 빠른 매출 성장도 긍정적.
나이키	미국을 대표하는 스포츠 용품 브랜드. 중국 시장 수혜주 중 하나다. 작년 나이키의 전체 매출 성장률은 7%였지만, 중국 시장 성장률은 무려 22%를 기록했다.
로웨스 컴퍼니	홈디포와 경쟁 중인 가정 용품 유통 기업.
부킹 홀딩스	호텔 및 항공권 온라인 중개 업체. 부킹닷컴과 아고다의 모기업. 폭발적으로 성장하는 여행 산업의 선도 기업으로 순항 중. 온라인 중개업 특성 상 진입 장벽이 낮아 경쟁자가 많다는 것이 위험 요소.
TJX	미국의 의류 할인 판매 기업. 좋은 제품을 싸게 팔아 회전율을 높이는 방식으로 성공한 유통 회사.
타깃	월마트와 비슷한 할인점 체인. 월마트보다 작고 고급스러운 매장으로 나름의 소비자를 확보하는 데 성공했다.
제너럴 모터스	미국의 역사적인 자동차 제조사. 경쟁력을 잃은 승용차 시장 대신 상업용 트럭과 SUV 등 대형차 시장에서 활로를 개척하고 있다.

7. 산업재 섹터

▶ Industrial Discretionary Select Sector SPDR(XLI)

자산 규모	분배율	운용 보수	평균 PER
$97억	연 1.59%	연 0.13%	24.56

▶ 설명

S&P 500 중 산업재 기업에만 투자하는 ETF.

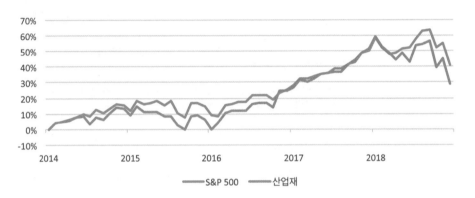

그림 9 - 19 S&P 500 vs 산업재(2014~2018)

▶ XLI 보유 비중 상위 기업 10개

회사명	종목 코드	비율
보잉	BA	8.46%
허니웰	HON	5.31%
유니온 퍼시픽	UNP	5.1%
유나이티드 테크놀로지	UTX	4.68%
록히드 마틴	LMT	4.21%

3M	MMM	4.12%
UPS	UPS	3.68%
제너럴 일렉트릭	GE	3.15%
캐터필러	CAT	3%
노스롭 그루먼	NOC	2.78%

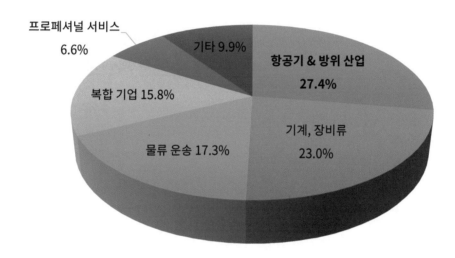

그림 9 - 20 XLI 섹터별 투자 비율

▶ 산업재 섹터 보유 종목 소개

회사명	소개
보잉	민간용과 군용 항공기를 생산하는 제조사. 방위 산업체는 물론 전체 산업재 제조 회사 중 시가총액이 가장 크다.
허니웰	10여 가지 산업 분야에서 쓰이는 다양한 제품을 개발하는 미국 산업계의 거물급 기업. 특히 엔진과 자동 제어 분야에서는 추종을 불허.
유니온 퍼시픽	여러 개의 민간 철도 회사로 나뉜 미국의 철도 산업에서 가장 큰 노선망을 가진 기업. 고루한 산업이라는 인식과 달리 최근 3년간 100%가 넘는 상승률을 기록.

유나이티드 테크놀로지	최초의 에어컨 브랜드 캐리어와 승강기 제조사 오티스를 자회사로 둔 기업. 방위 산업계에서는 항공기 관련 첨단 기술 개발사로 유명하다. 실제 매출도 항공 부문이 60% 가까이 차지.
록히드 마틴	군용기 제조사. 미국 공군의 주력 전투기를 공급하는 기업이다. 군사적 위기 상황에서 매출이 더 높아지는 기업.
3M	60년 연속으로 배당금을 늘려온 산업재 섹터의 모범생.
UPS	미국 택배 시장의 대표 기업이다. 온라인 쇼핑의 성장으로 가장 큰 수혜를 입은 기업.
제너럴 일렉트릭	토마스 에디슨의 전구 회사에서 출발한 복합 기업. 2002년 당시 세계 시가총액 1위. 그러나 최근 주력 사업들의 부진으로 주가 침체.
캐터필러	세계 1위 건설 중장비 제조사. 경기 사이클에 매우 민감한 기업.
노스롭 그루먼	인류 최초의 달 착륙선 아폴로 11호를 개발한 방위 산업체. 미국의 차세대 스텔스 폭격기 제조사로 선정.

8. 유틸리티 섹터

▶ Utilities Discretionary Select Sector SPDR(XLU)

자산 규모	분배율	운용 보수	평균 PER
$110억	연 2.18%	연 0.13%	24.37

▶ 설명

S&P 500 중 유틸리티 기업에만 투자하는 ETF.

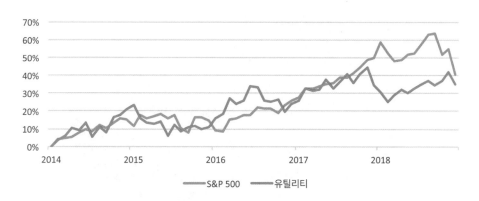

그림 9 - 21 S&P 500 vs 유틸리티(2014~2018)

▶ XLU 보유 비중 상위 기업 10개

회사명	종목 코드	비율
넥스트에라 에너지	NEE	12.52%
듀크 에너지	DUK	7.99%
도미니언 리소스	D	7.38%
서던 에너지	SO	7.15%
엑슬론 에너지	EXC	5.37%

아메리칸 일렉트릭 파워	AEP	5.29%
셈프라	SRE	4.62%
엑셀	XEL	3.93%
퍼블릭 서비스	PEG	3.59%
WEC 에너지 그룹	WEC	3.58%

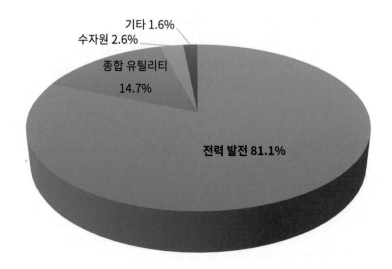

그림 9 - 22 XLU 섹터별 투자 비율

9. 헬스케어 섹터

▶ Health Care Discretionary Select Sector SPDR(XLV)

자산 규모	분배율	운용 보수	평균 PER
$169억	연 1.2%	연 0.13%	25.43

▶ 설명

S&P 500 중 헬스케어 기업에만 투자하는 ETF.

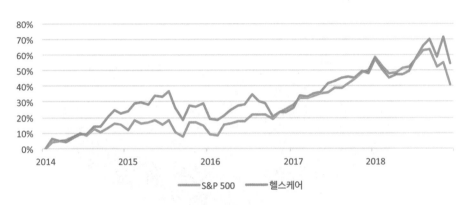

그림 9 - 23 S&P 500 vs 헬스케어(2014~2018)

▶ XLV 보유 비중 상위 기업 10개

회사명	종목 코드	비율
존슨앤드존슨	JNJ	10.07%
머크	MRK	6.6%
유나이티드헬스	UNH	6.48%
화이자	PFE	5.8%
애봇 래버러토리스	ABT	4.42%

메드트로닉	MDT	4.27%
암젠	AMGN	3.73%
써모 피셔 사이언티픽	TMO	3.38%
애브비	ABBV	2.89%
엘리 릴리 앤드 컴퍼니	LLY	2.87%

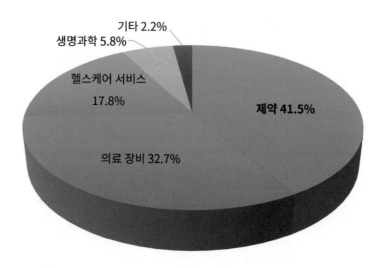

그림 9 - 24 XLV 섹터별 투자 비율

▶ 헬스케어 섹터 보유 종목 소개

회사명	소개
존슨앤드존슨	세계 1위 종합 헬스케어 기업으로 주종목은 제약. 타이레놀, 아큐브, 리스테린 등 다양한 스테디 셀러 보유
머크	암, 당뇨, 심장병 등 난치성 질환 치료를 위한 전문 의약품 개발사.
유나이티드헬스	미국 의료보험 시장 점유율 1위 기업. 최근 5년간 기복 없는 성장세를 유지하고 있다.

화이자	세계 1위 멀티 비타민 센트룸의 제조사.
애봇 래버러토리스	의약품, 진단 장비, 건강 식품 등을 개발하는 종합 헬스케어 기업. 당뇨 관련 제품으로 높은 매출.
메드트로닉	순수 의료 장비 제조사 중 최대 규모의 기업.
암젠	공격적인 인수 합병으로 성장한 전문 의약품 제조사.
써모 피셔 사이언티픽	의료용 실험 장비 및 시약 제조사.
애브비	2011년 애봇 래버러토리스에서 제약 부문을 분리한 기업.
엘리 릴리 앤드 컴퍼니	당뇨, 암, 면역 질환 치료제를 개발하는 전문 의약품 제조사.

10. 필수 소비재 섹터

▶ Consumer Staples Discretionary Select Sector SPDR(XLP)

자산 규모	분배율	운용 보수	평균 PER
$138억	연 1.89%	연 0.13%	27.1

▶ 설명

S&P 500 중 필수 소비재 기업에만 투자하는 ETF.

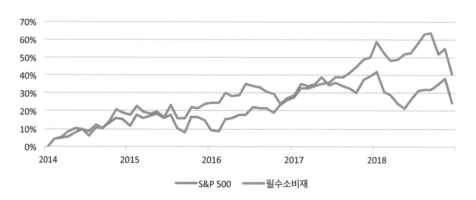

그림 9 - 25 S&P 500 vs 필수 소비재(2014~2018)

▶ XLP 보유 비중 상위 기업 10개

회사명	종목 코드	비율
P&G	PG	16.41%
코카콜라	KO	11.41%
펩시코	PEP	10.29%
월마트	WMT	8.62%
코스트코	COST	4.96%

몬델레즈 인터내셔널	MDLZ	4.37%
필립 모리스 인터내셔널	PM	4.1%
콜게이트-팜올리브	CL	3.96%
알트리아	MO	3.78%
킴벌리 클라크	KMB	3.04%

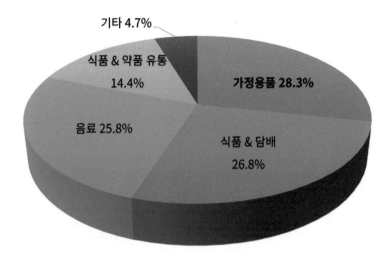

그림 9 - 26 XLP 섹터별 투자 비율

▶ 필수 소비재 섹터 보유 종목 소개

회사명	소개
P&G	수십 개의 유명 브랜드를 갖고 있는 초대형 생활용품 기업. 압도적인 규모에도 불구하고 산업 평균 이상의 성장률을 유지함.
코카콜라	세계인이 모두 아는 최고의 음료 회사. 주식 시장에서는 미국을 대표하는 배당주 중 하나.
펩시코	코카콜라의 라이벌 펩시의 제조사. 공격적인 확장 전략으로 코카콜라보다는 성장주 성향이 강함.

월마트	북미 최대의 대형 마트 체인. 온라인 사업에 투자를 대폭 늘려 아마존의 지위를 위협하고 있음.
코스트코	많은 양의 상품을 할인 가격에 판매하는 창고형 할인 매장의 원조. 침체를 겪고 있는 오프라인 유통 산업에서 홀로 주가 급상승.
몬델레즈 인터내셔널	식품회사 크래프트의 제과 사업부가 분리된 기업. 유명 브랜드는 오레오, 릿츠, 호올스 등이 있음.
필립모리스 인터내셔널	필립모리스의 담배 '말보로'의 미국 외 생산 및 판매사. 세계적인 담배 소비 감소와 규제 강화로 최근 매출 증가세 둔화.
콜게이트-팜올리브	미국에서 양치를 생활화시킨 치약 제조사. 부업인 동물 사료 제조업도 양호한 성장 중.
알트리아	필립모리스의 담배 '말보로'의 미국 내 생산 및 판매사.
킴벌리 클라크	크리넥스로 유명한 생활용품 제조사.

섹터별 ETF 비교(2014~2018 기준)

섹터	종목 코드	5년 수익률	자산 규모	분배율
IT	XLK	78.0%	$218억	0.95%
에너지	XLE	-31.2%	$100억	2.71%
원자재	XLB	14.7%	$43억	1.49%
커뮤니케이션	XLC	2018년 개설	$55억	0.7%
금융	XLF	39.3%	$210억	1.51%
임의 소비재	XLY	57.6%	$145억	0.92%
산업재	XLI	28.7%	$97억	1.59%
유틸리티	XLU	35.3%	$110억	2.18%
헬스케어	XLV	54.6%	$169억	1.2%
필수 소비재	XLP	24.6%	$138억	1.89%
S&P 500 5년 수익률		40.6%		

PART
10

미국 시장의
숨겨진 보석들

01

세일즈포스 /
Salesforce.com(CRM)

산업	시가총액	배당 수익률
인터넷 소프트웨어 & 서비스	$1,372억	없음

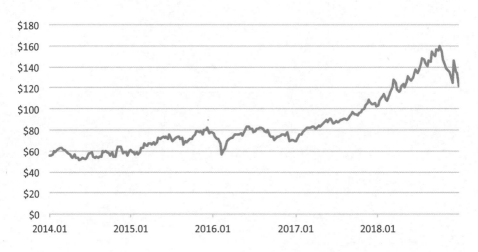

그림 10 - 1 세일즈포스 주가

소프트웨어 판매의 개념을 바꾼 SaaS 서비스의 선구자

세일즈포스는 1999년 설립된 클라우드 서비스 기업이다. 현재 CRM^{Customer Relationship} Management, 고객 관계 관리 소프트웨어 산업의 선도 기업이다. 아디다스, 메리어트, 필립 스, 로레알 등 유명 다국적 기업들이 세일즈포스의 고객이다. 심지어 클라우드 산업 의 1인자인 아마존도 CRM은 세일즈포스 제품을 이용하고 있다.

그림 10 - 2 세일즈포스

CRM이란 기업이 보유한 고객 관련 자료를 종합적으로 관리하여 신규 고객을 유치 하고, 기존 고객의 재구매 의사를 높이는 활동이다. 한정된 마케팅 비용으로 최대의 효과를 달성해야 하는 기업들에게 CRM의 중요성은 갈수록 높아지고 있다. 그러나 값비싼 CRM 소프트웨어와 서버 구입비는 CRM 도입을 가로막는 높은 장벽이었다. 세일즈포스는 기업들에게 가장 부담스러운 요인인 초기 투자 비용 문제를 해결했다.

세일즈포스가 제시한 서비스 모델은 기업이 세일즈포스의 클라우드 서버에 설치된 CRM 소프트웨어를 이용하고, 사용한 만큼만 돈을 내는 방식이다. 초기 투자 비용이 없는 CRM을 가능하게 한 세일즈포스의 서비스에 기업들이 열광한 것은 당연하다. 세일즈포스의 사업 모델은 SaaS^{Software as a Service}의 성공 사례로 회자된다.

	2019년	2020년	성장률
매출	$132억	$105억	+26%
영업이익	$5.35억	$4.54억	+18%
당기 순이익	$11.1억	$3.6억	+208%
브랜드 가치	$80억	$64.3억	+24%

(자료: 각 사업보고서, 인터브랜드)

이미 대형주 반열에 올라섰지만 성장세는 아직도 꺾이지 않았다. 세일즈포스는 올해 20%를 훨씬 뛰어넘은 매출 성장을 달성했다. 브랜드 가치도 80억 달러로 세계 70위에 올라섰다. 일반 소비자들에게 더 유명한 페이팔(72위)이나 화웨이(74위)를 앞질렀다.

CRM과 클라우드는 현재 산업계에서 최고의 유망 분야로 꼽힌다. 이미 양쪽 분야에서 독자적인 위치를 선점한 세일즈포스는 월가와 실리콘 밸리가 모두 주목하는 우량 기업 중 하나다.

주목할 점

▲ 세일즈포스는 CRM 시장의 독보적 1위 기업이다. 전체 시장의 약 20% 점유율을 갖고 있다. 이것은 2, 3, 4위 기업의 점유율을 합친 것보다 더 크다.

▲ 현재 북미 지역 매출이 세일즈포스 전체 매출의 70% 이상을 차지한다. 유럽과 아시아 지역에서의 성장이 세일즈포스의 미래를 결정지을 핵심 요소다.

▲ 세일즈포스는 2018년부터 매 분기 예상을 뛰어넘는 실적을 기록했다. 특히 2019년은 연속으로 어닝 서프라이즈를 냈다.

▲ 삼성전자, 현대자동차, CJ, 대한항공 등의 국내 대기업도 세일즈포스 CRM을 도입했다. 세일즈포스 이용 기업들의 성과에 따라 국내에서도 세일즈포스의 입지가 확장될 전망이다.

02

테이크 투 인터랙티브 /
Take-Two Interactive(TTWO)

산업	시가총액	배당 수익률
비디오 게임	$136억	없음

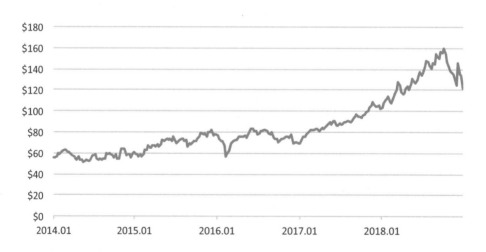

그림 10 - 3 테이크 투 인터랙티브 주가

역사상 최고의 게임을 개발한 비디오 게임계의 마이클 잭슨

2018년 4월 9일 발표된 경제 매체 〈마켓워치〉의 기사는 놀라운 소식을 알렸다. 테이크 투 인터랙티브에서 출시한 게임 〈GTA Grand Theft Auto 5〉가 역대 발매된 모든 엔터테인먼트 상품 중 단일 상품으로 가장 많이 돈을 벌었다는 내용이다. 〈GTA 5〉의 판매량은 9천만 장, 매출은 무려 60억 달러다. 게임 하나로 무려 7조 원을 번 셈이다. 역대 가장 많은 돈을 번 영화인 〈어벤저스: 엔드 게임〉의 매출이 약 28억 달러다. 〈GTA 5〉의 절반에도 못 미친다. 범죄를 소재로 한 게임인 〈GTA 5〉는 폭력성이 높아 청소년 이용 불가 판정을 받은 게임이다. 게임의 주 고객층인 청소년들에게 판매 금지된 게임이 이렇게 어마어마한 수익을 낸 것은 경이적인 일이다.

그림 10 - 4　전 세계에서 가장 많이 팔린 엔터테인먼트 상품인 〈GTA 5〉

테이크 투 인터랙티브는 세계 최고의 게임 개발사 중 하나다. 발매 작품 수가 많지는 않지만, 작품 하나하나의 완성도가 높아 장인 정신으로 유명하다. 역대 매출 최고의 게임인 〈GTA 5〉와 더불어 〈문명〉 시리즈, 〈NBA 2K〉 등의 히트작을 갖고 있다. 테이크 투 인터랙티브의 게임들은 한번 빠져들면 못 헤어나올 정도로 매력적인 것이 특징이다. 필자도 이 회사의 〈문명 5〉를 처음 해보고 너무 재밌어서 앉은 채로 8시간이나 플레이했던 기억이 있다. 게이머들이라면 누구나 테이크 투 인터랙티브의 게임으로 한번쯤 밤을 지새 봤을 것이다.

테이크 투 인터랙티브의 걱정거리는 소수의 프랜차이즈에 대한 매출 의존도가 너무 높다는 것이다. 발매된 지 6년이 지난 〈GTA 5〉가 아직도 2019년 전체 매출의 25%를 차지한다. 또다른 대표작인 〈레드 데드 리뎀션 2〉는 무려 전체 매출의 32%를 벌었다. 이렇게 소수의 프랜차이즈에 의존할 경우 작품 하나의 실적에 따라 매출이 크게 좌우된다.

테이크 투 인터랙티브는 이러한 한계를 극복하기 위해 모바일 시장으로 눈을 돌렸다. 2017년 모바일 게임사 소셜 포인트Social Point의 인수는 테이크 투 인터랙티브에게 큰 시너지를 안겨주고 있다. 모바일 게임은 소비자들이 지속적으로 돈을 지불하도록 유도할 수 있기 때문에 히트작 여부에 따라 매년 수익이 들쭉날쭉한 테이크 투 인터랙티브에게 좋은 버팀목이 될 것으로 전망한다.

주목할 점

▲ 테이크 투 인터랙티브는 〈GTA〉, 〈문명〉, 〈레드 데드 리뎀션〉 시리즈 등의 인기 프랜차이즈들과 충성도 높은 고객을 갖고 있다. 〈GTA 5〉는 역사상 가장 많이 팔린 엔터테인먼트 상품이다.

▲ 테이크 투 인터랙티브는 중국의 NBA 붐 수혜주다. 농구 게임 〈NBA 2K〉 온라인은 중국에서 가장 많이 플레이한 PC 게임으로 무려 4천 5백만 명의 가입자를 유치했다. 〈NBA 2K19〉의 매출은 작년보다 45%나 늘었다.

▲ 소수의 프랜차이즈에 매출 의존도가 높다. 테이크 투 인터랙티브의 매출 상위 5개 작품이 전체 매출의 91%를 차지한다. 이 중 한 작품이라도 흥행에 실패할 경우 기업 실적에 큰 타격이 된다. 테이크 투 인터랙티브는 이런 불안정성을 해소하기 위해 모바일 시장 공략을 시도하고 있다.

03

로퍼 테크놀로지 /
Roper Technologies, Inc. (ROP)

산업	시가총액	배당 수익률
종합 산업재	$350억	없음

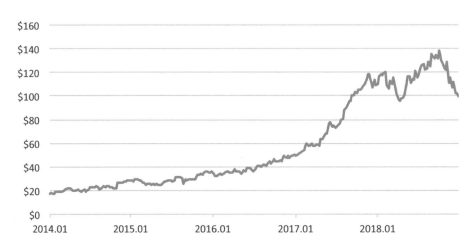

그림 10 - 5 로퍼 테크놀로지 주가

50개 자회사를 거느린 산업재 틈새 시장의 제왕

로퍼 테크놀로지는 19세기 말 조지 로퍼가 창립한 회사다. 공업용 펌프, 농업용 관개 펌프, 가정용 전자 제품 등을 제조했다. 제너럴일렉트릭GE 출신의 브라이언 젤리슨이 2001년 최고 경영자CEO로 취임했다. 그는 인수 합병M&A 전략으로 소프트웨어, 공업용 기기 등 여러 분야의 틈새 시장에서 독보적인 첨단 기술을 보유한 종합 대기업으로 회사를 재구성했다.

로퍼 테크놀로지는 한국인은 물론 미국인에게도 생소한 기업이다. 대부분의 사업 분야가 일반인과 접점이 없는 것이 원인이다. 로퍼 테크놀로지의 사업부는 크게 네 가지 분야로 나뉜다. 매출액 기준 RF무선 주파수 기술, 의료 및 과학 영상 처리, 산업용 기술, 에너지 시스템 순이다.

RF 기술은 로퍼 테크놀로지의 핵심 사업부다. 2018년 매출액은 21억 7천만 달러로 전체 매출의 41%가 RF 사업부에서 발생했다. RF 기술이 특히 빛을 발하는 곳은 교통 분야다. 교통 카드에 쓰이는 비접촉식 카드 리더와 고속도로 자동 요금 징수에 활용된다. 자회사인 트랜스코어는 인피니티Infinity라는 통합 유료 도로 운영 시스템으로 유명하다. 이 시스템은 한국의 하이패스와 유사한 자동 요금 징수 및 요금을 내지 않고 가는 차량의 번호판을 찾아내는 영상 인식 기술을 포함한다.

트랜스코어는 트럼프 행정부의 인프라 사업 확대 정책의 수혜를 톡톡히 봤다. 많은 지방 정부가 차세대 요금 징수 시스템으로 인피니티를 채택하면서 매출이 크게 늘었다. 2019년 6월엔 미국 뉴욕과 캐나다 온타리오 주를 잇는 국경 도로의 요금 징수 시스템 구축을 수주했다. 다음으로 큰 사업부는 의료 및 과학 영상 처리다. 2019년 매출 15억 2천만 달러로 전체 매출의 29.3%다. 로퍼 테크놀로지의 이미지 처리 기술은 헬스케어, 반도체, 지문 인식 등 다양한 산업에서 활용되고 있다.

주목할 점

▲ 3년째 분기별 실적에서 예상치를 웃도는 실적을 기록했다. 전형적인 착한남자주식의 성격을 갖고 있다.

▲ 사업 특성 상 단기간에 급등할 요인이 거의 없지만, 급락할 가능성도 작다. 장기 투자자의 기대에 부합하는 주식이다.

▲ 로퍼의 주력 사업들은 시장 규모가 작은 틈새 시장이다. 또한 고도의 기술력이 필요해 진입 장벽이 높다. 시장 파이는 작고 진입 장벽은 높다 보니 당연히 경쟁자는 줄고 독과점적 지위를 갖게 된다. 틈새 시장이지만 고정적인 수요는 보장된 산업들이므로, 로퍼의 자회사들은 수십 년간 안정적인 수익을 창출한다. 이렇게 틈새 시장이 가지는 이점을 바탕으로 자회사를 늘려가는 것이 로퍼의 성장 전략이다.

04

레이시온 /
Raytheon(RTN)

산업	시가총액	배당 수익률
항공/방위 산업	$591억	1.8%

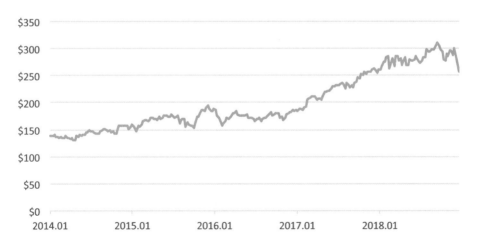

그림 10 - 6   레이시온 주가

미국과 우방국을 보호하는 캡틴 아메리카의 방패

1990년 미국과 이라크의 걸프 전쟁은 미국 방위 산업의 위용을 전세계에 선보인 무대였다. 아파치 헬기, 스텔스 폭격기 등 미군의 최첨단 무기들이 활약하는 모습이 전세계에 생중계되었다. 그중에서도 으뜸은 이라크의 스커드 미사일을 요격한 패트리어트 미사일이다.

걸프전 당시 이라크가 수시로 날리는 스커드 미사일은 연합국의 가장 큰 골칫거리였다. 미군은 스커드에 대한 대응책으로 레이시온 사의 패트리어트 미사일을 배치했다. 패트리어트가 배치된 후 스커드 미사일은 날아오는 족족 격추되었다. 가장 위협적인 무기였던 스커드 미사일마저 무력화되자 이라크군은 백기를 들 수밖에 없었다. 걸프전 이후 패트리어트는 세계에서 가장 유명한 미사일이 되었다. 패트리어트 미사일의 개발사인 레이시온은 미국인들에게 나라를 지킨 기업으로 인지도가 높다.

레이시온은 세계 최고의 미사일과 레이더 기술력을 가진 방위 산업체로 미국 MD미사일 방어 체계 사업의 핵심 파트너 중 하나다. 레이시온에서 개발한 미사일은 군용 헬기와 함선에 다수 탑재되어 운용되고 있다. 우주선용 레이더와 센서도 레이시온에서 생산한다.

이미 여러 전장에서 검증된 레이시온의 미사일은 미국 바깥에서도 인기가 높다. 특히 군사적 긴장이 높아질 때 레이시온의 무기는 날개 돋친 듯 팔려나간다. 러시아의 군사 행동으로 크림 반도 주변의 위협이 커지자 인접국인 폴란드는 국방비 지출을 늘렸다. 2018년 3월, 폴란드는 무려 47억 5천만 달러 규모의 패트리어트 미사일을 구매했다. 같은 시기 핀란드는 약 7억 3천만 달러 상당의 미국산 무기 구매 계약을 발표했다. 여기에는 레이시온의 시스패로우 미사일 패키지 약 1억 1천만 달러어치가 포함되었다.

2019년 레이시온은 또다른 거대 군수 업체인 유나이티드 테크놀로지United Technologies와의 합병을 발표했다. 2020년 1분기 합병 작업이 완료될 예정이다. 합병이 완료되면 레이시온은 현재 세계 4위에서 보잉에 이은 세계 2위 방위 산업체로 도약할 것이다.

주목할 점

▲ 레이시온과 합병 예정인 유나이티드 테크놀로지는 방위 산업 외에도 에어컨 브랜드인 캐리어, 승강기 브랜드인 오티스를 소유한 일류 제조업 기업이다. 레이시온은 유나이티드와의 합병을 통해 비군수 산업 부문이 크게 강화될 것이다. 불확실성이 큰 군수 산업 부문에 대한 의존도가 낮아져 실적의 안정성 향상에 기여할 것으로 전망된다.

▲ 세계 각지에서 발발하는 군사적 충돌은 인류에겐 나쁜 소식이지만 레이시온에겐 희소식이다. 가장 최근의 사례는 예멘에서 찾을 수 있다. 예멘 내전이 국제전으로 번지면서 2019년 예멘 반군은 미국의 동맹국들의 주요 시설에 대한 공격을 개시했다. 첫 타깃은 사우디아라비아였다. 사우디아라비아의 유전과 유조선 등이 예멘 반군의 미사일 공격을 받아 파괴되었다. 사우디아라비아에 바로 맞닿아 있는 바레인은 이에 위협을 느끼고 서둘러 방어용 패트리어트 미사일 구매 협상을 시작했다. 추후 예멘 사태가 악화되면 중동 지역의 주문량이 증가할 것이다.

▲ 미국 국무부는 중요한 전략 자산에 대해 수출량을 엄격하게 제한한다. 패트리어트 미사일 역시 국무부의 수출 승인이 필요한 품목이다. 레이시온이 타국에서 수주한 물량이 국무부의 승인 거절로 인해 무위로 돌아갈 우려가 있다.

05

써모 피셔 사이언티픽 /
Thermo Fisher Scientific(TMO)

산업	시가총액	배당 수익률
의료 장비	$1,209억	0.3%

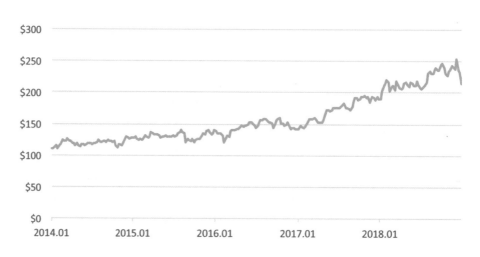

그림 10 - 7 써모 피셔 사이언티픽 주가

세계 최대 과학 장비 기업이자 제약 바이오 경쟁의 숨은 승자

2010년대 한국 주식 시장 최대의 화두는 바이오 신약이다. 셀트리온과 같은 성공 사례가 투자 심리에 불을 지폈다. 제 2의 셀트리온이 되기 위해 수많은 제약사들이 신약 개발에 뛰어들었다. 현재 한국 주식 시장에 상장한 제약사만 126개다. 많은 개인 투자자들이 또 하나의 대박을 기대하며 바이오 기업들의 주식을 매수하고 있다. 바이오 열풍은 한국만의 현상이 아니다. 일정 과학 기술력을 갖춘 국가들은 미래 먹거리로 바이오 산업을 적극 육성하고 있다. 중국에서는 2018년 바이오 산업 투자를 위한 사모 펀드 금액이 430억 달러나 조성되었다. 바이오 기업 투자금은 170억 달러로 전년 대비 36%나 증가했다.

그러나 신약 개발은 신의 확률이라고 할 만큼 성공률이 낮다. 후보 물질에서 신약으로 최종 허가될 확률은 약 0.01%다. 10,000번 시도하면 한두 번 성공할 법한 수준이다. 이 단계까지 오는 데 평균 10년에서 15년이 소요되며, 투입되는 비용도 엄청나다. 신약 허가를 받는 데 실패하면 그때까지 쓴 모든 비용은 사실상 매몰된다. 할인 판매 등으로 투자금 일부라도 회수할 수 있는 다른 산업보다 리스크가 훨씬 크다.

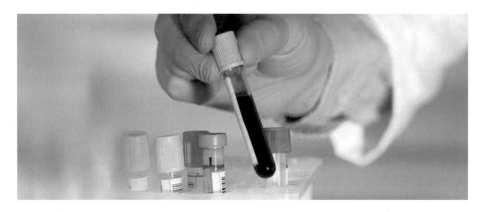

그림 10 - 8 리스크가 큰 종목인 바이오 산업

한편 바이오 산업 성장의 과실을 리스크 없이 가져가는 기업도 있다. 바이오 연구에 쓰이는 연구 장비 기업이다. 써모 피셔 사이언티픽은 부동의 세계 1위 과학 장비 및 시약 제조사다. 전세계 연구 장비 매출의 5분의 1 이상이 써모 피셔 사이언티픽에서 발생한다. 써모 피셔 사이언티픽의 제품군은 작게는 삼각 플라스크나 비커처럼 초등학교 과학실에서 볼 법한 물건부터 초고가 현미경에 이르기까지 방대하다. 특히 유전공학 연구에 활용되는 DNA 검출 및 분석 장비에서 강세다. 미세한 변화가 실험 결과를 바꿀 수 있는 생명 과학 연구 시설에서 아무 제품이나 쓸 수는 없는 일이다. 써모 피셔 사이언티픽의 점유율은 학계와 기업의 높은 신뢰도를 의미한다.

써모 피셔 사이언티픽의 탄탄한 성장 속도는 피터 린치의 유명한 투자 전략인 '삽과 곡괭이'를 연상시킨다. 골드 러시 기간 동안 돈을 번 것은 광부들이 아니라 광부들에게 삽과 곡괭이를 판 상인들이었다. 마찬가지로 21세기 신약 개발 경쟁에서 써모 피셔 사이언티픽은 최후의 승자가 될 가능성이 매우 높아 보인다.

주목할 점

▲ 써모 피셔 사이언티픽의 제품 중 의료 행위에 직접 소비되는 제품은 극히 일부에 불과하다. 2020년 대선의 주요 화두로 떠오른 의료보험 개혁에 대한 우려로 많은 헬스케어 주식들이 하락한 가운데, 써모 피셔 사이언티픽의 주가는 타격이 거의 없었다. 실제 의료보험 개혁과 이에 따른 의료 제품 비용의 삭감이 진행되더라도 써모 피셔 사이언티픽에 직접 미치는 영향은 적을 것으로 전망된다.

▲ 부채가 자본보다 더 적고 재무 상태가 매우 튼튼하다. 써모 피셔 사이언티픽은 남는 현금을 배당하기보다 유망한 기업을 인수하여 사업을 확장하는 데 쓰고 있다. 2019년에도 2개의 사업을 인수하는 데 성공했다.

▲ 아시아 지역에서의 성장이 눈부시다. 작년 중국 시장에서 30%의 매출 성장을 달성했다. 써모 피셔 사이언티픽도 중국 시장에 투자를 아끼지 않고 있다. 중국 쑤저우에 중국에서 가장 큰 임상 시험 장비 물류 센터를 건설했다. 또한 상하이에 중국 과학자들의 질병 연구를 도울 고객 탐사 센터를 열었다.

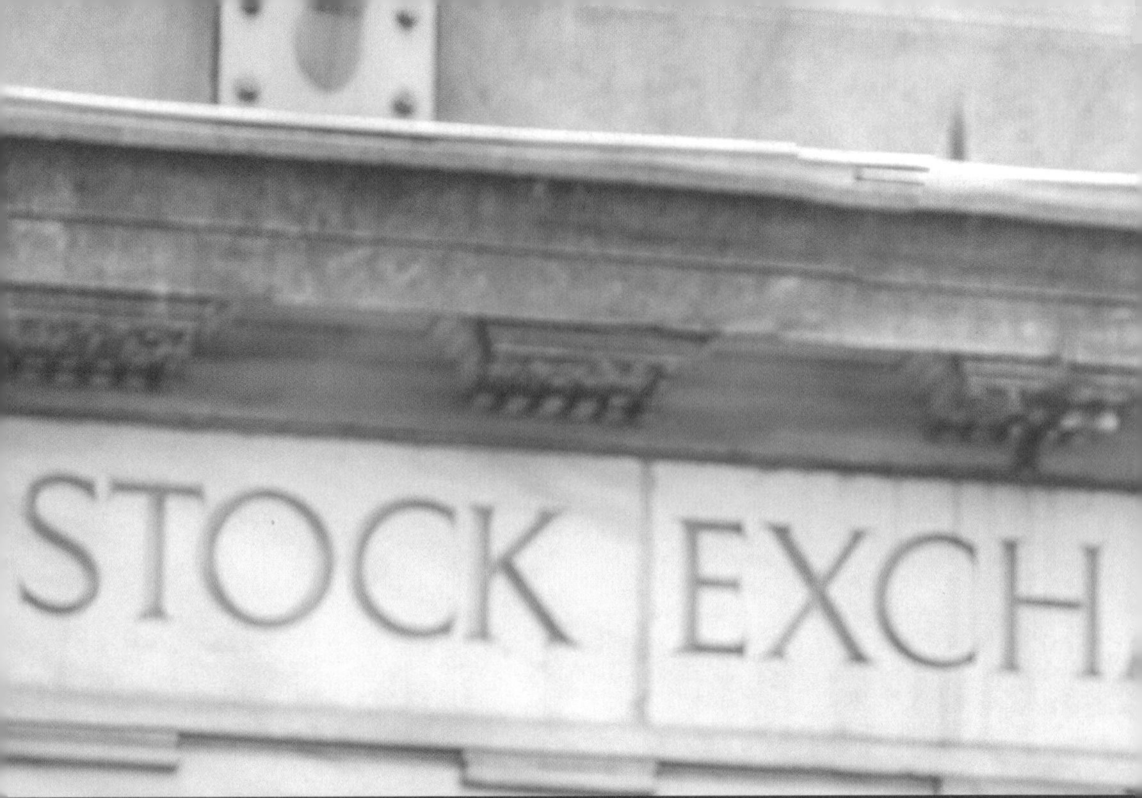
STOCK EXCH

PART

11

부록

01

미국 주식 거래 절차

1. 증권사 선정

미국 주식을 거래하려면 증권사에서 위탁 계좌를 개설해야 한다. 모든 증권사에서 미국 주식 거래를 제공하는 것은 아니다. 반드시 개설 전 미국 주식 거래 가능 증권사인지 확인해 볼 것. 다음으로 증권사 선정 시 고려해야 할 것은 수수료다. 해외 주식 거래 수수료는 국내 주식보다 훨씬 비싸고 증권사별 차이가 크다. 증권사 선정 시 거래 수수료를 꼭 체크하여 가장 유리한 조건의 증권사에서 거래해야 한다. 현재 평균 미국 주식 거래 수수료는 0.2~0.3%다.

2. 환전

해외 주식 거래를 위한 마지막 관문이다. 미국 주식은 달러로 사고팔기 때문에 계좌엔 원화가 아닌 달러가 필요하다. 증권사 계좌로 현금을 이체한 후 HTS에서 환전을 진행한다. 여기서 또 하나의 비용이 발생한다. 환전 스프레드(환전 수수료)다. 환전 스프레드란 원화에서 달러로, 달러에서 원화로 환전할 때 증권사가 취하는 수수료다. 많은 증권사들이 예치 금액이 큰 우량 투자자에게 환전 스프레드를 우대해준다. 환전하기에 앞서 환전 스프레드 우대를 받을 수 있는지 증권사의 지점 직원이나 해외 주식 담당 부서에 문의해보라.

3. HTS / MTS를 통한 거래

(1) 거래 시간

현지 시간	한국 시간 (서머타임 적용)	한국 시간 (서머타임 해지)
9:30~16:00	22:30~05:00	23:30~06:00
※ 서머타임 적용: 3월 둘째 주 일요일 ~ 11월 첫째 주 일요일 ※ 서머타임 해지: 11월 둘째 주 월요일 ~ 3월 둘째 주 토요일		

표 10 - 1 미국 주식의 거래 시간

미국 주식 시장은 주말과 미국 공휴일 외 평일에 개장한다. 한국과의 시차로 인해 미국 주식 시장은 우리 시간으로 밤에만 거래할 수 있다. 매년 미국의 서머타임 기간에는 거래 시간이 1시간 앞당겨진다. 그런데 서머타임 적용 기간이 연중 약 8개월로 서머타임 해지 기간보다 훨씬 길다. 평일 22시 30분, 밤 10시 반에 개장한다고 생각하고 겨울철에만 11시 반에 시작하는 것으로 기억하는 게 더 쉽다.

(2) 결제일

거래 체결 후 매수인과 매도인의 계좌에서 돈과 주식이 입출고되는 날을 결제일이라 한다. 주식 매수 시 결제일이 되어야 계좌에 주식이 입고되고, 매도 시에도 마찬가지로 결제일에 달러가 계좌로 입금된다. 미국 주식 시장의 결제일은 T+3(거래 체결 3영업일 후)다. 결제일 계산에는 토, 일요일과 공휴일은 제외된다.

목	금	토	일	월	화
T	T+1	X	X	T+2	T+3
거래 체결		휴일	휴일		결제일

표 10 - 2 거래 체결일과 결제일

이번 주 목요일에 체결된 거래가 있다면, 중간에 공휴일이 없다면 해당 거래의 결제일은 3영업일 후인 다음 주 화요일이다. 결제일은 특히 매수 시보다 매도 시가 중요하다. 현금이 급하게 필요해 주식을 매도한다면, 반드시 결제일을 고려하여 3영업일 먼저 주식을 매도해야 때맞춰 환전할 수 있다. 당장 내일 현금이 필요한 경우엔 주식을 매도해도 무용지물이다. 결제일은 한국예탁결제원과 은행 등의 사정에 따라 더 늦어질 수 있으니 유의해야 한다.

02

미국 주식 관련 거래 비용 및
세금 총정리 & 세금 줄이는 법

미국 주식을 시작하는 투자자를 골치 아프게 하는 첫 관문이 거래 비용과 세금이다. 주변에 미국 주식을 해본 사람도 거의 없으니 물어볼 곳도 마땅치 않다. 그래서 미국 주식을 하면서 치러야 할 비용을 모두 정리했다. 탈세는 물론 금물이지만, 제도 내에서 허용하는 세금 줄이는 법이 있다면 최대한 활용해야 마땅하다. 본 책의 독자들을 위한 보너스로 해외 주식 관련 세금 줄이는 팁을 공개한다.

1. 거래 비용

(1) 환전 수수료(환전 스프레드)

- 발생 시점 : 외화 매수 & 매도 시

- 납부 : 원천징수

- 비용 : 거래 금액의 약 0.5%~1% (증권사마다 다름)

외화 환전 시 증권사에서 부과하는 수수료다. 해외 주식을 취급하는 증권사는 달러를 외국환은행으로부터 조달하며 비용을 지불해야 한다. 이 과정에서 환전 수수료가 발생한다. 우량 고객은 환전 수수료 할인을 해주는 증권사가 많다. 최근 증권사에서 제공하는 통합증거금 서비스를 이용하면 미리 달러를 환전하지 않고도 계좌에 있는 원화만큼 미국 주식을 매수할 수 있다. 원화를 담보로 증권사가 보유한 달러를 빌려서 주문하는 것이라 보면 된다.

매수 체결이 되면 거래 다음 영업일 아침에 계좌에서 자동으로 매수액만큼의 원화가 출금된다. 미리 환전 후 해외 주식을 매수하면 금액이 딱 맞아떨어지지 않아 필연적으로 남는 달러가 생긴다. 통합증거금 서비스는 딱 주식매수에 필요한 만큼만 달러를 환전할 수 있어 효율적이다. 다만 통합증거금 고객에게는 환전 수수료 우대를 제공하지 않는 증권사가 있으니 거래 시 확인을 요한다.

(2) 거래 수수료

- 발생 시점 : 주식 매수 & 매도 체결 시
- 납부: 원천징수
- 비용: 거래 금액의 약 0.2~0.3% (증권사마다 다름)

거래 수수료는 주식 거래 체결 시 발생하는 수수료다. 매수와 매도 시 각각 지불한다. 거래 수수료가 0.25%라면 한번 사고 파는 데 거래 수수료만 0.5%를 지불하게 된다. 수익률이 0.5% 이하일 때 매도하면 거래 수수료도 못 버는 셈이다. 해외 주식 단타가 어려운 이유다. 요즘 한국 증권업계에서는 '국내 주식 거래 수수료 평생 무료' 경쟁이 치열하다. 그래서 해외 주식 거래 수수료가 더 부담스럽게 느껴진다. 다행히 2018년 예탁결제원이 해외 주식 결제수수료를 인하함에 따라 증권사가 해외 주식 거래 수수료를 인하했다. 증권사를 한 번 결정하면 바꾸는 게 꽤 번거로우니 미국 주식을 시작할 때 꼭 수수료 낮은 곳에서 시작하자.

2. 세금

(1) 거래세

- 발생 시점과 비용 :
- ECN Fee : 체결 수량 × 0.003$ (매수, 매도 모두 부과)
- SEC Fee : 매도 금액 × 0.0000207$ (매도 시에만 부과, 수시로 변경)
- 납부 : 원천징수

거래세는 수익 또는 손실과 관계없이 거래 대금 또는 체결 수량에 비례하여 납부하는 세금이다. 거래세만은 미국 주식이 한국 주식보다 세율이 낮다. ECN Fee와 SEC Fee로 나뉜다. ECN Fee는 매수호가와 매도호가가 맞는 주문을 자동으로 체결해주는 미국 현지의 시스템 ECN Electronic Communication Network의 사용료다. SEC Fee는 증권 시장을 감독하는 미국의 공공기관 SEC Securities and Exchange Commission, 미국증권거래위원회에 납부하는 비용으로 사실상의 거래세다. 둘 다 수익률에 거의 영향이 없을 만큼 세율이 낮아서 부담이 되지 않는다. 미국 주식은 거래 비용이 비싸다는 인식이 있지만, 한국 주식은 수수료가 낮은 대신 거래세가 0.3%로 매우 비싸서 실제 거래 비용은 큰 차이가 나지 않는다.

(2) 배당소득세

- 발생 시점 : 배당소득 입금 시
- 납부 : 원천징수
- 세율 : 배당소득의 15% (배당소득과 타 금융 소득 합산 연 2천만 원 초과 시 금융소득종합과

세 대상)

배당소득 입금 시 소득의 15%가 원천징수된다. 미국 상장 ETF 역시 주식과 동일하게 과세한다. 현금 배당소득에서 자동으로 원천징수되는 것이니 투자자가 신경 쓸 게 딱히 없다. 다만 기업으로부터 주식 배당을 받았을 때는 문제의 소지가 있다. 주식은 현금처럼 배당소득세를 원천징수해갈 수 없어서다. 주식 배당의 경우 배당 시점의 주가를 기준으로 배당 수익의 15.4%를 현금으로 납부해야 한다. 주주의 계좌에 현금이 없을 땐 세금이 미납 처리되며, 시간이 지나면 연체료가 발생한다. 그 전에 계좌에 현금을 더 채워 넣도록 증권사에서 연락이 올 것이다. 배당 수익 포함 금융 소득이 연간 2천만 원 초과 시 금융소득종합과세 대상에 포함되어 더 많은 세금이 부과될 수 있다.

(3) 양도소득세

- 발생 시점: 주식 매도 시
- 납부: 매년 5월 1일~31일 신고 기간에 전년도 양도소득 신고 후 납부
- 비용: 양도소득의 22%(연간 양도소득 250만 원까지 기본 공제)

해외 주식을 매수한 가격보다 더 높은 가격에 매도했을 때 발생한 수익을 양도소득이라고 한다. 양도소득세는 양도소득에 붙는 세금이다. 소득이 발생하자마자 원천징수되는 거래세 및 배당소득세와 다르게 양도소득세는 투자자가 직접 소득을 신고하고 세금을 납부해야 한다. 투자자가 별도로 세금을 납부하는 과정이 있다 보니 심리적으로 세금을 낸다는 것이 더 강하게 체감된다. 그래서 양도소득세 내는 게 아깝다는 마음도 더 클 것이다. 그러나 세금 내기 싫어서 돈 벌기 싫단 사람 없듯이, 애초에 양도소득이 없었으면 낼 세금도 없었을 것이다. 양도소득세가 많이 나왔단 건 투자자가 매우 자랑스러워할 일이다.

▶ 양도소득세의 계산

해외 주식 양도소득세 계산법

(매도가액 × 매도결제일 환율)
- (매수가액 × 매수결제일 환율)
- (필요경비 × 결제일 환율)
= 양도소득금액

양도소득금액 - 기본 공제(연 250만 원)
= 양도소득과세표준

양도소득과세표준 × 세율(20% + 지방소득세 2%)
= 산출세액

※ 필요 경비 : 거래 수수료, 거래세 등

양도소득세의 세율은 20%, 여기에 지방소득세 2%(양도소득세의 10%)를 더해 총 22%다. 양도소득세를 계산하려면 먼저 과세 대상 양도소득을 구해야 한다. 양도소득 신고 전년도 1월부터 12월까지의 매매 거래의 양도소득을 계산하여, 양도차익이 발생한 것은 더하고 손실은 차감하여 합산한 연간 양도소득을 구한다.

단 양도손실이 양도차익보다 큰 경우 이를 소급 또는 이월하여 공제하지 않는다. 즉 주식양도차익에 대한 소득세를 납부한 이후 미래 과세 연도에 주식 양도손실이 발생하더라도 종전에 납부한 소득세는 환급되거나 앞으로 납부할 소득세에서 공제하지 않는다. 해외 주식의 양도소득은 선입선출법으로 계산한다.

즉 먼저 산 주식부터 먼저 매도되는 것으로 계산한다. 세법상 연간 해외 주식 양도소득의 기본 공제는 250만 원이다. 그러므로 합산한 연간 양도소득이 250만 원 미만인 경우 양도소득 전액 비과세된다. 양도소득이 250만 원을 초과한다면 초과분의 22%가 실제 납부하는 양도소득세가 된다.

일자	거래 구분	종목 코드	수량	가격	필요 경비	결제일 환율
04.07	매수	AAPL	50	220$	3$	1,150원
12.16	매도	AAPL	50	290$	3$	1200원

표 10 - 3 애플 주식 매도 거래 기록

표 10-3은 지난해 애플 주식 50주를 $220에 매수하여 290$에 매도한 거래 기록의 예시다. (필요 경비는 거래 1회당 $3로 가정) 이 자료를 토대로 A. 양도소득금액, B. 양도소득과세표준, C. 양도소득세액을 각각 구해보자.

A. 양도소득금액

양도소득금액 = (매도가액 × 결제일 환율) - (매수가액 × 결제일 환율) - (필요 경비 × 결제일 환율)

▶ (50주 × $290 × 1200원) - (50주 × $220 × 1150원) - ($3 × 1150원 + $3 × 1200원)

= 1,740만 원 - 1,265만 원 - 7,050원

= 4,742,950원

B. 양도소득과세표준

양도소득과세표준 = 양도소득금액 - 기본 공제(연 250만 원)

▶ 4,742,950원 - 2,500,000원

= 2,242,950원

C. 양도소득세액

양도소득세액 = 양도소득과세표준 × 22%(양도소득세 20% + 지방소득세 2%)

▶ 2,242,950원 × 22%

= 493,449원

▶ 양도소득세의 신고와 납부

매년 1월 1일부터 12월 31일까지의 해외 주식 거래를 통한 양도소득이 있는 투자자는 다음 해 5월 1일~31일 양도소득세 신고 기간에 국세청 홈택스(https://www.hometax.go.kr)에 신고할 의무가 있다. 양도소득 신고 시에 함께 제출해야 할 증빙서류가 있다. '해외 주식 양도소득 계산 내역'이다. 지난해 동안 거래한 내역은 전부 해당 증권사에 남아 있으므로, 양도소득 계산 내역은 증권사에서 바로 발급받을 수 있다. HTS를 통한 직접 발급도 가능하다.

해외 주식 투자자가 많아진 요즘은 증권사에서 해외 주식 양도소득세 신고 대행 서비스를 제공하기도 한다. 증권사에 기록된 거래 내역을 근거로 증권사의 세무 전문가가 양도소득 신고를 대신해주는 것이다. 투자자는 신고 후 확정된 세금만 제때 납부하면 된다. 번거로움을 조금이라도 덜게 된 셈이니 투자자로선 환영할 일이다. 매년 4월 전후로 증권사에서 신고 대행 서비스 신청 공지를 하니 놓치지 말고 신청하자.

양도소득세의 납부 기한은 신고 기한과 같은 5월 31일이다. 납부는 홈택스에서 진행할 수 있다. 계좌 이체와 신용카드 납부가 가능하다. 이 중 신용카드 납부는 500만 원까지만 가능하고, 0.8%의 납부 대행 수수료가 추가로 발생한다. 양도소득 신고를 축소하거나 신고 기한 내 신고하지 않으면 가산세를 내야 한다. 과소 신고는 세액의 10%, 무신고는 20%의 가산세가 추가로 붙는다. 납부 기한을 어기면 일별 0.03%의 가산세가 추가된다.

전년도 양도소득이 250만 원 미만이거나, 손실이 발생했더라도 원칙적으로는 양도소득세 자진 신고 대상이다. 그러나 무신고의 불이익은 양도소득세의 가산세이기 때문에, 애초에 부과할 양도소득세가 없을 땐 가산세도 부과할 수 없다. 그러므로 양도소득 250만 원 투자자는 신고를 하지 않아도 사실상 불이익은 없다.

기간	내용
전년도 1.1~12.31	해외 주식 거래 및 양도소득 발생
4월 경	증권사 해외 주식 양도소득 신고 대행 서비스 신청 기간
5월 1일~31일	해외 주식 양도소득 확정 신고 (홈택스 > 신고/납부 > 양도소득세 > 확정 신고 작성) 해외 주식 양도소득세 납부 (홈택스 > 신고/납부 > 국세 납부 & 지방 소득세 납부)
5월 31일 이후	양도소득 무신고 시 ➡ 가산세 20% 양도소득 과소 신고 시 ➡ 가산세 10% 소득세 불성실 납부 시 ➡ 일별 0.03% 가산

표 10 - 4 양도소득세 신고 및 납부

▶ 양도소득세 줄이는 법

22%의 양도소득세는 해외 주식 투자자에게 상당히 부담스러운 존재다. 물론 내야 할 세금은 제대로 내야 하겠지만, 안 내도 될 세금을 구태여 더 낼 필요는 없지 않은가? 이 책에서 합법적으로 양도소득세를 줄이는 방법을 소개한다.

양도소득세를 줄이는 방법의 핵심은 다음의 3가지 원칙이다.

A. 양도소득은 1년 250만 원까지 공제된다. 소득공제액은 이월되지 않는다.

B. 양도차익과 양도손실은 합산된다.

C. 주식의 매도 시점에 양도차익(손실)이 확정된다.

A번 : 양도소득은 1년에 250만 원까지 공제된다. 소득공제액은 이월되지 않으므로, 매년 최대한 소득공제를 받는 것이 좋다. 양도소득을 매년 250만 원씩 10년 동안 내면 2,500만 원을 벌면서도 세금은 단 1원도 내지 않을 수 있다.

B번 : 양도차익과 양도손실은 합산된다. 손실이 난 만큼 양도소득이 차감되므로 실질 양도소득에만 과세되는 효과가 있다.

C번 : 주식의 매도 시점에 양도차익(손실)이 확정된다. 주식을 매도하기 전엔 아무리 많이 올랐어도 양도소득은 0원이며, 떨어졌어도 마찬가지다. 바꿔 말하면 주식을 파는 순간 양도소득이 확정되므로, 매도 시점 조정을 통해 양도소득 발생일을 미루거나 앞당길 수 있다.

3원칙을 잘 활용하면, 양도소득세를 줄일 수 있는 전략을 다양하게 구사할 수 있다. 3원칙을 활용한 기초적인 절세 전략들을 소개한다. 이해를 돕기 위해 통화는 전부 원화로 표시하였다.

▶ 나눠 팔기

가장 간단한 절세 방법 중 하나다. 매도 시점 조정을 통해 250만 원 공제를 최대한 받는 것을 목표로 하는 전략이다. 다음은 나눠 팔기가 가능한 상황의 예시다.

투자자는 201X년 X월 X일 A주식을 주가 10만 원에 100주, 총 1,000만 원에 매수했다. 2019년 12월 현재 주가가 50% 상승해 현재가치가 1,500만 원으로 올랐다. 투자자는 A주식을 매도하여 차익을 올릴 계획이다.

> **투자자의 포트폴리오**
>
> A주식(매도 예정)
> 매수 금액: 10만 원 × 100주 = 1,000만 원
> 2019.12 현재 가치: 15만 원 × 100주
>   =1,500만 원(+500만 원, +50%)

2019년 12월 중 A주식을 전량 매도하면, 다음과 같이 양도소득세가 부과된다.

거래연월	2019년 12월		
거래 내역	A주식	매도	100주
양도소득내역	A주식 양도소득		+500만 원
	2019년 기본 공제		-250만 원
양도소득과세표준	500만 원 - 250만 원		250만 원
양도소득세액	250만 원 × 22%		55만 원

표 10 - 5 나눠 팔기 전 거래 예시

보유한 A주식 100주를 전량 매도 시 500만 원 양도차익이 발생하니, 2019년 기본공제 250만 원을 받고 나면 250만 원의 22%인 55만 원이 최종 부과되는 양도소득세다. 그런데, 급등락을 하지 않는 주식이라면 12월 말엽 거래일과 1월 첫 거래일의 주가는 큰 차이가 없을 것이다. 만일 12월에 A주식 보유량의 절반인 50주만 매도하고, 다음 해 1월 장이 열리자마자 50주를 추가로 매도하면? 간격은 단 며칠 차이지만 엄연히 거래 연도가 2019년과 2020년으로 나뉘게 된다.

다음은 A주식을 2019년 12월과 2020년 1월에 절반씩 나눠 팔았을 때의 예시다.

거래연월	2019년 12월			2020년 1월		
거래 내역	A주식	매도	50주	A주식	매도	50주
양도소득내역	A주식 양도소득		+250만 원	A주식 양도소득		+250만 원
	2019년 기본 공제		-250만 원	2020년 기본 공제		-250만 원
과세표준	500만 원 - 250만 원		0원	500만 원 - 250만 원		0원
양도소득세액	0원 × 22%		0원	0원 × 22%		0원

표 10 - 6 나눠 팔기를 이용한 거래 예시

주가가 거의 동일하다는 가정하에 12월 말에 절반, 1월 초에 절반을 매도하면 각각 250만 원씩 양도소득이 발생한다. 2019년과 2020년 기본 공제 각각 250만 원씩을 받으면 과세표준은 0원이니 세율을 계산할 필요 없이 소득세는 0원이다. 단 며칠만 주식 절반의 매도 시점을 뒤로 미뤘더니 55만 원의 소득세가 전부 면제되었다.

이렇게 공제받을 수 있는 상한까지만 양도소득을 발생시키고 다음 해로 매도 시점을 늦춰 내년 공제액을 추가로 받는 것이 나눠 팔기다. 나눠 팔기를 할 때 주의해야 할 점이 있다. 국세청에서 간주하는 주식의 매도 시점은 거래 체결일이 아닌 결제일이 기준이다. 12월 마지막 거래일에 주식을 매도하면 결제일이 다음 해 1월로 넘어가므로, 다음 해 1월에 양도소득을 올린 것으로 기록된다. 그러므로 나눠 팔기를 시도할 땐 결제일까지 올해 안에 완료될 수 있도록 12월 22일~23일경을 마지노선으로 잡고 거래해야 한다. 중간에 크리스마스, 주말 등이 있으므로 변수를 없애기 위함이다.

▶ 워시 세일(Wash Sale)

워시 세일Wash Sale은 양도손실을 만들기 위해 매수 시점보다 하락한 주식을 팔았다가 바로 되사는 것을 말한다. 양도소득이 기본 공제액보다 훨씬 크고, 포트폴리오에 매도 시 손실이 발생되는 주식이 있을 때 사용할 수 있는 전략이다.

다음은 워시 세일을 활용할 수 있는 포트폴리오의 예시다.

투자자의 포트폴리오

A주식(매도 예정)
매수 금액 : 10만 원 × 100주 = 1,000만 원
2019.12 현재 가치 : 20만 원 × 100주
= 2000만 원(+1,000만 원, +100%)

B주식(보유 예정)
매수 금액 : 10만 원 × 100주 = 1,000만 원
2019.12 현재 가치 : 7만 원 × 100주
= 700만 원(-300만 원, -30%)

투자자는 주가 10만 원에 A주식과 B주식을 100주씩 매수했다. 2019년 12월 현재 A주식은 100% 상승하여 2,000만 원이 되었고, B주식은 30% 하락하여 700만 원이 되었다. 투자자는 A주식을 매도하여 양도차익을 거둘 계획이다. B주식은 하락했지만 조금 더 보유하며 주가가 회복되기를 기다리려고 한다. 이 경우 양도소득 내역은 다음과 같다.

거래연월	2019년 12월		
거래 내역	A주식	매도	100주
양도소득내역	A주식 양도소득		+1000만 원
	2019년 기본 공제		-250만 원
양도소득과세표준	1000만 원 - 250만 원		750만 원
양도소득세액	250만 원 × 22%		165만 원

표 10 - 7   워시 세일 적용 전 거래 예시

A주식을 매도하여 발생한 1000만 원의 양도소득에 대한 소득세 165만 원이 발생한다. B주식은 계속 보유할 예정이니 일반적인 상황이라면 거래할 이유가 없다. 그러나 B주식을 100주를 매도 후 바로 다시 매수하면, 2019년 양도소득에서 300만 원이 차감되고 새로운 7만 원짜리 주식을 100주 매수한 것으로 간주된다. 보유하거나 워시 세일을 쓰거나 투자자의 자산 규모는 차이가 없지만, 워시 세일을 하면 양도소득이 그만큼 줄어들어 감세 효과가 있다.

거래연월	2019년 12월		
거래 내역	A주식	매도	100주
	B주식	매도	100주
	B주식	재매수	100주
양도소득내역	A주식 양도소득		+1000만 원
	B주식 양도손실		-300만 원
	2019년 기본 공제		-250만 원
양도소득과세표준	1000만 원 - 550만 원		450만 원
양도소득세액	250만 원 × 22%		99만 원

표 10 - 8   워시 세일 적용 후 거래 예시

워시 세일 후 2019년 양도소득은 750만 원에서 450만 원으로 감소하며, 450만 원의 22%인 99만 원의 소득세가 부과된다. 단지 워시 세일만으로도 165만 원에서 99만 원으로 66만 원의 절세 효과가 생긴다.

워시 세일에 더해 앞에서 소개한 나눠 팔기까지 이용하면 더욱 세금을 줄일 수 있다.

거래연월	2019년 12월			2020년 1월		
거래 내역	A주식	매도	50주	A주식	매도	50주
	B주식	매도	100주			
	B주식	재매수	100주			
양도소득내역	A주식 양도소득		+500만 원	A주식 양도소득		+500만 원
	B주식 양도손실		-300만 원			
	2019년 기본 공제		-250만 원	2020년 기본 공제		-250만 원
과세표준	500만 원 - 550만 원		-50만 원	500만 원 - 250만 원		250만 원
양도소득세액	0원 × 22%		0원	250만 원 × 22%		55만 원

표 10 - 9 워시 세일 & 나눠 팔기 적용 후 거래 예시

그림 10 - 1 절세 전략 실행 전과 후 양도소득세 비교

워시 세일과 나눠 팔기를 동시에 적용한 결과 소득세는 더욱 줄어 55만 원이 되었다. 몇 번의 거래만으로 165만 원의 양도소득세를 3분의 1도 안되는 55만 원으로 절약할 수 있었다. 책에서는 거래 비용을 산입하지 않았기 때문에 실제 절세 효과는 이보다

작을 것이다. 나눠 팔기는 어차피 1번의 거래를 2번으로 나눠서 하는 것이니 수수료 차이는 없을 것이고, 워시 세일은 양도손실을 만들기 위해 거래를 두 번 더 하는 것이라 2번의 거래 수수료가 발생한다. 그러나 거래 금액 1,000만 원에 수수료 0.25%로 2번 거래해봐야 추가 수수료는 5만 원 남짓이니, 대부분의 경우 워시 세일을 하는 쪽이 유리할 것이다.

03

미국 주식 투자
참고 사이트 목록

1. 주식 정보 사이트

(1) 인베스토피디아(www.investopedia.com)

투자Investment와 백과사전Encyclopedia의 합성어로 말 그대로 투자에 관한 백과사전 같은 웹사이트다. 새로운 용어나 이해가 어려운 개념을 보았을 때 이곳에서 꼭 검색해보라. 대부분의 경우 친절한 설명과 함께 답을 구할 수 있을 것이다. 위키백과의 설명이 정확한 개념을 전달하는 데 초점을 맞추고 있다면, 인베스토피디아는 투자에 실제로 적용한 사례까지 보여주는 경우가 많아 투자자에겐 더 많은 도움이 된다.

(2) ETF닷컴(www.etf.com)

ETF닷컴은 이름 그대로 ETF만 다루는 주식 정보 사이트다. 이 책에서 소개한 ETF의 정보를 더 알고 싶을 때, 혹은 어디선가 새로운 ETF를 알게 됐을 때, 이곳에서 그

ETF가 어떤 ETF인지 낱낱이 확인할 수 있다.

(자료: ETF.com)

SPY SUMMARY DATA

Issuer	State Street Global Advisors
Brand	SPDR
Inception Date	**01/22/93**
Legal Structure	**Unit Investment Trust**
Expense Ratio	**0.09%**
Assets Under Management	**$258.24B**
Average Daily $ Volume	**$16.77B**
Average Spread (%)	**0.00%**
Fund Home Page	

그림 10 - 2 ETF닷컴의 데이터 항목

'https://www.etf.com/종목 코드'를 입력하면 해당 ETF 정보 조회 페이지로 바로 이동한다. (예: https://www.etf.com/SPY)

꿀 같은 정보들이 많지만 다른 것보다도 제일 먼저 보아야 할 것이 요약 데이터 Summary Data와 포트폴리오 데이터Portfolio Data다. PC 화면에선 우측에 있다. 기초 지수와 함께 데이터들만 확인해도 해당 ETF가 어떤 성격인지 감을 잡을 수 있다.

(3) 트레이딩뷰(www.tradingview.com)

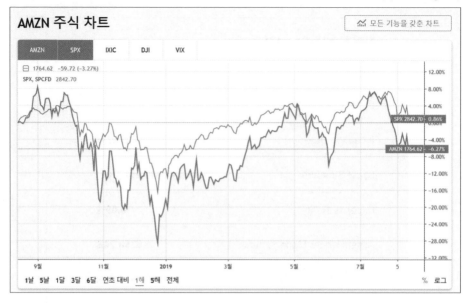

그림 10 - 3 트레이딩뷰 차트 조회 화면

해외 주식은 HTS에서 국내 주식만큼 정교한 그래프를 제공하지 않는다. 트레이딩뷰
는 고급 차트를 무료로 제공하는 곳이다. 한국어 서비스까지 제공하여 더욱 쉽게 이
용할 수 있다. '모든 기능을 갖춘 차트'는 차트 분석, 수익률 비교 등 어느 용도로 활용
하기에도 충분한 기능을 제공한다. 다른 사이트에서 제공하는 그래프가 성에 안 찬다
면 트레이딩뷰를 써보라.

(4) 인베스팅(www.investing.com)

뉴스 검색, 종목 정보, 포트폴리오 서비스 등 투자 관련 정보를 제공하는 종합 포털 사이
트다. 인베스팅 앱과 연동하여 쓸 수 있다. 대부분의 기능이 높은 수준의 완성도를 갖
고 있다. 주식뿐 아니라 외환 시장과 원자재 시장의 현황도 실시간으로 업데이트된다.

이름	설명	URL
잭스	스탯 특화 주식 분석 사이트	www.zacks.com
인베스팅	종합 투자 포털 사이트	www.investing.com
디비던드닷컴	배당주 투자 정보 사이트	www.dividend.com
모틀리 풀	중소형주 특화 종목 분석 사이트	www.fool.com
시킹 알파	종목 분석 리포트 데이터베이스	seekingalpha.com
ETF.com	ETF 정보 검색 사이트	www.etf.com
모닝스타	종목 리포트&평가 사이트	www.morningstar.co.uk
인베스토피디아	경제/증권 용어 백과사전	www.investopedia.com
트레이딩뷰	주식 차트/그래프 열람 사이트	kr.tradingview.com

표 10 - 10 미국 주식 정보 사이트 목록

2. 언론사

(1) AP(www.apnews.com)

AP Associated Press는 미국의 대표 통신사다. 통신사는 '언론사들의 언론사' 역할을 하는 곳이다. 전 세계 수천 개 언론사들과 제휴를 맺고 뉴스를 공급하고 있다. AP에서 한국 시간으로 화, 수, 목, 금, 토요일 오전 9시(현지 시간 평일 오후 6시)에 항상 발행되는 기사가 있다. 제목은 〈Business Highlights(비즈니스 하이라이트)〉다. 당일 오후 6시까지의 경제 뉴스 중 가장 중요한 뉴스 10개를 단신으로 추려서 기사 하나로 요약한 자료다. 여러 개의 언론사 사이트를 뒤적거릴 필요 없이 당일 주요 기사들을 한눈에 볼 수 있어 매우 효율적이다.

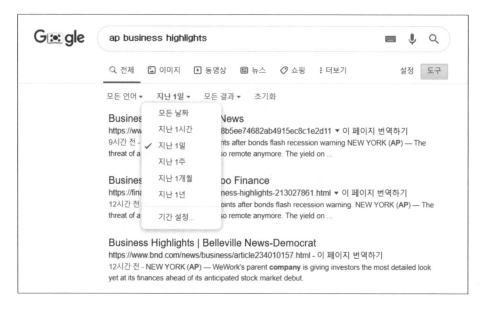

그림 10 - 4 비즈니스 하이라이트 검색 화면

▶ 오늘의 비즈니스 하이라이트 빠르게 보기

1. 구글 검색창에 "ap business highlights" 검색
2. 검색창 우측 하단 〈도구〉 버튼 클릭
3. 〈모든 날짜▼〉 버튼 클릭. 설정을 〈지난 1일〉 또는 〈지난 1주〉로 변경
4. 최근 일자에 발행된 비즈니스 하이라이트 기사 클릭하여 열람

비즈니스 하이라이트는 AP News뿐 아니라 AP의 제휴사인 많은 언론사들의 사이트에도 올라온다. 같은 날짜에 올라온 기사라면 내용은 똑같으니 굳이 AP News에서만 볼 필요는 없다. 네이버 뉴스와 언론사 사이트에 같은 기사가 동시에 올라오는 것처럼 말이다.

비즈니스 하이라이트의 큰 장점은 간결하고 쉬운 문장이다. 영자 신문이 읽기 어려운 이유가 영어 신조어나 문학적 표현이다. 이런 표현들은 번역기로도 정상적으로 번역되지 않는다. 문학적인 표현을 즐겨 쓴 기사는 평균적인 한국인 입장에선 영어 독해 때문에 읽다 지칠 지경이다. AP는 짧고 간결한 문장과 해석의 여지가 없는 단어 선택이 기사 작성의 원칙이다. 영어를 조금이라도 안다면 어려움 없이 읽을 수 있다. 번역기의 번역 정확도도 높으니 바쁠 땐 번역기를 쓰기도 좋다. 비즈니스 하이라이트를 자주 읽으면 주식뿐 아니라 미국 경제 전반에 대한 이해도가 빠르게 상승할 것이다. 가능하면 매일 읽는 습관을 들이자.

(2) 배런즈(www.barrons.com)

(자료: Barron's)

The Brief
UPDATED AUG. 14, 2019 12:29 PM ET

Rattled. All three main U.S. stock indexes plummeted 3% Wednesday—an 800-point plunge for the Dow—on the worst trading day of the year. Markets went into a tailspin after the U.S. Treasury market flashed a recession warning last seen during the financial crisis.

Here are a few more things to know:

1 **The case for higher oil prices**

2 **Why a promising Ebola drug isn't helping Regeneron stock**

3 **Don't get too excited over tariff delays**

4 **Power markets might be improving.That's good news for GE and Caterpillar.**

5 **What the USDA's corn bombshell means for Deere and other stocks**

그림 10 - 5 배런즈의 더 브리프(The Brief)

금융/투자 전문 언론사인 배런즈는 차분히 읽을 만한 양질의 기사가 많은 언론사다. 매일 메인 화면에 업데이트되는 더 브리프The Brief를 추천한다. 더 브리프는 당일 주식 시장 상황을 핵심만 요약한 글이다. 주식 시장 상승 또는 하락 현황과 그 이유를 직관적으로 보여준다. 특히 지수가 급변동한 날 '도대체 무슨 일이야?'라는 생각이 들 때, 배런즈의 더 브리프를 찾아가면 바로 답을 구할 수 있다.

(3) 파파고(papago.naver.com)

네이버에서 무료 서비스중인 인공지능 번역기다. 빠르게 많은 기사를 읽으려면 번역기를 쓰는 게 불가피하다. 파파고의 영한 번역 품질이 매우 좋다. 기사 번역 시에도 상당한 정확도를 보여준다.

이름	설명	URL
블룸버그	세계 1위 경제 정보 미디어	www.bloomberg.com
CNBC	세계 1위 경제 방송	www.cnbc.com
AP	Business Highlights 제공	www.ap.org
마켓워치	미국의 인터넷 경제 미디어	www.marketwatch.com
배런즈	미국의 경제 주간지	www.barrons.com
월스트리트 저널	발행 부수 1위 경제 조간 신문	www.wsj.com
비즈니스 인사이더	미국의 인터넷 경제 미디어	www.businessinsider.com
CIO	IT 기업 동향 전문지	www.cio.com

표 10 - 11   미국 주요 경제 언론사 목록

3. 정부 / 준정부 기관 / 거래소

이름	설명	URL
SEC	미국증권거래위원회	https://www.sec.gov/
FRED	거시경제 데이터베이스	https://fred.stlouisfed.org/

NYSE	상장 주식 정보 제공	https://www.nyse.com/
나스닥	상장 주식 정보 제공	http://www.nasdaq.com/

표 10 - 12 미국 주식 관련 정부 및 준정부 기관 목록

미국 주식 스타터팩

미국 주식 초심자를 위한 토탈 솔루션

초판 1쇄 발행   2019년 11월 29일

지은이	정두현
펴낸이	김범준
기획/책임편집	이동원
교정교열	권희중
편집디자인	김민정
표지디자인	유재헌

발행처	비제이퍼블릭
출판신고	2009년 05월 01일 제300-2009-38호
주 소	서울시 중구 청계천로 100 시그니처타워 서관 10층 1011호
주문/문의	02-739-0739 팩스 02-6442-0739
홈페이지	http://bjpublic.co.kr 이메일 bjpublic@bjpublic.co.kr

가격 24,000원
ISBN 979-11-90014-52-6
한국어판 © 2019 비제이퍼블릭